Francis Schaeffer
Geistliches Leben – was ist das?

D1725055

FRANCIS A. SCHAEFFER

Geistliches Leben – Was ist das?

Die Realität Gottes in
unserem Leben erfahren

DAS HAUS
DER BIBEL

1. Auflage der Neuausgabe 2021

© des engl. Originals 1972 by Francis A. Schaeffer
Originaltitel: *True Spirituality*
Erschienen bei Tyndale House Publishers, USA

© der deutschen Ausgabe: La Maison de la Bible 1975
Ch. de Praz-Roussy 4bis
CH-1032 Romanel-sur-Lausanne
info@bible.ch
www.hausderbibel.ch
Übersetzung: Lisa Laepple
Cover: Sara Pieper
Satz: Betanien Verlag
Gedruckt in der EU
mit Unterstützung des Betanien Verlags, cbuch.de

ISBN 978-2-8260-5039-1

Inhalt

Vorwort

Dieses Buch erscheint erst, nachdem schon einige andere Bücher von mir veröffentlicht worden sind, aber in gewisser Weise hätte es mein erstes sein sollen. Ohne die hier beschriebenen Erfahrungen gäbe es L'Abri[1] heute nicht. In den Jahren 1951 und 1952 musste ich eine geistliche Krise in meinem Leben durchstehen. Viele Jahre zuvor war ich vom Agnostiker zum Christen geworden. Danach war ich zehn Jahre lang Pastor in Amerika, und dann nahm ich mit meiner Frau Edith zusammen eine Tätigkeit in Europa auf. Während dieser Zeit lag es mir sehr am Herzen, für historische christliche Positionen und für die Reinheit der sichtbaren Kirche einzutreten. Dabei stieß ich jedoch immer mehr auf ein Problem: das Problem der Wirklichkeit. Es hatte zwei Seiten. Erstens schien mir, dass man unter den Anhängern der rechtgläubigen Position wenig von den praktischen Folgen sehen konnte, die nach Aussage der Bibel den Christen kennzeichnen. Zweitens gewann ich immer mehr den Eindruck, dass meine eigene christliche Wirklichkeit seit den ersten Tagen meines Christseins merklich verblasst war. Mir wurde klar, dass ich in aller Aufrichtigkeit noch einmal an den Anfang zurückgehen und meine ganze Position durchdenken musste.

Wir lebten damals in Champery, und ich sagte meiner Frau Edith, dass ich um der Ehrlichkeit willen bis zu meinem Agnostizismus zurückgehen und die ganze Sache noch einmal durchdenken müsste. Dies war für sie eine schwere Zeit, und ich bin sicher, dass sie viel für mich betete. Bei schönem Wetter wanderte ich

---

1 1955 zogen Francis und Edith Schaeffer nach Huemoz in der Schweiz in ein Chalet, um einen Ort der Begegnung für suchende Menschen zu schaffen; daraus wurde die Gemeinschaft L'Abri (frz. für »Zuflucht«). Siehe dazu das Buch »L'Abri« von Edith Schaeffer.

durch die Berglandschaft, und wenn es regnete, ging ich auf dem Heuboden des alten Chalets, in dem wir damals wohnten, auf und ab. Beim Gehen betete ich, durchdachte die Lehre der Bibel und überprüfte noch einmal die Gründe, die mich dazu geführt hatten, Christ zu werden.

Bei diesen Überlegungen erkannte ich erneut, dass es Gründe gibt, die voll und ganz ausreichen, um zu wissen, dass der unendlich-persönliche Gott existiert und dass der christliche Glaube wahr ist. Darüber hinaus wurde mir noch etwas klar, was mein Leben entscheidend verändern sollte. Ich studierte die Aussagen der Bibel über die Wirklichkeit des Christseins und erkannte allmählich mein eigentliches Problem: Bei meiner gesamten theologischen Ausbildung hatte ich nur wenig über das erfahren, was die Bibel über die Bedeutung des vollendeten Werkes Christi für unser jetziges Leben zu sagen hat. Als mir diese Bedeutung nun aufging, kam allmählich die Sonne wieder hinter den Wolken hervor, und etwas in mir begann zu singen. Interessanterweise konnte ich in jener Zeit der Freude wieder dichten, nachdem ich jahrelang keine Gedichte mehr geschrieben hatte. Es entstanden Verse voll Gewissheit, Dank und Lob, die ein Ja zum Leben enthielten.

Was ich in jenen Tagen erfuhr, das war und ist die wirkliche Basis von L'Abri. Gewiss, es ist entscheidend wichtig, die geschichtlich verankerten christlichen Antworten weiterzugeben und ehrliche Fragen auch ehrlich zu beantworten; aber erst aus dem geschilderten Ringen kam die Wirklichkeit, ohne die eine fruchtbare Arbeit wie die in L'Abri nicht möglich geworden wäre.

Diese grundlegenden Dinge, die ich in Champery ausarbeitete, trug ich dann zum ersten Mal bei einer Bibelfreizeit in einer alten Scheune in Dakota vor. Das war im Juli 1953. Sie wurden auf Papierfetzen im Keller des Pfarrhauses schriftlich ausgearbeitet. Der Herr ließ aus diesen Vorträgen etwas ganz Besonderes erwachsen, und ich habe immer noch mit denen Verbindung, deren Leben und Denken sich damals grundlegend änderte. Nach der Entstehung von L'Abri im Jahr 1955 hielt ich diese Vorträge auch dort in Huemoz. Später wurden sie in Pennsylvania (im

Oktober und November des Jahres 1963) weiter vertieft und vervollständigt. Ich hielt diese Vorträge dann noch einmal in Huemoz, und zwar im Winter und Frühjahr 1964. In dieser Form wurden sie auch auf die Tonbänder aufgenommen, die in L'Abri benutzt werden. Der Herr hat diese Tonbänder in einer Weise gebraucht, die uns sehr bewegt, und zwar nicht nur bei Menschen mit geistlichen Problemen, sondern auch bei solchen mit psychischen Nöten. Wir beten darum, dass die Vorträge in schriftlicher Form ebenso hilfreich sein können, wie es die Tonbänder in vielen Teilen der Welt waren.

Huemoz, Schweiz
Francis A. Schaeffer

TEIL I

FREIHEIT VON DEN FESSELN DER SÜNDE – JETZT

A. Grundsätzliche Überlegungen zum echten geistlichen Leben

1. Gesetz und Liebesgebot

Die grundlegende Frage dieses Buches lautet: Was ist christliches Leben – echtes geistliches Leben – und wie kann man es heute verwirklichen?

Zunächst einmal müssen wir betonen, dass nur der als Christ zu leben beginnt, ja überhaupt wissen kann, was echtes geistliches Leben bedeutet, der wirklich Christ ist. Und Christ wird man nicht, indem man irgendwie »christlich« zu leben versucht oder sich um irgendwelche religiösen Erfahrungen bemüht, sondern indem man Christus als Retter annimmt. Wir mögen komplizierte, hochgebildete und welterfahrene Leute sein oder zu den schlichten Menschen gehören – zu Christen werden wir alle auf dieselbe Art und Weise. Wie die Könige und die Mächtigen dieser Erde körperlich auf dieselbe Weise geboren werden wie der einfachste Mensch, so muss auch der Intellektuelle auf dieselbe Art Christ werden wie der Schlichte. Das gilt für alle Menschen an allen Orten und zu allen Zeiten. Ausnahmen gibt es nicht. Jesus hat gesagt: »Niemand kommt zum Vater denn durch mich«, und dieses Wort schließt alle anderen Möglichkeiten aus.

Das liegt daran, dass alle Menschen aufgrund ihrer wirklichen moralischen Schuld von Gott getrennt sind. Gott existiert, er hat ein Wesen, er ist ein heiliger Gott, und wenn ein Mensch sündigt (und wir alle müssen zugeben, dass wir nicht nur versehentlich, sondern sogar bewusst gesündigt haben), steht er mit wahrer moralischer Schuld vor dem Gott, der existiert. Mit »Schuld« sind hier nicht nur Schuld*gefühle* gemeint, sondern wirkliche moralische Schuld dem unendlich-persönlichen, heiligen Gott gegenüber. Nur das vollbrachte stellvertretende Werk Christi, der als das Lamm Gottes in unserer Geschichte in Raum und Zeit am

Kreuz starb, kann diese Schuld von uns nehmen. Unsere wirkliche Schuld, die sich wie ein eherner Himmel zwischen uns und Gott geschoben hat, kann nur auf der Grundlage des vollendeten Werkes Christi von uns genommen werden – wir selbst können diesem Werk *nichts* hinzufügen. Die Bibel betont unmissverständlich, dass wir der Annahme des Evangeliums an keiner Stelle eine humanistische Note hinzufügen dürfen. Grundlage für die Sühnung unserer Schuld ist der unendliche Wert des am Kreuz vollendeten Werkes Christi, der zweiten Person der Dreieinigkeit – *plus nichts*. Wenn wir auf diesem Wege im Glauben zu Gott kommen, dann erklärt uns Gott nach Aussage der Bibel als gerechtfertigt; unsere Schuld ist von uns genommen und die Gemeinschaft mit Gott wiederhergestellt – wir entsprechen wieder dem ursprünglichen Schöpfungsplan Gottes.

Wie es nur eine *Grundlage* zur Tilgung unserer Schuld gibt, so gibt es auch nur ein *Instrument*, mit dem wir dieses vollkommene Werk Christi am Kreuz annehmen können – den Glauben. Gemeint ist nicht der Glaube im Sinne des 20. Jahrhunderts oder das Konzept Kierkegaards vom Glauben als Sprung ins Dunkle – nicht ein Glaube an den Glauben. Glauben im biblischen Sinne bedeutet, dass wir auf die konkreten Versprechen Gottes vertrauen; sie nicht mehr in den Wind schlagen, Gott nicht mehr einen Lügner nennen, sondern die leeren Hände des Glaubens ausstrecken und das vollbrachte Werk Christi annehmen, das sich in der Geschichte am Kreuze erfüllte. Im selben Augenblick, sagt die Bibel, gelangen wir vom Tod zum Leben, vom Reich der Finsternis in das Reich von Gottes geliebtem Sohn. Wir werden – jeder als einzelner – Kinder Gottes. Von diesem Zeitpunkt an sind wir Gotteskinder.

Aber wenn wir diesen Beginn des christlichen Lebens auch betonen müssen, müssen wir uns doch gleichzeitig klarmachen, dass die neue Geburt zwar als Beginn notwendig ist, dass sie aber eben nur der Anfang ist. Wir dürfen nicht meinen, das Leben als Christ erschöpfe sich darin, Christus als Retter anzunehmen und dadurch Christ geworden zu sein. In einer Hinsicht ist die körperliche Geburt das wichtigste Ereignis unseres physischen Lebens, weil wir vorher ja gar nicht in dieser Welt leben. Andererseits ist sie jedoch der unbedeutendste Aspekt unseres Lebens – sie ist nur der Anfang und gehört der Vergangenheit an. Nach unserer Geburt kommt es einzig darauf an, unser Leben mit all seinen Beziehungen, Möglichkeiten und Fähigkeiten zu verwirklichen. Genau dasselbe gilt für die neue Geburt, die Wiedergeburt. In gewisser Hinsicht ist sie das wichtigste Ereignis unseres geistlichen Lebens, denn allein dadurch werden wir Christen. Sind wir jedoch Christen geworden, wird ihre Bedeutung insofern eingeschränkt, als unser Denken nicht immerfort nur um die Wiedergeburt kreisen sollte. Nachdem wir geistlich geboren sind, müssen wir uns auf das Leben konzentrieren. Das ist der Prozess der Heiligung, der mit der neuen Geburt beginnt und sich fortsetzen muss, bis Jesus wiederkommt oder wir sterben.

Wenn jemand im Anschluss an seine Wiedergeburt fragt: »Was soll ich nun tun?«, präsentiert man ihm oft einen – gewöhnlich sehr begrenzten und in erster Linie negativen – Katalog von Vorschriften. Häufig vermittelt man ihm die Vorstellung, wenn er sich an diese Vorschriften halte, dann sei er »geistlich« (wobei dieser Negativkatalog von Land zu Land, Ort zu Ort und Zeit zu Zeit verschieden ist). Diese Vorstellung aber ist falsch. Christliches Leben erschöpft sich nicht darin, dass man sich einer begrenzten Reihe von Dingen enthält. Selbst wenn dieser Negativkatalog ursprünglich berechtigt war und Dinge nannte, die man in der speziellen geschichtlichen Situation meiden sollte, so muss doch betont werden, dass geistliches Leben mehr bedeutet als Verzicht auf eine bestimmte Anzahl äußerlicher Dinge.

Weil das so ist, kann man fast sicher sein, dass sich bald eine andere Gruppe von Christen erhebt und gegen einen solchen Verbotskatalog zu arbeiten beginnt. Folglich besteht in christlichen Kreisen die Tendenz zum Streit zwischen denen, die bestimmte Tabus aufstellen, und denen, die aus dem Gefühl heraus, dass das nicht richtig ist, fordern: »Weg mit allen Tabus! Weg mit allen Vorschriften!« Jede der beiden Gruppen kann recht, jede kann unrecht haben – je nach ihren eigentlichen Motiven und Zielen.

Das wurde mir an einem unserer Gesprächsabende in L'Abri

besonders deutlich. Bei dieser Gelegenheit waren alle Anwesenden Christen und viele von ihnen stammten aus Gruppen, in denen man sehr viel Wert auf »Listen« legte. Sie sprachen sich heftig gegen das Aufstellen von Tabus aus, und ich konnte der Richtung, die sie einschlugen, zunächst nur zustimmen. Doch im weiteren Verlauf des Gesprächs, als sie sich gegen die Tabus in ihren jeweiligen Ländern wandten, wurde mir klar, dass sie im Grunde nur die Dinge tun wollten, die von den Tabus verboten wurden. Was sie wirklich anstrebten, war ein lockereres christliches Leben. Aber wir müssen uns einmal klarmachen: Wenn wir solche Negativkataloge aufgeben, weil wir der Enge der »Listen-Mentalität« entfliehen wollen, dann darf es nicht mit dem Ziel geschehen, ein weniger diszipliniertes Leben zu führen; nein, dann muss es um ein höheres Ziel gehen. Wir gelangen nicht zu echtem geistlichen Leben, indem wir bestimmte Verbotslisten akzeptieren; wir erreichen es aber genauso wenig, wenn wir einfach die Tabus ablehnen und anschließend gleichgültig ein disziplinloses Leben führen.

Wenn wir uns mit der Beziehung äußerlicher Dinge zum echten geistlichen Leben beschäftigen, dann dürfen wir ja nicht nur irgendeinen kleinen Katalog sehen, sondern dann stehen die ganzen Zehn Gebote und alle übrigen Gebote Gottes vor uns. Mit anderen Worten: Wenn ich die Liste als Wandschirm betrachte und zu der Überzeugung gelange, diese Liste sei trivial, tot und billig, daraufhin den Wandschirm wegräume, dann habe ich nicht auf einmal mehr Freiheiten, sondern dann sehe ich mich auf einmal den Zehn Geboten mit all ihren Folgerungen gegenüber. Und vor mir steht außerdem noch das Liebesgebot, also die Tatsache, dass ich Gott und meine Mitmenschen lieben soll.

In Römer 14,15 lesen wir: »Denn wenn um einer Speise willen dein Bruder in Betrübnis gerät, wandelst du nicht mehr der Liebe gemäß. Bringe durch deine Speise nicht den ins Verderben, für den Christus gestorben ist.« Das ist Gottes Gesetz. Hier gibt es in ganz realem Sinne keine Freiheit. Hier wird die absolute Feststellung getroffen, dass wir so handeln sollen. Es ist ganz gewiss wahr, dass wir durch solches Tun nicht gerettet werden können;

wir schaffen es auch nicht aus eigener Kraft; und keiner von uns schafft es in diesem Leben vollkommen. Dennoch ist es ein Befehl, ein absolutes Gebot Gottes. Dasselbe gilt für 1. Korinther 8, 12-13: »Wenn ihr euch aber so an den Brüdern versündigt und ihr schwaches Gewissen verletzt, so versündigt ihr euch an Christus. Darum, wenn Speise meinem Bruder Anstoß bereitet, so will ich in Ewigkeit kein Fleisch essen, damit ich meinem Bruder nicht Anstoß bereite.« Selbst wenn es »nur« um Gebote geht, die unser *äußerliches* Verhalten betreffen, gelangen wir also nicht zu einem ungebundeneren Leben, sondern wir erhalten Kriterien und Wertmaßstäbe, die weitaus tiefgründiger sind und unser Herz besser erforschen als alle menschlichen Tabus. Ja, wenn wir vor Gott aufrichtig um echte Normen gerungen haben, werden wir oft feststellen, dass wir uns zumindest an einige der Tabus jener Listen halten wollen. Aber tiefer geschaut stellen wir fest, dass wir sie aus anderen Motiven beachten wollen. Seltsamerweise drehen wir uns durch unsere Freiheit, durch das Studium tieferer Lehre, oft im Kreis und stellen fest, dass wir diese Dinge doch halten wollen. Aber jetzt nicht mehr aus sozialem Druck. Es geht nicht mehr nur darum, sich an eine akzeptierte Liste zu halten, damit die Christen gut von uns denken.

Letztlich geht es beim Leben als Christ und echtem geistlichen Leben nicht um etwas Äußerliches, sondern um etwas Innerliches. Den Höhepunkt der Zehn Gebote bildet das zehnte Gebot in 2. Mose 20,17:

Du sollst nicht begehren nach dem Hause deines Nächsten: du sollst nicht begehren nach der Frau deines Nächsten, nach seinem Sklaven oder seiner Sklavin, nach seinem Rinde oder seinem Esel, nach irgend etwas, was dein Nächster hat.

In diesem Gebot, nicht zu begehren, geht es ganz und gar um eine innere Haltung. Die Begehrlichkeit oder Gier ist von ihrer Natur her niemals eine Äußerlichkeit. Es ist aufschlussreich, dass dies das letzte der Zehn Gebote Gottes ist, also gewissermaßen der Abschlussstein. Am Ende gelangen wir zu einer inneren

Haltung und nicht nur zu äußerlichem Verhalten. Ja, tatsächlich übertreten wir dieses letzte Gebot, das Gebot, nicht zu begehren, bevor wir irgendeines der anderen übertreten. Und sobald wir eines der übrigen Gebote übertreten, übertreten wir gleichzeitig dieses letzte Gebot. Welches der übrigen Zehn Gebote man übertritt, man übertritt immer … das Gebot selbst und das Gebot, nicht zu begehren. Das ist der springende Punkt.

In Römer 7,7-9 sagt Paulus sehr klar, dass es gerade dieses Gebot war, das ihn von seinem sündigen Zustand überzeugte: »Was wollen wir nun sagen? Ist das Gesetz Sünde? Das sei ferne! Sondern ich lernte die Sünde nur nicht kennen außer durch das Gesetz; denn auch von der Begierde wüsste ich nichts, wenn das Gesetz nicht sagte: ›Du sollst nicht begehren.‹ Die Sünde gewann aber einen Anlass durch das Gebot und bewirkte in mir jegliche Begierde; denn ohne das Gesetz ist die Sünde tot. Nun lebte ich einst ohne Kenntnis vom Gesetz. Als jedoch das Gebot kam, lebte das Gebot auf; ich aber starb.«

Paulus will damit nicht sagen, er sei vorher vollkommen gewesen, das geht klar aus seinen Worten hervor. Vielmehr meint er hier: »Ich wusste nicht, dass ich ein Sünder war; ich meinte, ich stände ganz gut da, weil ich die äußeren Dinge hielt und im Vergleich zu anderen ganz gut abschnitt.« Er wird sich wohl an der veräußerlichten Form der Gesetze gemessen haben, die die Juden in ihrer Tradition hatten. Aber als er die Zehn Gebote öffnete und auf das letzte Gebot stieß, das Gebot, nicht zu begehren, da erkannte er sich als Sünder.

Die Begehrlichkeit ist die Kehrseite dessen, was in den positiven Geboten gefordert wird:

> Du sollst den Herrn, deinen Gott, lieben mit deinem ganzen Herzen und mit deiner ganzen Seele und mit deinem ganzen Denken. … Du sollst deinen Nächsten lieben wie dich selbst. (Mt 22,37.39)

Liebe ist nichts Äußerliches, sondern etwas Innerliches. Sie kann äußere Erscheinungsformen haben, aber die Liebe selbst ist stets ein innerer Faktor. Auch die Begehrlichkeit ist stets ein innerer Zustand; das äußerliche Handeln ist eine Folge. Wir müssen uns einmal klarmachen, dass »Gott mit ganzem Herzen, ganzer Seele und dem ganzen Denken lieben« bedeutet, Gott nichts zu neiden; und den Menschen zu lieben, unseren Nächsten wie uns selbst zu lieben, bedeutet, dem Menschen nichts zu neiden. Wenn ich den Herrn nicht so liebe wie ich sollte, enthalte ich ihm etwas vor, das ihm zusteht. Und wenn ich meinen Nächsten nicht so liebe wie ich sollte, enthalte ich diesem etwas vor.

»Du sollst nicht begehren« ist das innere Gebot, das dem, der sich für moralisch einwandfrei hält, zeigt, dass er einen Heiland braucht. Der durchschnittliche »moralische« Mensch, der sich ein Leben lang mit anderen verglichen und sein Verhalten an einer verhältnismäßig einfachen Liste von Regeln gemessen hat (selbst wenn sie ihm einige Anstrengung gekostet und manche Schmerzen bereitet hat), kann wie Paulus der Meinung sein, eigentlich sei sein Leben doch ganz in Ordnung. Aber wenn er dann mit dem inneren Gebot, nicht zu begehren, konfrontiert wird, wird er plötzlich auf die Knie gezwungen. Genau dasselbe gilt auch für uns, wenn wir schon Christen sind. Ich kann von Menschen aufgestellte Regeln akzeptieren und sie auch anscheinend halten, aber das braucht noch nicht zu bedeuten, dass ich mich in meinem Herzen vor Gott gebeugt habe. Wenn ich jedoch zum inneren Aspekt der Zehn Gebote, zum inneren Aspekt des Liebesgebotes, komme und auch nur mit halbem Ohr darauf höre, was mir der Heilige Geist sagen will, kann ich nicht mehr stolz sein. Dann werde ich auf meine Knie gezwungen. In diesem Leben kann ich niemals sagen: »Ich bin am Ziel angelangt; es ist vollbracht; seht mich an – ich bin heilig.« Wenn wir vom echten geistlichen Leben reden, wenn wir von der Freiheit von den Fesseln der Sünde sprechen, dann geht es nicht nur um bestimmte äußere Dinge, sondern dann geht es um den Kampf gegen die Begehrlichkeit Gott und den Menschen gegenüber und um die Liebe zu Gott und unseren Mitmenschen.

Damit erhebt sich sogleich die Frage: Ist jeder Wunsch schon Begehrlichkeit und daher sündig? Die Bibel macht unmissverständlich klar, dass das nicht so ist. Wann wird der berechtigte Wunsch zur Begehrlichkeit? Darauf gibt es eine einfache Antwort: Der Wunsch wird zur Sünde, wenn er die Liebe zu Gott und zum Menschen ausklammert. Außerdem gibt es, so meine ich, zwei praktische Prüfsteine, die uns zeigen, ob wir uns der Begehrlichkeit Gott oder dem Menschen gegenüber schuldig machen. Erstens soll ich Gott so sehr lieben, dass ich mich mit dem, was ich habe, zufriedengeben kann; zweitens soll ich die Menschen so sehr lieben, dass ich sie nicht beneide.

Beschäftigen wir uns etwas näher mit diesen beiden Prüfsteinen. Zunächst in unserem Verhältnis zu Gott: Ich soll Gott genug lieben, um mich zufriedenzugeben, denn sonst reizen mich selbst meine natürlichen und berechtigten Wünsche zur Auflehnung gegen Gott. Gott hat uns mit bestimmten Wünschen, Hoffnungen und Sehnsüchten geschaffen, aber wenn ich mich nicht auch einmal mit dem zufrieden geben kann, was ich habe, stehe ich im Aufstand gegen Gott, und gerade diese Rebellion ist ja zentral mit »Sünde« gemeint. Wenn mir die rechte Zufriedenheit fehlt, habe ich entweder vergessen, dass Gott Gott ist, oder ich unterwerfe mich nicht mehr seinem Willen. Wie sehr wir Gott lieben, können wir daran ablesen, ob wir innerlich ruhig sein und Gott in jedem Augenblick danken können. Einige eindeutige Worte der Bibel erinnern uns daran, dass dies Gottes eigene Norm für die Christen ist.

> Unzucht aber und Unkeuschheit jeder Art oder Habsucht (Begehrlichkeit) soll bei euch, wie es Heiligen geziemt, nicht einmal genannt werden; auch nicht schändliches Wesen und törichtes Geschwätz oder leichtfertiger Scherz, was sich nicht gebühren würde, sondern vielmehr Danksagung. (Eph 5,3-4)

»Danksagung« bildet also den Kontrast zu der ganzen vorausgehenden schwarzen Liste. Noch deutlicher wird das in Epheser 5,20: »Saget allezeit Gott, dem Vater, im Namen unsers Herrn Jesus Christus Dank für alles.« Lässt dieses »für alles«, für das wir danken sollen, irgendwelche Ausnahmen zu? Dasselbe »alles«

wird auch in Römer 8,28 genannt: »Wir wissen aber, dass denen, die Gott lieben, alle Dinge zum Guten mitwirken, denen, die nach seiner zuvor getroffenen Entscheidung berufen sind.« Das ist keine Beschwörungsformel – der unendlich-persönliche Gott verspricht, dass er alle Dinge zum Besten des Christen zusammenwirken lassen wird.

Wenn ich ein echter Christ bin, dann werden mir alle Dinge zum Guten mitwirken. Nicht »alle Dinge – außer dem Schmerz«; nicht »alle Dinge – außer dem Kampf.« Nein, das »alle Dinge« in Römer 8,28 umschließt wirklich *alle Dinge*. Wir ehren Gott und das vollendete Werk Christi, wenn wir den Kreis auch wirklich alles umschließen lassen; alle Dinge wirken denen, die Gott lieben, zum Guten mit, denen, die nach seiner zuvor getroffenen Entscheidung berufen sind. Aber in dem Maße, in dem wir in den Begriff »alle Dinge« tatsächlich alles einschließen, dafür auch das »alles« von Epheser 5,20: »Saget allezeit Gott ... Dank für alles.« Diese beiden Aussagen lassen sich nicht trennen. Das »alles« von Epheser 5,20 ist ebenso umfassend wie die »alle Dinge« von Römer 8,28. Gott für alles danken – das ist Gottes Maßstab.

Auch der Philipperbrief behandelt dieses Thema. In Philipper 4,6 lesen wir: »Sorgt euch um nichts, sondern in allem lasst im Gebet und Flehen mit Danksagung eure Bitten vor Gott kundwerden!« »Sorgt euch um nichts« bedeutet hier: Lasst euch nicht von der Sorge, von der Angst, übermannen, sondern lasst im Gebet und Flehen mit Danksagung eure Bitten vor Gott kundwerden.« Natürlich geht es in dieser Aussage in erster Linie um das Gebet im Kontrast zur Sorge; aber sie enthält eben auch den eindeutigen Befehl, Gott inmitten des Gebets für »alles« zu danken.

Oder denken wir an Kolosser 2,7: »Gewurzelt und auferbaut in ihm und gefestigt im Glauben, wie ihr gelehrt worden seid, und nehmet darin zu mit Danksagung.« Diese Worte schließen sich an den sechsten Vers an: »Wie ihr nun Christus Jesus, den Herrn, empfangen habt, so wandelt in ihm.«

Was bedeutet es, in Christus zu wandeln? Es bedeutet, »in ihm gewurzelt und auferbaut und im Glauben gefestigt« zu sein (und viele glauben, dass »im Glauben« hier »durch den Glauben« bedeutet, dass also der Glaube das Instrument ist), »und darin mit Danksagung zuzunehmen.« Die letzte Betonung liegt auf dem Dank.

Weiter lesen wir in Kolosser 3,15: »Und der Friede Christi walte in euren Herzen, zu dem ihr auch berufen worden seid in einem Leibe; und seid dankbar!« Und in Vers 17: »Und alles, was ihr tut mit Wort oder Werk, das tut alles im Namen des Herrn Jesus, indem ihr Gott, dem Vater, durch ihn dankt.« Dann heißt es in Kolosser 4,2: »Verharret im Gebet und wachet darin mit Danksagung.«

Diese Aussagen über den Dank sind in gewissem Sinne harte Worte. Sie sind schön, aber sie lassen uns keinen Spielraum – mit »alles« ist wirklich *alles* gemeint.

Wir lesen in 1. Thessalonicher 5,18: »Danket bei allem! Denn das ist der Wille Gottes in Christus Jesus für euch.« Und daran schließt sich unmittelbar der nächste Vers an: »Den Geist löschet nicht aus.«

Eines wird uns hier klar. Gott sagt uns: Dankt *bei allem*. Das wird, meine ich, in die rechte Perspektive gerückt, wenn wir Römer 1,21 heranziehen:

Weil sie Gott zwar kannten, ihm aber doch nicht als Gott Ehre oder Dank erwiesen, sondern in ihren Gedanken in eitlen Wahn verfielen und ihr unverständiges Herz verfinstert wurde.

Das ist der springende Punkt: Sie waren nicht dankbar. Anstatt zu danken, »verfielen sie in ihren Gedanken in eitlen Wahn, und ihr unverständiges Herz wurde verfinstert.« Sie gaben sich für klug aus und wurden zu Toren. Die Auflehnung des Menschen gegen Gott begann – und beginnt – mit der Undankbarkeit. Die Menschen hatten keine dankbaren Herzen – sahen sich nicht als Geschöpfe dem Schöpfer gegenüber, vor dem sich nicht nur die Knie, sondern auch die widerspenstigen Herzen beugen müssen. Die Auflehnung ist die bewusste Weigerung, als Geschöpfe vor dem Schöpfer zu stehen, dem wir Dank schulden. Zur Liebe gehört das »Danke« – nicht auf oberflächliche Art oder »weil es sich eben gehört«. Nein, wir sollen Gott wirklich dankbar sein und ihm mit Herz oder Stimme »Ich danke dir« sagen. Wie wir noch sehen werden, bedeutet das nicht, dass wir nichts gegen das Schlechte und Grausame in der Welt, wie sie jetzt ist, unternehmen sollen; es bedeutet aber sehr wohl, dass wir dem Gott gegenüber, der wirklich da ist, ein dankbares Herz haben sollen.

Wenn wir diese innere Zufriedenheit in einem christlichen statt in einem nichtchristlichen Rahmen sehen, ergeben sich daraus sogleich zwei Folgerungen. Erstens sagen wir als Christen, dass wir in einem *persönlichen Universum* leben – und zwar in dem Sinne, dass das Universum von einem persönlichen Gott erschaffen worden ist. Nachdem wir Christus als unseren Retter angenommen haben, ist Gott, der Vater, unser Vater. Wenn wir aber sagen, dass wir in einem *persönlichen Universum* leben und Gott unser Vater ist, dann verleugnen wir unseren Glauben in dem Maße, in dem es uns an Vertrauen fehlt. Wir behaupten, dass wir als Christen willentlich den Platz des Geschöpfs vor seinem Schöpfer eingenommen haben; durch mangelndes Vertrauen zeigen wir jedoch, dass wir *in diesem Augenblick* in der Praxis diese Wahl gar nicht wirklich getroffen haben.

Einen weiteren Punkt müssen wir uns klarmachen, um zu verstehen, was das zufriedene Herz im christlichen Rahmen im Gegensatz zum nichtchristlichen Rahmen bedeutet. Eine gute Illustration dafür bildet Albert Camus' Dilemma in *Die Pest*. Als Christen sagen wir, dass wir in einem *übernatürlichen Universum* leben, in dem seit dem Sündenfall ein Kampf stattfindet, ein Kampf in der sichtbaren wie in der unsichtbaren Welt. Wenn wir das aber wirklich glauben, dann können wir erstens innerlich zufrieden sein und dennoch das Schlechte bekämpfen; und zweitens hat Gott gewiss das Recht, uns als Christen an den Abschnitt der Kampffront zu schicken, den er für uns bestimmt hat.

Wollen wir Zufriedenheit im christlichen Sinne verstehen, müssen wir sie in diesem Zusammenhang betrachten. Fassen wir noch einmal zusammen: Es gibt einen *persönlichen* Gott. Sobald ich Christus als meinen Retter angenommen habe, ist Gott mein Vater. Wenn ich dann kein Vertrauen habe, verleugne ich praktisch, was ich zu glauben vorgebe. Gleichzeitig sage ich, dass im Universum ein Kampf stattfindet. Gott *ist* Gott. Wenn es mir dann an Vertrauen fehlt, leugne ich letztlich in der Praxis, dass er als mein Gott das Recht hat, mich in dem geistlichen Kampf, der in der sichtbaren und der unsichtbaren Welt tobt, da zu gebrauchen, wo er mich gebrauchen will. Vertrauen und Zufriedenheit gehören also in den christlichen Rahmen, aber in diesem richtigen Rahmen ist die Zufriedenheit außerordentlich wichtig.

Wenn wir unzufrieden werden und nicht mehr danken können, dann lieben wir Gott nicht, wie wir ihn lieben sollten, und unsere legitimen Wünsche sind zur Begehrlichkeit Gott gegenüber geworden. Echtes geistliche Leben verlieren wir zuerst in diesem inneren Bereich. Äußere Dinge sind stets nur die Folge davon.

Der zweite Prüfstein, an dem wir erkennen können, wann berechtigte Wünsche zur Begehrlichkeit werden, besteht darin, dass wir die Menschen so sehr lieben, dass wir sie nicht beneiden – und hier ist nicht nur der Geldneid gemeint, sondern der Neid überhaupt. Ich kann einem anderen z. B. seine geistlichen Gaben missgönnen. Das lässt sich leicht feststellen: Natürliche Wünsche sind dann zur Begehrlichkeit einem Mitgeschöpf gegenüber geworden, wenn ich mich heimlich freue, dass ihn ein Missgeschick trifft. Freue ich mich innerlich darüber, wenn der andere etwas hat und es verliert? Verspüre ich heimliche Befriedigung über seinen Verlust? Behaupten Sie nicht voreilig, das sei bei Ihnen nie der Fall – Sie würden lügen! Selbst wenn wir in unserem Leben mit Christus fortgeschritten sind, müssen wir doch zugeben, dass wir oft diese schreckliche geheime Befriedigung über den Verlust anderer verspüren, selbst den Verlust unserer Geschwister in Christus. Wenn diese Mentalität aber irgendwie aufkeimt, dann sind meine natürlichen Wünsche zur Begehrlichkeit geworden. Dann liebe ich die Menschen nicht so, wie ich sie lieben sollte.

Diese innere Begehrlichkeit – der Mangel an Liebe zu den Menschen – macht sich bald auch in meinem äußeren Verhalten bemerkbar. Sie kann nicht völlig in die Gefühlswelt eingeschlossen bleiben. Sie tritt allerdings in unterschiedlichem Maße zutage. Wenn ich zu Unrecht bedaure, dass andere etwas haben, was ich nicht besitze, und wenn ich diese Unzufriedenheit wachsen lasse, dann führt sie bald dahin, dass ich die betreffende Person selbst nicht mehr liebe. Je ehrlicher uns der Heilige Geist uns selbst gegenüber macht, desto deutlicher erkennen wir, dass wir oft jemanden nicht mögen, weil wir zu Unrecht etwas begehrt haben, was er hatte. Mehr noch: Wenn ich froh bin, wenn einen anderen ein Verlust trifft, dann ist es nur noch ein kleiner Schritt, bis ich versteckt oder offen für diesen Verlust sorge – indem ich den Betreffenden verleumde, ihn bestehle oder auf irgendeine andere Weise schädige.

In 1. Korinther 10,23-24 wird mir gesagt, dass sich meine Liebe darin beweisen muss, dass ich das Wohl des anderen und nicht nur mein eigenes Wohl im Auge habe: »Alles ist erlaubt, aber nicht alles ist heilsam; alles ist erlaubt, aber nicht alles baut auf. Niemand suche das Seine, sondern jeder das des andern!« In dieselbe Richtung zielt 1. Korinther 13,4-5: »Die Liebe ist langmütig, sie ist gütig; die Liebe eifert nicht, die Liebe prahlt nicht, sie bläht sich nicht auf, sie tut nichts Unschickliches, sie sucht nicht das Ihre ...«

Wenn wir all das lesen und begreifen, dass das Versagen in diesen Bereichen in Wirklichkeit Begehrlichkeit ist, Mangel an Liebe, dann muss jeder von uns auf die Knie sinken, wie Paulus auf die Knie sank, als er auf das Gebot gegen die Begehrlichkeit stieß, das jede oberflächliche Auffassung vom christlichen Leben zerstört.

Hier erweist sich echtes geistliches Leben. Es geht dabei letztlich nicht um Äußerlichkeiten; es geht dabei um tiefinnere Dinge, um jene Bereiche unseres Lebens, die wir sogar vor uns selbst verstecken möchten. Das echte geistliche Leben verspielen wir zunächst in diesem inneren Bereich; das äußere sündige Handeln ist nur die Folge davon.

Allerdings bedeutet echtes geistliches Leben noch mehr. Bisher sind wir von der Vorstellung einer kleinen, begrenzten Verbotsliste zu den gesamten Zehn Geboten und dem ganzen Liebesgebot fortgeschritten. Anschließend wandten wir uns vom äußeren Verhalten der inneren Einstellung zu. Aber in beiden Fällen behandelten wir in erster Linie negative Aspekte. Nun ist jedoch christliches Leben mehr als ein noch so tiefgründiges und richtiges negatives Konzept. Echtes geistliches Leben ist letztlich etwas Positives.

Im weiteren Verlauf dieses Buches werden wir uns noch ausführlicher mit den folgenden Bibelstellen beschäftigen, aber wir wollen sie doch schon hier kurz streifen. Römer 6,4a ist eine biblische Negation: »Wir sind also durch die Taufe auf seinen Tod mit ihm begraben worden.« Hier ist ein Schlussstrich: Begraben durch die Taufe auf seinen Tod. Dasselbe finden wir im ersten Teil des sechsten Verses: »Indem wir das erkennen, dass unser alter Mensch mitgekreuzigt worden ist.« Als ich Christus als Retter annahm, als Gott, der Richter, mich für gerechtfertigt erklärte, wurden diese Dinge gesetzliche Wirklichkeit. In meinem Leben als Christ kommt es nun darauf an, dass sie auch im täglichen Lebensvollzug Wirklichkeit werden. In Galater 2,20a finden wir dieselbe negative Betonung: »Mit Christus bin ich gekreuzigt.«

Diese negativen Aussagen dürfen weder im Zusammenhang der Rechtfertigung noch in dem des christlichen Lebens vergessen werden, sonst kann man die anschließenden positiven Aussagen nicht verstehen. In Galater 6,14 finden wir das Wort: »Ich jedoch will mich nicht rühmen, es sei denn im Kreuze unseres Herrn Jesus Christus, durch das mir die Welt gekreuzigt ist und ich der Welt.« Das ist eine außerordentlich deutliche Abgrenzung. Und dies darf nicht nur eine theoretische Absage sein; sie muss (wie wir sehen werden) mit Gottes Hilfe in die Praxis umgesetzt werden. Es gibt also eine wahrhaft biblische negative Abgrenzung. Dabei dürfen wir aber nicht stehenbleiben, sondern wir müssen beachten, dass sich echtes geistliches Leben nicht im Negativen erschöpft. Es gibt auch eine positive Seite.

Kehren wir zu Galater 2,20 zurück. »Mit Christus bin ich gekreuzigt ... .« Dann kommt ein Einschnitt, den ich in meiner Bibel mit zwei kleinen Strichen markiert habe, damit ich ihn selbst beim schnellen Lesen nicht übersehe: »Mit Christus bin ich gekreuzigt. (Einschnitt) Ich lebe, doch nicht mehr als Ich, sondern Christus lebt in mir; soweit ich aber jetzt noch im Fleische lebe, lebe ich im Glauben an den Sohn Gottes, der mich geliebt und sich selbst für mich ausgeliefert hat.« Die negative Aussage mündet also in eine positive ein, und wer im Negativen steckenbleibt, der übersieht die eigentliche Stoßrichtung. Echtes christliches Leben wird weder in der Praxis noch gedanklich von grundlegenden Negativen bestimmt; nicht von Lebensverleugnung der Art, zu der wir in Verzweiflung oder anderen psychologischen Problemen neigen. Das Nein des Christen ist kein nihilistisches Nein; es gibt eine wahrhaft biblische Abgrenzung, aber das christliche Leben erschöpft sich nicht in dieser Abgrenzung. Es gibt in der Gegenwart wie in der Zukunft ein wahres Leben.

Dieselbe Stoßrichtung finden wir in Römer 6,4: »Wir sind also durch die Taufe auf seinen Tod mit ihm begraben, damit, wie Christus durch die Herrlichkeit des Vaters von den Toten auferweckt wurde, so auch wir in einem neuen Leben wandeln.« Wir sollten an dieser Stelle lesen: »damit auch wir in einem neuen Leben wandeln *sollen*.« Darauf kommt es an: es gibt eine positive Seite. Wir haben die Möglichkeit, in einem neuen Leben zu wandeln, und zwar in diesem Leben, jetzt, zwischen der Wiedergeburt und unserem Tod bzw. der Wiederkunft Jesu.

Dasselbe besagt Römer 6,6: »Wir wissen ja, dass unser alter Mensch mitgekreuzigt worden ist, damit der Sündenleib vernichtet würde, auf dass wir nicht mehr der Sünde dienten.« Wir sind also mit Christus gestorben, aber wir sind auch mit Christus auferstanden. Darum geht es. Christi Tod ist eine geschichtliche Tatsache der Vergangenheit, und wir werden in der zukünftigen Geschichte von den Toten auferweckt werden; die positiven Auswirkungen müssen aber in der gegenwärtigen Geschichte bemerkbar sein, heute, vor unserer zukünftigen Auferstehung.

Lesen wir zur Verdeutlichung die negative Aussage von Galater 5,15: »Wenn ihr euch freilich einander beißt und fresst, dann seht zu, dass ihr nicht voneinander aufgefressen werdet.« Paulus spricht von Christen. Dies ist eine negative Aussage. Aber davor finden wir die positive Aussage (Vers 14): »Denn das ganze

Gesetz ist in dem einen Wort erfüllt, nämlich: ›Du sollst deinen Nächsten lieben wie dich selbst.‹« Und eine weitere positive Aussage machen die Verse 22 und 23: »Die Frucht des Geistes aber ist: Liebe, Friede, Langmut, Milde, Güte, Treue, Sanftmut, Enthaltsamkeit; hinsichtlich dieser Dinge gibt es kein Gesetz.« In unseren Überlegungen zum christlichen Leben führt uns der Textzusammenhang also vom Negativen zum Positiven.

Fassen wir nun dieses Kapitel zusammen, das die Einführung zu allem Folgenden bildet:

1. Echtes christliches Leben, wahres geistliches Leben, *beschränkt* sich nicht auf die Wiedergeburt. Es muss damit beginnen, bedeutet aber weitaus mehr. Sein Ziel besteht nicht nur darin, dass wir in den Himmel kommen. Wirkliches christliches Leben in der Gegenwart bedeutet mehr, als gerechtfertigt zu sein und zu wissen, dass man in den Himmel kommt.

2. Es wird nicht einfach von dem Wunsch bestimmt, Tabus abzuschaffen, um ein leichteres und hemmungsloseres Leben zu führen. Unser Wunsch muss ein reicheres Leben sein. Und wenn ich mich damit beschäftige, stellt mir die Bibel die Gesamtheit der Zehn Gebote und das Liebesgebot vor.

3. Echtes geistliches Leben erweist sich nicht nur in äußerlichem Verhalten, sondern in der inneren Haltung – darin, dass ich Gott und meinen Mitmenschen nichts neide.

4. Aber mehr noch: es ist positiv; eine positive innere Wirklichkeit, die positive äußerliche Folgen hat. Die innere Haltung muss positiv sein und nicht nur in der negativen Abgrenzung bestehen; und diese positive innere Wirklichkeit muss sich in positiven äußerlichen Manifestationen auswirken. Es geht nicht nur darum, dass wir bestimmten Dingen gestorben sind; nein, wir sollen Gott lieben, sollen für ihn leben, sollen Gemeinschaft mit ihm haben, und zwar *im gegenwärtigen Augenblick der Geschichte.* Und wir sollen die Menschen lieben, sollen ihnen gegenüber als Menschen offen sein und uns um Kommunikation auf einer wirklich persönlichen Ebene bemühen – *im gegenwärtigen Augenblick der Geschichte.*

Ob ich nun vom christlichen Leben spreche, von der Freiheit von den Fesseln der Sünde oder vom echten geistlichen Leben, in jedem Fall gehören dazu nach Aussage der Bibel die vier angeführten Punkte, und jeder Abstrich davon bedeutet, Gott nicht ernst zu nehmen – den nicht ernst zu nehmen, der die Welt geschaffen hat, und den nicht ernst zu nehmen, der am Kreuz gestorben ist. Das müssen wir uns zunächst einmal klarmachen, wenn wir uns mit unserem Thema beschäftigen wollen. Andernfalls ist es sinnlos, auch nur über Erfahrung der Freiheit von den Fesseln der Sünde – oder über eine erfahrbare Wirklichkeit des echten geistlichen Lebens – zu reden. Jeder Abstrich davon bedeutet, mit Gott zu spielen, und weil man dabei Gott nicht ernst nimmt, ist es Sünde.

2. Die zentrale Bedeutung des Todes

Wir beginnen nun mit drei eng zusammenhängenden Kapiteln, in denen wir *grundsätzliche Überlegungen* zum echten geistlichen Leben anstellen wollen. Wir haben bereits erwähnt, dass das christliche Leben einen negativen und einen positiven Aspekt aufweist. Kommen wir zunächst zu den negativen Aussagen. Sie lassen sich anhand von vier Bibelversen zusammenfassen:

- Römer 6,4a: »Wir sind also durch die Taufe auf seinen Tod mit ihm begraben.«
- Römer 6,6a: »Wir wissen ja, dass unser alter Mensch mitgekreuzigt worden ist.«
- Galater 2,20a: »Mit Christus bin ich gekreuzigt.«
- Galater 6,14: »Ich jedoch will mich nicht rühmen, es sei denn im Kreuze unseres Herrn Jesus Christus, durch das (oder: durch den) mir die Welt gekreuzigt ist und ich der Welt.«

Diese Aussagen lassen uns wissen, dass wir in Gottes Augen mit Christus gestorben sind, als wir ihn als Retter aufnahmen; aber es geht um noch mehr. Eindringlich werden wir aufgefordert, nun auch tagtäglich in der Praxis zu sterben. Diesen negativen Aspekt streiften wir schon in Kapitel 1, und wir wollen uns nun weiter damit beschäftigen.

Wie schon gesagt, konfrontiert uns die Bibel mit einer sehr harten Negation, einer Abgrenzung, die nicht Theorie bleiben darf, sondern die ganz praktischen Dinge unseres alltäglichen Lebens beeinflussen muss. Das Wort Gottes lässt ferner keinen Zweifel daran aufkommen, dass wir in allen Umständen – auch in schweren Lagen – zufrieden sein und Gott danken sollen. Dies ist eine wirkliche Negation: wir sollen der Herrschaft der Dinge und unseres Ichs unser »Nein« entgegensetzen.

Die Bibel fordert uns ferner auf, die Menschen zu lieben, und zwar nicht nur in einem romantischen oder idealisierten Sinne. Nein, wir sollen sie so real lieben, dass wir ihnen nichts neiden. »Liebe« ist ein leeres, rein romantisches und im schlechten Sinne utopisches Wort, wenn wir uns nicht klarmachen, dass es auch einen starken negativen Aspekt einschließt. Liebe in der rechten Haltung bedeutet auch, in ganz bestimmten Bereichen auf gewisse Dinge zu verzichten und sich selbst zu verleugnen.

Es geht hier nicht um eine romantische Theorie, die irgendwelche Gefühle in uns wecken soll. Gefordert wird eine klare Absage. Wir müssen bereit sein, uns selbst zu verleugnen und auf gewisse Dinge zu verzichten, damit das Gebot, Gott und Menschen zu lieben, wirkliche Bedeutung erlangt. Selbst in solchen Dingen, die mir rechtmäßig zustehen und mit denen ich nicht die Zehn Gebote übertrete, soll ich nicht meinen eigenen Vorteil suchen, sondern das Wohl des anderen.

Nun muss an dieser Stelle jeder, der ehrlich mitdenkt, zugeben, dass die Forderung der Heiligen Schrift als harte Zumutung erscheint. Wenn wir von der normalen Lebensanschauung des Menschen geprägt sind und uns dann aufrichtig diesen Forderungen der Bibel stellen, bleiben uns nur zwei Möglichkeiten: Wir müssen sie entweder romantisieren und behaupten, diese Aussagen sollten uns nur ein gutes Gefühl vermitteln, und eines Tages, irgendwann einmal – bei der zukünftigen Herrschaft Christi oder im ewigen Himmel – würden sie praktische Bedeutung erlangen. Oder (wenn wir diese Worte so annehmen wie sie die Bibel sagt) wir müssen das Gefühl haben, vor einer unüberwindlichen Mauer zu stehen. Solche Verse können nur den ruhig lassen, der sie romantisiert. Gewiss ist das seit dem Sündenfall immer wieder geschehen. *Besonders* stark ist dieser Trend jedoch in der Besitz- und Erfolgsmentalität des Zwanzigsten Jahrhunderts. Wir leben inmitten einer Welt, die sich nichts versagt. Wenn wir aber von einer Mentalität umgeben sind, in der alles an der Größe und am Erfolg gemessen wird, und wir dann plötzlich gesagt bekommen, zum christlichen Leben gehöre dieser starke negative Aspekt des Verzichts und der Selbstverleugnung, dann muss uns das hart erscheinen, sonst haben wir es noch nicht in seiner Tragweite erfasst.

In unserer Kultur ist oft zu hören, wir dürften unseren Kindern nichts abschlagen. »Repression« ist zum Schimpfwort geworden. Wir leben in einer Gesellschaft, die auf nichts verzichten will, es sei denn, sie könnte dadurch in anderer Hinsicht mehr erreichen. Jegliches Konzept eines wirklichen »Nein« wird so weit wie möglich vermieden. Gewiss ist das kennzeichnend für einen großen Teil der jungen Generation. Aber die Älteren sind genauso. Die heutige Erwachsenengeneration hat dieses Klima geschaffen, in dem nur Besitz und Erfolg zählen. Wir haben eine Überflussmentalität geschaffen, in der alles daran gemessen wird, ob es zu noch mehr Überfluss führt. Irgendwelche absoluten Werte, ethische Grundsätze, alles muss hinter dem Überfluss und dem selbstsüchtigen persönlichen Frieden zurücktreten.

Natürlich kommt dieses Klima (»bloß nicht ›nein‹ sagen!«) genau unserer natürlichen persönlichen Neigung entgegen, denn seit dem Sündenfall wollen wir uns nicht selbst verleugnen. Im Gegenteil, wir tun alles in unserer Macht Stehende, um uns – im philosophischen Sinne oder ganz praktisch – zum Mittelpunkt des Universums zu machen. Mittelpunkt, das wollen wir von Natur aus sein. Und diese natürliche Neigung können wir in dem Klima ausleben, das uns heute umgibt.

Das ist ja der eigentliche Knackpunkt beim Sündenfall! Als Satan Eva einflüsterte: »Keinesfalls werdet ihr sterben ... ihr werdet sein wie Gott«, da wollte sie wie Gott sein (1Mo 3,4-5). Sie wollte zur Frucht, die gut anzusehen war, nicht nein sagen, obwohl Gott ein Nein bezüglich der Frucht verordnet und Adam und Eva vor den Folgen des Essens der Frucht gewarnt hatte. Von da aus nahm alles seinen Anfang. Eva stellte sich selbst ins Zentrum des Universums; sie wollte wie Gott sein.

Wenn ich als Christ zu leben beginne, muss ich mir klarmachen, dass ich auch als Christ eine Empfangsantenne für das Denken meiner Umgebung habe, wenn es um Güter und Erfolg geht. Folglich muss ich das Gefühl haben, gegen eine dicke Mauer zu prallen, wenn ich diesen negativen Aspekt betrachte. Wenn ich diese Aussagen der Bibel aus der normalen Perspektive des gefallenen Menschen betrachte – und besonders aus der normalen Perspektive des zwanzigsten Jahrhunderts –, müssen sie hart erscheinen. Sobald ich jedoch die Perspektive wechsle, ändert sich das alles, und mit eben diesem Perspektivenwechsel wollen wir in diesem Kapitel versuchen anzufangen.

Nach diesen Vorüberlegungen kommen wir nun zu einem Abschnitt aus Lukas 9.

Darauf sagte er (Jesus) zu ihnen: Ihr aber, für wen haltet ihr mich? Da antwortete Petrus und sprach: Für den Gesalbten Gottes. Er aber gebot ihnen mit strengem Befehl, dies niemand zu sagen, indem er sprach: Der Sohn des Menschen muss viel leiden und verworfen werden von den Ältesten und Hohenpriestern und Schriftgelehrten und getötet werden, und am dritten Tag auferweckt werden. Er sprach aber zu allen: Wenn jemand mit mir gehen will, verleugne er sich selbst und nehme täglich sein Kreuz auf sich und folge mir nach! ... Ich sage euch aber der Wahrheit gemäß: Es sind einige unter denen, die hier stehen, die den Tod nicht schmecken werden, bis sie das Reich Gottes gesehen haben.

Es begab sich aber etwa acht Tage nach diesen Reden, da nahm er Petrus und Johannes und Jakobus mit sich und stieg auf den Berg, um zu beten. Und während er betete, veränderte sich das Aussehen seines Angesichts und sein Gewand wurde strahlend weiß. Und siehe, zwei Männer redeten mit ihm – es waren Mose und Elia –, die erschienen in Lichtglanz und redeten von seinem Lebensausgang, den er in Jerusalem vollenden sollte ... Und eine Stimme erscholl aus der Wolke, die sprach: Dies ist mein auserwählter Sohn, auf ihn höret (Lukas 9,2-23;27-31.35)

Er sprach aber zu allen: Wenn jemand mit mir gehen will, verleugne er sich selbst« (Vers 23). Dieser Gedanke, dass wir nicht nach dem »Unseren« suchen sollen, selbst wenn wir das Recht dazu hätten, findet sich auch in den Korintherbriefen.

»Die erschienen in Lichtglanz und redeten von seinem Lebensausgang« (Vers 31) – »sie redeten« bedeutet an dieser Stelle im griechischen Urtext ein fortwährendes Reden, nicht nur ein einmaliges Sprechen über etwas. Es geht hier also darum, dass immer wieder vom bevorstehenden Tod Jesu gesprochen wird.

Das ist eine ganz andere Perspektive als die, die wir gewöhnlich in unserer Umgebung in der Welt vorfinden. Es ist die Perspektive des Reiches Gottes, nicht die der gefallenen Welt und unseres eigenen gefallenen Wesens. Wir werden von einer Welt unter Druck gesetzt, die grundsätzlich nicht bereit ist, sich irgend etwas zu versagen, »nein« zu sich selbst zu sagen, weil die Menschen davon überzeugt sind, dass sich alles um sie drehen muss. Wenn wir diese Perspektive zugunsten der Perspektive des Reiches Gottes hinter uns lassen, stellt sich auch die uns auferlegte Entsagung ganz anders dar.

Wir erinnern uns, dass es in dem zitierten Text heißt, dass Mose und Elia fortwährend vom bevorstehenden Tod Jesu sprachen. Dies stand im Mittelpunkt ihres Gesprächs. Wir erfahren nicht, wie lange sie miteinander sprachen, aber auf jeden Fall wurde nicht nur dieser eine Satz einmal ausgesprochen. Vielmehr ging es in einem zusammenhängenden Gespräch um dieses eine: seinen bevorstehenden Tod. Als Johannes der Täufer Jesus vorstellte, sagte er: »Siehe, das Lamm Gottes« (Joh 1,29). Schon dabei lenkte er also die Aufmerksamkeit auf Jesu Tod, und genau darum ging es auch in diesem Gespräch auf dem Berg der Verklärung.

Das ist das größte Wunder aller Zeiten. Das ist die wahre Blickrichtung, wenn im Mittelpunkt des Gesprächs steht, dass der eine, der doch Gott ist, sterben soll. Von ihm wird in Vers 35 gesagt: »Dies ist mein auserwählter Sohn; auf ihn hört!«, und in Vers 31: »Sie redeten von seinem Lebensausgang, den er in Jerusalem vollenden sollte.« Gott, der mit der Fleischwerdung wahrer Mensch geworden ist, kommt als das »Lamm«, das die Sünde der Welt hinwegnimmt.

Dies wollen wir im Auge behalten, wenn wir uns der Frage nach der richtigen Perspektive zuwenden. Wir stellen fest, dass der *Tod* Christi das Zentrum der christlichen Verkündigung ist, nicht das Leben Jesu oder seine Wunder. Die modernistischen Theologen sind der Auffassung, das Grundproblem der menschlichen Existenz sei metaphysischer Natur, und meinen deshalb, die Lösung liege im Konzept einer Inkarnation (Fleischwerdung). Das heißt keineswegs, dass sie an eine wirkliche Fleischwerdung Gottes glauben, vielmehr geht es ihnen um das *Konzept* der Fleischwerdung.

Aber die biblische Antwort setzt nicht an dieser Stelle an. Die Fleischwerdung und Geburt Jesu ist zwar die notwendige Voraussetzung, um zu der Antwort zu gelangen, aber die Antwort selbst ist erst der Tod des Herrn Jesus Christus. Bei der Passafeier in 2. Mose 12 (die schon auf das Kommen Jesu hinweist) starb das Passalamm. In 1. Mose 3,15, der ersten Verheißung des Messias, wird gesagt, dass der Messias einst Schmerzen erdulden muss. Er wird Satan vernichten, aber der Satan wird seine Ferse verletzen. In 1. Mose 3,21 erfahren wir, wie der Mensch sich bekleiden soll, nachdem er gesündigt hat: Er soll Felle tragen, und dafür muss Blut vergossen werden. In 1. Mose 22 wird von dem großen Ereignis berichtet, das Abrahams Einsicht in Gottes Plan eines kommenden Messias zeigt. Er muss seinen Sohn als Opfer auf den Altar legen – und dann wird ihm stellvertretend ein Widder zur Verfügung gestellt. Damit wird die Stellvertretung in zweifacher Weise dargestellt. Und worum geht es in Jesaja 53, dieser großartigen Verheißung, die rund siebenhundert Jahre vor dem Kommen Jesu gegeben wurde? Im Mittelpunkt stehen Aussagen wie: »geschlagen und geplagt«, »ein Lamm, das zur Schlachtbank geführt wird«, »aus dem Lande der Lebenden getilgt«, »zu Tode getroffen«. Solche Worte klangen im Laufe der Jahrhunderte der Prophetie immer wieder an, bis Johannes der Täufer schließlich sagte: »Siehe, das Lamm Gottes, das die Sünde der Welt hinwegnimmt« (Joh 1,29). Der Erlösertod Christi ist also das Zentrum der christlichen Botschaft.

Auch Jesus weist auf diesen Mittelpunkt hin, wenn er im Gespräch mit Nikodemus sagt: »Wie Mose in der Wüste die Schlange erhöhte, so muss der Sohn des Menschen erhöht werden« (Joh 3,14). Wenn man diese Stelle mit Johannes 12,32.33 vergleicht, wird deutlich, dass es dabei um den bevorstehenden Tod Jesu geht. Dasselbe bezeugen viele andere Schriftstellen:

Alle haben ja gesündigt und ermangeln der Ehre vor Gott und werden gerecht gesprochen ohne Verdienst durch seine Gnade mittelst der Erlösung, die in Christus Jesus ist. Ihn hat Gott hingestellt als ein Sühneopfer durch den Glauben in seinem Blut zur Erweisung seiner Gerechtigkeit, weil die vorhergeschehenen Sünden unter der Langmut Gottes ungestraft geblieben waren, zur Erweisung seiner Gerechtigkeit in der jetzigen Zeit, damit er selbst gerecht sei und den gerecht spreche, der aus dem Glauben an Jesus ist. (Röm 3,23-26)

Der nicht wie die Priester täglich nötig hat, zuerst für die eigenen Sünden Opfer darzubringen, dann für die des Volkes; denn dies hat er einmal getan, als er sich selbst darbrachte. (Hebr 7,27)

Überall findet sich derselbe Gedanke. Im letzten Buch der Bibel, der Offenbarung, finden wir dann das Ausrufezeichen, das hinter all die anderen Aussagen gehört, wo von dem Buch der Erlösung die Rede ist:

Und sie sangen ein neues Lied: ›Würdig bist du, das Buch zu nehmen und seine Siegel zu öffnen; denn du bist geschlachtet worden und hast für Gott durch dein Blut erkauft aus allen Stämmen und Sprachen und Völkern und Nationen.‹ (Offb 5,9)

Wenn wir uns mit der Theologie der Frühkirche beschäftigen (und wir sollten nicht irrigerweise meinen, die Frühkirche habe keine Theologie gehabt), stellen wir fest, dass auch dort der stellvertretende Tod Christi das Zentrum ist. Was ist zentral in der frohen Botschaft des Christentums, im Evangelium, das der Welt verkündet werden soll? Diese Botschaft dreht sich einzig und allein um eine Sache: den Erlösungstod des Herrn Jesus Christus. Vom Sündenfall an und der ersten Erlösungs-Verheißung unmittelbar darauf (1Mo 3,15), bis hin zum Ende der Heils- und Weltgeschichte ist der Erlösertod Jesu Christi die zentrale Botschaft.

Es sollte uns daher nicht überraschen, dass der Tod Jesu im Mittelpunkt des Gesprächs zwischen Elia, Mose und Jesus auf dem Berg der Verklärung stand: »Und siehe, zwei Männer redeten mit ihm« – es waren Mose und Elia –, »die erschienen in Lichtglanz und redeten (und zwar die ganze Zeit) von seinem Lebensausgang, den er in Jerusalem vollenden sollte.« Natürlich sprachen sie darüber, denn hier lag ihr Interesse. Es war ihnen nicht einfach als theologische Feststellung wichtig; vielmehr hing die Errettung Moses und Elias an diesem einen Ereignis, dem bevorstehenden Tod Jesu am Kreuz auf Golgatha. Auch für die Jünger, die an jenem Tag dabei waren, war dies wichtig, denn auch für sie hätte es keine Errettung gegeben, wenn Jesus nicht am Kreuz gestorben wäre. Und das gilt jedem von uns – auch für uns ist dieser Punkt von entscheidender Bedeutung, denn es gäbe für uns keine Errettung, wenn Jesus nicht am Kreuz auf Golgatha gestorben wäre.

Der Tod des Herrn Jesus ist absolut einzigartig. Er ist ein stellvertretender Tod. Kein Tod ist wie dieser Tod oder diesem vergleichbar. Darüber müssen wir uns absolut im Klaren sein. Sein stellvertretender Tod am Kreuz in Raum und Zeit, im Bereich der Geschichte, hatte einen unendlichen Wert; war es doch Gott selbst, der dort für uns starb. Daher muss und kann seinem Tod und seiner Stellvertretung nichts mehr hinzugefügt werden. Er starb diesen einen Tod ein für allemal.

Doch nachdem wir uns die Einmaligkeit und Einzigartigkeit dieses Ereignisses klargemacht haben, dürfen wir nicht übersehen, dass es in gewisser Hinsicht eine wichtige Parallele gibt. In Lukas 9,22-24 beschreibt Christus eine bestimmte zeitliche Abfolge von Ereignissen: »Der Sohn des Menschen muss viel leiden und verworfen werden von den Ältesten und Hohenpriestern und Schriftgelehrten und getötet werden und am dritten Tag auferweckt werden« (Vers 22). Der Weg Jesu zum Kreuz und zur Verherrlichung weist drei Stufen auf: verworfen, getötet, auferweckt. Diese *Abfolge* wird in Vers 23 und 24 von Jesus selbst auch unmittelbar auf uns Christen bezogen:

Er sprach aber zu allen: Wenn jemand mit mir gehen will, verleugne er sich selbst und nehme täglich sein Kreuz auf sich und folge mir nach! Denn wer sein Leben retten will, der wird es verlieren; wer aber sein Leben verliert um meinetwillen, der wird es retten.

Jesus überträgt also hier die Abfolge der Ereignisse auch auf das Leben des Christen. Die drei Stufen des Weges Jesu – verworfen, getötet, auferweckt – sind zugleich auch die Ordnung, nach der das echte geistliche Leben des Christen verläuft, und zwar die einzig mögliche.

Wenn wir die Einmaligkeit und den stellvertretenden Charakter des Todes Jesu geringachten oder für belanglos erklären, wie es modernistische Theologen der verschiedensten Richtungen tun, ist unsere Lehre nicht mehr christlich. Andererseits wollen wir aber auch nicht vergessen, dass die genannten drei Stufen auch unser Leben als Christen kennzeichnen sollen, denn sonst verfallen wir einer sterilen Orthodoxie, unser christliches Leben verkümmert allmählich und stirbt, und geistliches Leben im echten biblischen Sinne hört auf.

Jesus spricht hier von einem freiwilligen Sterben in unserem jetzigen Leben. Um das möglichst plastisch darzustellen, nennt er eine bestimmte Situation. In Lukas 9,26 heißt es nämlich: »Denn wer sich meiner und meiner Worte schämt, dessen wird sich der Sohn des Menschen schämen, wenn er kommen wird in seiner Herrlichkeit und in der Herrlichkeit des Vaters und der heiligen Engel.« Die Bibel redet nicht von irgendeinem romantischen Gefühl, einer idealen oder abstrakten Vorstellung. Jesus zeigt an einer sehr konkreten Situation, was es heißt, verworfen und getötet zu werden: an der Begegnung mit einer feindlich eingestellten Welt. Es geht darum »nein« zu sich selbst zu sagen, während unser natürliches Wesen doch von der Welt anerkannt werden möchte – einer Welt allerdings, die sich gegen ihren Schöpfer, gegen unseren Herrn, auflehnt.

Das Neue Testament in seiner Gesamtheit zeigt, dass dieses Gebot Christi nicht auf eine einzelne Situation begrenzt ist, sondern die Lebenshaltung und Denkweise des Christen überhaupt kennzeichnen soll. Diese christliche Lebenshaltung ist geprägt von den drei Schritten »verworfen, getötet, auferweckt«. Wie die Verwerfung und der Tod Christi die ersten Schritte auf dem Weg zur Erlösung waren, so sind unsere Verwerfung und unser Tod hinsichtlich der irdischen Dinge und unseres Ichs die ersten Schritte auf dem Weg zu einem echten und wachstumsfähigen geistlichen Leben. Wie Christus auf dem Weg zur Erlösung den Schritt des Todes nicht auslassen konnte, so können wir keinen weiteren Schritt tun, bevor wir nicht die ersten beiden Schritte vollzogen haben, und zwar nicht nur theoretisch, sondern – zumindest ansatzweise – praktisch: Verworfen und getötet.

Wie zentral war Christi Tod für die Erlösung! Man beachte, wie Mose und Elia mit Christus auf dem Berg der Verklärung stehen und mit ihm ausführlich über seinen bevorstehenden Tod sprechen. In gleicher Weise kann man herausstellen, wie zentral und fundamental unser persönlicher und fortwährender Tod in der persönlichen Entscheidung für Christus ist.

Wenn der Tod so zentral für das Werk Christi war, dass die alttestamentlichen Propheten ihn durchgängig bezeugen und

Mose und Elia mit Jesus bei seiner Verklärung darüber sprachen, und wenn er für das geistliche Leben des Christen von ebenso zentraler Bedeutung ist, sollten dann nicht auch wir ständig darüber nachdenken, reden und beten? Wieviel denken wir über die Notwendigkeit des freiwilligen Sterbens nach? Wie oft unterhalten wir uns darüber? Wie intensiv treibt uns dieses Bewusstsein zum Gebet für uns und für die, die wir lieben? Ist es nicht in Wirklichkeit so: Unsere Gedanken, Gespräche und Gebete für uns und unsere Lieben haben fast ausschließlich das Ziel, das Negative um jeden Preis zu meiden, anstatt dass wir dafür beten, dass wir mit den negativen Dingen mit der richtigen Einstellung umgehen können? Wie viele unserer Gebete für unsere Kinder haben denn die Bitte zum Inhalt, Gott möge sie bereit machen, die ersten beiden Schritte zu gehen und Verwerfung und Sterben zu ertragen? Wir sind von der Welt und ihrer Haltung erfüllt und nicht von der Haltung und Perspektive des Reiches Gottes. Das heißt nicht, dass wir nur in Entsagung zu leben hätten, wie wir später noch sehen werden. Aber wir dürfen nicht meinen, wir könnten zur dritten Stufe »springen« und die beiden ersten – die Wirklichkeit der Verwerfung und des Sterbens – einfach auslassen. Und das gilt nicht nur für die eine Phase unseres Lebens, wenn wir Christen werden, sondern unser ganzes Leben hindurch.

Aus dieser neuen Perspektive des Reiches Gottes wollen wir uns nun den negativen Aspekten der Zehn Gebote in 2. Mose 20 zuwenden.

Im ersten Gebot werden wir aufgefordert, unserem Drang, selbst Gottes Platz einzunehmen, gänzlich abzusagen. Dies ist der Schlüssel zu allen übrigen Geboten. Wir neigen dazu, selbst »Gott« zu spielen und uns als Mittelpunkt des Universums zu betrachten. Diesem Verlangen sollen wir bewusst »absterben«.

Die übrigen Gebote in 2. Mose 20 weisen in dieselbe Richtung. Wir sollen freiwillig der Zeit »sterben«, die Gott sich vorbehalten hat, seinem besonderen Tag. Wir sollen uns hüten, nach Autorität zu trachten, die uns nicht rechtmäßig zusteht. Wir sollen es freiwillig unterlassen, menschliches Leben anzutasten. Wir sollen es ablehnen, uns im Bereich der Sexualität etwas zu nehmen, was uns nicht rechtmäßig zusteht. Und wir sollen es ablehnen, dem Ruf eines anderen durch falsche Anklagen zu schaden.

Das letzte Gebot, »du sollst nicht begehren …«, zeigt, dass dieses Ablehnen sich nicht nur auf unser äußeres Verhalten bezieht, sondern auf unsere innere Einstellung. Hier muss sich unser Sterben vollziehen. Aber wann sollen wir diesen Tod sterben? Bestimmt nicht erst dann, wenn unser Körper ohnehin kein Verlangen mehr kennt. Wir sollen freiwillig »nein« sagen und unserem Ich sterben, solange wir mitten in einem aktiven Leben stehen, das diese Dinge begehren und genießen könnte. Dieser »Tod« soll nicht beiseite- oder hinausgeschoben werden; er soll auch nicht nur mit dem Augenblick des physischen Todes in Verbindung gebracht werden. Vollkommen werden wir zwar erst sein, wenn Jesus kommt und uns von den Toten auferweckt, aber hier und jetzt, in der Mitte des Lebens, wo es Kampf und Streit gibt, muss dieses völlige Aufgeben beginnen. Wir sollen zum Beispiel nicht warten, bis wir keine starken sexuellen Bedürfnisse mehr haben. Vielmehr sollen wir in der Mitte des Lebens und in einer Welt, die in der Auflehnung gegen Gott und dann auch gegen den Mitmenschen alles an sich reißt, begreifen: Jesus sagt, dass wir uns selbst verleugnen und auf das verzichten sollen, was uns nicht zusteht.

Das wird nicht ohne Schmerzen abgehen. Das Kreuz des Christen ist voll spitzer Splitter, da wir in diesem Leben von einem Geist umgeben sind, der dem Reich Gottes fremd ist. Aber das ist der Weg des Kreuzes: »Der Sohn des Menschen muss viel leiden und verworfen werden von den Ältesten und Hohenpriestern und Schriftgelehrten und getötet werden und am dritten Tag auferweckt werden« (Lk 9,22). Hier geht es im Besonderen um die Verwerfung durch die religiösen Führer jener Zeit – Männer, die den Weg der Welt und nicht Gottes Weg eingeschlagen hatten. Aber im Grunde ist es eine Ablehnung durch die Welt selbst, und diese Ablehnung ist die notwendige Voraussetzung, um etwas von dem Auferstehungsleben zu erfahren.

Diese Verwerfung geschieht nicht ein für allemal. Christus fordert die, die ihm nachfolgen wollen, dazu auf, *täglich* ihr Kreuz auf sich zu nehmen. Wir nehmen Christus zwar ein für allemal als unseren Heiland an und sind dann gerechtfertigt und endgültig von unserer Schuld befreit. Aber »das Kreuz auf sich nehmen«, das muss täglich, ja, jeden Augenblick neu geschehen. Die Existentialisten haben zwar an vielen Punkten unrecht, aber sie haben recht, wenn sie die Wirklichkeit dieser Situation des »Augenblick für Augenblick« betonen.

In Lukas 14,27 sagt Jesus etwas Ähnliches: »Wer nicht sein Kreuz trägt und mit mir geht, kann nicht mein Jünger sein.« Man ist kein *Jünger* Jesu, steht nicht in seiner Nachfolge, wenn man nicht nach diesem Wort lebt: verworfen und getötet, und zwar jeden Tag! Jesus formuliert hier nicht einfach ein abstraktes Gebot, sondern zeigt in Vers 26 zugleich seine konkreten Auswirkungen, indem er es auf Vater, Mutter, Ehefrau, Kinder, Brüder, Schwestern und das eigene Leben seiner Nachfolger bezieht. Das Gebot hat also seinen Platz in der Wirklichkeit des täglichen Lebens. Hier muss sich das »Sterben« ereignen. Und nach Vers 27 sagt Jesus weiter:

> Denn wer von euch, der einen Turm bauen will, setzt sich nicht zuerst hin und berechnet die Kosten, ob er genug habe zur Ausführung? Damit nicht etwa, wenn er den Grund gelegt hat und es nicht zu vollenden vermag, alle Zuschauer anfangen, über ihn zu spotten: Dieser Mensch fing an zu bauen und vermochte es nicht zu vollenden. (Lk 14,28-30)

Jesus selbst hat diese beiden Aussagen – Vers 27 und 28-30 – so eng verbunden. »Berechne die Kosten im Voraus«, sagt er. In unserer Verkündigung an die verlorene Menschheit müssen wir auf jeden Fall auch hervorheben, dass wir als Christen täglich unser Kreuz auf uns zu nehmen haben. Wir leben als Fremde in einer Welt, deren Grundhaltung die Auflehnung gegen Gott ist; und solange wir darin leben, sind auch wir als Christen nicht völlig frei von Elementen dieser Rebellion in uns selbst.

Wir sahen bereits, dass Römer 6 mit einigen sehr negativen Aussagen beginnt. Am liebsten möchten wir uns schnell dem zweiten Teil von Vers 4 zuwenden (»damit, wie Christus … von den Toten auferweckt worden ist, so auch wir in einem neuen Leben wandeln«), aber wir schaden uns selbst, wenn wir dieses Element des Sterbens außer Acht lassen. »Durch die Taufe mit ihm begraben«, »der Sünde abgestorben«, »auf seinen Tod getauft« – das ist der Weg zu der Freiheit im zweiten Teil von Vers 4; diese Aspekte dürfen wir nicht zu umgehen versuchen. Die Reihenfolge steht fest: verworfen, getötet, auferweckt. Sie findet sich auch in Vers 6: Wir müssen den ersten Teil (»indem wir das erkennen, dass unser alter Mensch mitgekreuzigt worden ist«) ertragen, bevor wir zum zweiten Teil gelangen können (»damit der Leib der Sünde kraftlos gemacht werde, dass wir nicht mehr der Sünde dienen«). Ich habe den Eindruck, dass die meisten Christen den ersten Teil dieses Verses sogar schneller lesen, um möglichst rasch zum zweiten, angenehmen Teil zu kommen; aber das ist falsch. Man gelangt nun einmal nicht auf die andere Seite einer Tür, ohne durch sie hindurchzugehen. Ebenso gelangen wir nicht zu dem frohmachenden zweiten Teil dieser Verse, wenn wir den ersten Teil nicht auch ernst nehmen.

Dies gilt zunächst einmal unbedingt für die Rechtfertigung, aber danach auch für jeden Augenblick im täglichen Leben der Christen. Um es noch einmal ganz klar zu sagen: In dem Augenblick, in dem wir Jesus Christus als unseren Heiland annehmen, sind wir gerechtfertigt, und unsere Schuld wird ein für allemal von uns genommen. Das steht unumstößlich fest. Aber wenn wir im Leben etwas von der Wirklichkeit echten geistlichen Lebens erfahren wollen, müssen wir »täglich unser Kreuz auf uns nehmen«. Der Grundsatz, »nein« zum eigenen Ich zu sagen, muss meine Haltung zur Welt bestimmen, die im Stadium der Auflehnung gegen den Schöpfer verharrt. Wenn ich meine geistigen Fähigkeiten nur darauf verwende, die Achtung der Welt zu erlangen, die sich im Aufstand gegen den befindet, der sie geschaffen hat, dann habe ich versagt. Ich muss das Kreuz in jedem Bereich des Lebens und mit meinem ganzen Sein vor Augen haben und anerkennen.

Das Kreuz soll nicht nur ein für alle Mal bei meiner Bekehrung für mich eine Wirklichkeit sein, sondern in meinem ganzen Leben als Christ. Echtes geistliches Leben bleibt nicht bei dem negativen Aspekt stehen, aber ohne ihn zu erfassen und in unserem Leben zu verwirklichen, können wir nicht zum Positiven weitergehen.

3. Durch Sterben zur Auferstehung

Wäre dieses Buch eine Sinfonie, müssten an dieser Stelle die Trompeten einsetzen, denn nun kommen wir zu dem positiven Aspekt, ohne den die beiden negativen nie zu echtem, ausgewogenem geistlichem Leben führen können: »auferweckt«. »Wir sind also durch die Taufe auf seinen Tod mit ihm begraben worden, damit, wie Christus durch die Herrlichkeit des Vaters von den Toten auferweckt worden ist, so auch wir in einem neuen Leben wandeln« (Röm 6,4). »Ich bin mit Christus gekreuzigt; ich lebe, aber nicht mehr ich, sondern Christus lebt in mir. Was ich aber jetzt im Fleische lebe, das lebe ich im Glauben an den Sohn Gottes, der mich geliebt hat und sich für mich dahingegeben hat« (Gal 2,20). Nach dem Tod und nach der Verwerfung des eigenen Ichs folgt die Auferstehung.

Dies alles wird in der Verklärung Jesu sehr anschaulich ausgedrückt. Sie war gewissermaßen eine »Vorwegnahme« der Auferstehung Christi, eine Zeit der Herrlichkeit. »Und während er betete, veränderte sich das Aussehen seines Angesichts und sein Gewand wurde strahlend weiß« (Lk 9,29). Matthäus berichtet: »Sein Angesicht leuchtete wie die Sonne, seine Kleider aber wurden weiß wie das Licht.«

Ich möchte dabei betonen, dass sich diese Dinge im Raum der Geschichte ereignet haben. Das ist gerade heute wichtig, da jetzt Glaubensdinge ständig in einen vagen »anderen« und unhistorischen Bereich verschoben werden. Aber in unserem Bericht von der Verklärung werden Raum und Zeit hervorgehoben. Lukas zum Beispiel erzählt: »Tags darauf, als sie von dem Berg hinabgingen, da kam ihm viel Volk entgegen« (9,37). Jesus und seine Jünger gingen also zu einem bestimmten Zeitpunkt in der Geschichte auf den Berg und kamen zu einem anderen Zeitpunkt wieder herunter. Als sie den Berg hinaufstiegen, begaben sie sich nicht in eine geistige oder religiöse »andere Welt« außerhalb des Raumes unserer Welt. Sie hatten noch Verbindung zu unserem Raum – sie standen mit ihren Füßen auf dem Berg, und in der Ebene am Fuß des Berges nahm das Leben seinen gewohnten Lauf.

Ebenso befanden sie sich weiterhin im Bereich der Zeit. Wenn sie Uhren getragen hätten, wären diese nicht stehengeblieben, als sie auf den Berg stiegen, und erst weitergelaufen, als sie wieder herunterkamen. Die Zeit ging weiter, und als sie herunterkamen, war einige Zeit vergangen: es war »tags darauf«. Auf dem Berg der Verklärung fand ein wirklich geschichtliches Ereignis statt, das im normalen Bereich von Raum und Zeit verankert war. Die Verherrlichung Jesu ereignete sich nicht in einer anderen Welt, in einem Bereich des philosophisch »ganz anderen«, einem »oberen Bereich«, wie ich ihn nenne[2], sondern in der Wirklichkeit von Raum und Zeit.

Dasselbe wird dann auch bei der Auferstehung Jesu Christi hervorgehoben. Die Jünger, die Jesus auf dem Weg nach Emmaus traf, fragte er: »Musste nicht der Christus dies leiden und dann in seine Herrlichkeit eingehen?« (Lk 24,26). Diese Frage stellte er an einem bestimmten Kalendertag, zu einer bestimmten Stunde dieses Tages und an einem bestimmten Punkt auf der Landkarte; das Ereignis ist also in Raum und Zeit unserer Geschichte verankert. Das gilt auch für all seine anderen Erscheinungen nach der Auferstehung. Er trat »mitten unter sie«, in ihr alltägliches Leben. In ihrer Angst versuchten sie, ihn in einen anderen Bereich abzuschieben – »Da gerieten sie in Bestürzung und Furcht und meinten, einen Geist zu sehen« –, aber das ließ

---

2 Zu meiner grundlegenden Kritik des modernen zwiegespaltenen Denkens mit der Einteilung in einen unteren (materiellen) und einen oberen (immateriellen) Bereich (engl. *story*, Stockwerk) vgl. meine Bücher »Gott ist keine Illusion« und »Preisgabe der Vernunft«.

Jesus nicht zu. »Sehet meine Hände und meine Füße, dass ich es selbst bin! Rühret mich an und sehet! Denn ein Geist hat nicht Fleisch und Bein, wie ihr seht, dass ich es habe« (Lk 24,39). Und dann nahm er ein Stück gebratenen Fisch und Honigwabe und »aß vor ihren Augen« und zeigte ihnen seine Wunden, sichtbare Spuren seines Todes.

Sein Körper war derselbe, allerdings auferweckt und verherrlicht. Er befand sich nicht in einem von unserer Wirklichkeit getrennten Bereich, sondern in Raum und Zeit und in der Geschichte.

In Johannes 20 wird derselbe Punkt hervorgehoben. Das ist keine zufällige Wiederholung, sondern er gehört zum Zentrum der biblischen Botschaft:

Als es nun an jenem Tag, dem ersten der Woche, Abend war und dort, wo die Jünger sich aufhielten, die Türen aus Furcht vor den Juden verschlossen waren, kam Jesus und trat in die Mitte; und er sagte zu ihnen: Friede sei mit euch! (Joh 20,19)

Der Leib Christi ist verändert. Er kann plötzlich durch verschlossene Türen gehen, aber das betrifft unser Thema hier nicht. Es ist immer noch derselbe Körper.

Thomas aber, einer von den Zwölfen, der auch Didymus genannt wird, war nicht bei ihnen, als Jesus kam. Die andern Jünger sagten ihm nun: Wir haben den Herrn gesehen. Er aber sagte zu ihnen: Wenn ich nicht an seinen Händen das Mal der Nägel sehe und lege meine Hand in seine Seite, werde ich es nicht glauben. Und nach acht Tagen waren seine Jünger wiederum drinnen und Thomas mit ihnen. Jesus kam, als die Türen verschlossen waren, trat in die Mitte und sprach: Friede sei mit euch! Dann sagte er zu Thomas: Reiche deinen Finger hierher und siehe meine Hände, und reiche deine Hand her und lege sie mir in die Seite, und sei nicht ungläubig, sondern gläubig. Thomas antwortete und sprach zu ihm: Mein Herr und mein Gott! (Joh 20,24-28)

Wir wollen festhalten, dass es derselbe Körper ist. Diesen Körper kann man berühren und anfassen. Er kann essen, wie in Johannes 21,9 ausdrücklich betont wird.

Der auferstandene Jesus Christus befindet sich also leibhaftig in der materiellen Welt von Raum und Zeit. Die Wirklichkeit der Auferstehung darf nicht in eine andere Dimension gedrängt werden. Sie hat ihre Bedeutung in unseren gewohnten Dimensionen. »Und diesen erwies er sich nach seinem Leiden auch durch viele Beweise als lebendig, indem er ihnen während vierzig Tagen erschien und über das Reich Gottes redete« (Apg 1,3).

Vierzig Tage lang, also nicht nur für einen kurzen Augenblick, bewies Jesus Christus seine Auferstehung in Raum und Zeit.

Wir dürfen auch das große Ereignis der Himmelfahrt nicht ausklammern: »Und als er dies gesprochen hatte, wurde er vor ihren Augen emporgehoben, und eine Wolke nahm ihn auf, so dass er ihren Blicken entschwand« (Apg 1,9). Genau das kann der moderne Mensch am allerwenigsten akzeptieren. Ein neo-orthodoxer Theologe mag vielleicht manchmal von einer leiblichen Auferstehung sprechen, aber nie von einer leiblichen Himmelfahrt. Sie ist eines der Hauptärgernisse, wie z. B. John Robinsons Buch *Gott ist anders* erkennen lässt. Hier entzündet sich der Streit und *muss* er sich entzünden, weil es hier einen auferstandenen Leib gibt, der essen kann, der in den Himmel gehoben wird und in einer Wolke verschwindet. Wieder geht es um eine wirkliche Begebenheit, und wieder wird hervorgehoben, dass es sich um ein geschichtliches Ereignis handelt. Der auferstandene Leib Christi stieg in die Wolken auf. Das geschah wiederum zu einer bestimmten Tageszeit und an einem bestimmten Kalendertag. Es gab einen Augenblick, an dem seine Füße den Ölberg verließen. Wir wollen diesem Punkt nicht ausweichen. Wer meint, er könne die leibliche Himmelfahrt Christi ausklammern und trotzdem am christlichen Glauben festhalten, kann in seiner übrigen Position nicht konsequent sein.

Mit der Himmelfahrt hört der Kontakt zu Raum und Zeit jedoch nicht auf. An einer späteren Stelle in der Apostelgeschichte

(9,3-8) wird von der Begegnung zwischen Christus und Paulus berichtet:

> Während er (Paulus) aber dahinzog, geschah es, dass er in die Nähe von Damaskus kam, und plötzlich umstrahlte ihn ein Licht vom Himmel her, und er stürzte zu Boden und hörte eine Stimme, die zu ihm sprach: Saul, Saul, was verfolgst du mich? Da fragte er: Wer bist du, Herr? Der aber sprach: Ich bin Jesus, den du verfolgst. Doch steh auf und geh hinein in die Stadt, und es wird dir gesagt werden, was du tun sollst. Die Männer aber, die mit ihm reisten, standen sprachlos da, weil sie zwar die Stimme hörten, aber niemand sahen. Da stand Saulus vom Boden auf; obgleich jedoch seine Augen geöffnet waren, sah er nichts. Sie leiteten ihn aber an der Hand und führten ihn nach Damaskus hinein.«

Saulus war durch den Lichtglanz der Herrlichkeit erblindet. Wo? Auf der Straße nach Damaskus. So genau ist also die räumliche Situation festgelegt. Auch die Zeit konnte angegeben werden. Dieses Ereignis fand zu einer bestimmten Stunde am Tag statt.

Dasselbe wird in Apostelgeschichte 22,6 noch einmal wiederholt: »Doch als ich dahinzog und in die Nähe von Damaskus kam, geschah es, dass mich um Mittag plötzlich vom Himmel her ein helles Licht umstrahlte.« Wir haben einen Hinweis auf den Raum, die Straße nach Damaskus, und auf die Zeit, nämlich die Mittagszeit. Und Vers 11: »Da ich aber vor dem Glanz jenes Lichtes nicht sehen konnte« – das ist der Grund für sein Erblinden: es war kein geheimnisvoller, mystischer Vorgang, sondern es war einfach die Herrlichkeit des Lichts, die ihn blind machte –, »wurde ich von meinen Begleitern an der Hand geführt und kam so nach Damaskus.«

In Apostelgeschichte 26 wird diese Begebenheit mit einem bedeutungsvollen Zusatz wiederholt: »Ich sah mitten am Tag auf dem Weg, o König, ein Licht ... heller als der Glanz der Sonne« (Vers 13). Der erste Zusatz: es war »mitten am Tag«, die Zeit also, wenn die Sonne im Nahen Osten am hellsten und intensivsten scheint, und doch sah Paulus ein noch helleres Licht, das Licht des verherrlichten Christus, »das vom Himmel her mich und meine Begleiter umstrahlte.« »Da stürzten wir alle zur Erde nieder, und ich hörte eine Stimme in *hebräischer Sprache* zu mir sagen ...« (Vers 14).

Das ist eine überaus wichtige Aussage des Wortes Gottes für die heutigen Auseinandersetzungen. Hier wird etwas über Raum, Zeit, Geschichte und rationale Kommunikation ausgesagt. Die Kommunikation erfolgte nicht durch irgendein mystisches Erlebnis des Paulus; vielmehr sprach der verherrlichte und erhöhte Christus in Raum und Zeit *in hebräischer Sprache* zu ihm. Um die Mittagszeit erschien Jesus auf der Straße nach Damaskus und sprach in einer menschlichen Sprache, ihren gewohnten Worten und ihrer Grammatik, zu einem Mann namens Saulus. Die Bibel gestattet es uns also nicht, diese Dinge in den Bereich einer »anderen« Welt abzuschieben. Hier befinden wir uns im Bereich von Raum, Zeit, Geschichte, normaler Kommunikation und normaler Sprache.

Doch auch damit hört der Kontakt Jesu zu Raum und Zeit nicht auf. Viele Jahre später lebte ein anderer Mann, Johannes, auf der Insel Patmos. Im ersten Kapitel der Offenbarung wird berichtet, dass auch er Jesus sieht. Dies sind nicht die einzigen Erscheinungen – so sah z. B. auch Stephanus Jesus –, aber es sind zwei eindrucksvolle Beispiele für den Eintritt Jesu in Zeit und Raum nach seiner Himmelfahrt. Die Offenbarung gibt – wie schon die Apostelgeschichte – einen klar identifizierbaren Ort an: die Insel Patmos (die es heute noch gibt). Im übrigen wird hier nicht nur auf den Raum Bezug genommen, sondern auch auf die Zeit: Es war der Tag des Herrn.

Und ich wandte mich um, die Stimme zu sehen, die mit mir redete. Und als ich mich umwandte, sah ich sieben goldene Leuchter und inmitten der sieben Leuchter einen, der einem Menschensohn ähnlich war, bekleidet mit einem Gewand, das bis auf die Füße reichte, und die Brust umgürtet mit einem goldenen Gürtel; sein Haupt aber und seine Haare waren

weiß wie Wolle, wie Schnee, und seine Augen wie eine Feuerflamme. (Offb 1,12-14)

Johannes beschreibt hier, was er tatsächlich gesehen hat. Das ist
nicht verwunderlich, wenn wir bedenken, dass nach der Auferstehung in normalen Ausdrücken beschrieben werden konnte,
dass Christus aß.

Und seine Füße gleich schimmerndem Erz wie aus einem feu-
rigen Ofen, und seine Stimme wie das Rauschen vieler Was-
ser. Und er hatte in seiner rechten Hand sieben Sterne, und
aus seinem Mund ging ein zweischneidiges scharfes Schwert
hervor, und sein Angesicht war, wie die Sonne leuchtet in ihrer Kraft. Und als ich ihn sah, sank ich wie tot ihm zu Füßen.
Und er legte seine Hand auf mich und sprach: Fürchte dich
nicht! Ich bin der Erste und der Letzte und der Lebendige,
und ich war tot, und siehe, ich bin lebendig in alle Ewigkeit
und habe die Schlüssel des Todes und des Totenreiches. (Offb
1,15-18)

Hier wird nicht gesagt, in welcher Sprache er redete. Aber es handelte sich um eine menschliche Sprache derselben Art, wie Saulus
sie auf der Straße nach Damaskus hörte. Darüber hinaus wird in
diesem Kapitel genau abgegrenzt zwischen eigentlicher Beschrei-
bung und dem, was bildlich verstanden werden soll.

Doch auch damit hört es nicht auf. Die Bibel spricht von der
Wiederkunft Christi auf die Erde und beschreibt dieses sichtbare
Kommen mit Begriffen, die mit Raum, Zeit und Geschichte zu
tun haben. Dieses Ereignis liegt noch in der Zukunft, aber es ist
ebenfalls an Raum und Zeit gebunden:

Und ich sah den Himmel geöffnet, und siehe da, ein weißes
Pferd, und der darauf saß, heißt ›Treu und Wahrhaftig‹, und
mit Gerechtigkeit richtet er und führt er Krieg. Seine Augen
aber waren wie eine Feuerflamme, und auf seinem Haupte
waren viele Kronen, und er trug einen Namen geschrieben,

den niemand weiß als er selbst. Und er war angetan mit einem Kleide, das in Blut getaucht war, und sein Name lautet ›Das Wort Gottes‹. Und die Heere im Himmel folgten ihm nach auf weißen Pferden, bekleidet mit weißem reinem Linnen. Und aus seinem Munde geht ein scharfes Schwert hervor, dass er die Heiden damit schlage, und ›er wird sie mit eisernem Stabe weiden‹, und er tritt die Kelter des Zornweins des Grimmes des allmächtigen Gottes. Und er trägt am Kleid, und zwar an seiner Hüfte, den Namen geschrieben: ›König der Könige und Herr der Herren‹. (Offb 19,11-16)

Auch hier findet sich wieder der Bezug zum Raum, denn wir erfahren den Ort: Harmagedon, d. h. der Berg von Megiddo (Offb 16,16). Der Ort, an den er später kommen und die Erde berühren wird, wird im Alten Testament erwähnt; es ist der Ölberg (Sach 14,4). Überall geht es um dasselbe. Die Herrlichkeit Christi wird nicht in eine »andere« Welt außerhalb der unseren abgeschoben. Bei allen genannten Stellen finden wir bezeichnenderweise Angaben zu Raum und Zeit. Der Tod Jesu Christi ist ein wirkliches geschichtliches Ereignis. Die Auferstehung ist ein wirkliches geschichtliches Ereignis. Und vor uns liegt das wirkliche geschichtliche Ereignis der Verherrlichung, das seine Bedeutung in Raum, Zeit und Geschichte hat: in *unsrem* Raum, *unsrer* Zeit und *unsrer* Geschichte.

Die Bibel sagt, dass der Tag kommen wird, an dem alle Menschen, ob errettet oder nicht, auf den verherrlichten Christus sehen werden. Das bedeutet nicht, dass alle Menschen lediglich eine gemeinsame religiöse Vorstellung haben werden, nein, sie werden den verherrlichten Christus in einer wirklichen Situation in Raum und Zeit sehen. Ferner zeigen die zitierten Bibelstellen, dass Christus nicht erst verherrlicht sein *wird*, sondern dass er es *jetzt* schon ist. Die Verherrlichung des Herrn Jesus Christus wird nicht auf einen zukünftigen Augenblick hinausgeschoben, wenn er von allen gesehen werden wird. Sie wird nicht auf jenen großen Augenblick hinausgeschoben, wenn er in Herrlichkeit erscheinen und sich jedes Knie vor ihm beugen wird. Er ist jetzt schon verherrlicht. Die Himmelfahrt war kein Verschwinden ins Nichts, in die Welt religiöser Vorstellungen. In der Zeit zwischen seiner Himmelfahrt vom Ölberg und seinem Erscheinen auf der Straße nach Damaskus hatte er nicht aufgehört zu existieren. Und er verschwand auch nach seinem Erscheinen auf der Straße nach Damaskus nicht in eine große Leere, bis Johannes ihn auf der Insel Patmos sah. So wie Jesus erschienen ist, *ist er auch jetzt*. Im gegenwärtigen Augenblick ist er in dieser Weise verherrlicht.

Die angeführten Bibelstellen lassen uns also einige wichtige Tatsachen erkennen. Einmal lassen sie eindeutig darauf schließen, dass die Auferstehung Jesu Christi ein geschichtliches Ereignis war: Jesus erschien auf der Straße nach Damaskus und sprach Saulus in hebräischer Sprache an; später erschien er Johannes auf der Insel Patmos und redete mit ihm. Diese leibliche Auferstehung ist ferner der Beweis des vollkommenen Werkes Jesu Christi am Kreuz, der Beweis, dass dieses Werk wirklich beendet ist und seiner großartigen Stellvertretung nichts mehr hinzugefügt werden muss.

Doch selbst damit ist das Thema noch nicht erschöpft. Der Apostel Paulus sagt uns im Wort Gottes, dass wir in der Auferstehung Christi schon die Verheißung, die »Erstlingsfrucht«, unserer eigenen noch ausstehenden leiblichen Auferstehung haben. Wie er nach seiner Auferstehung war, so *werden wir selbst sein*, betont Paulus. Wenn ich die Auferstehung Jesu Christi betrachte (und diese Auferstehung fand eben nicht nur in einer Welt religiöser Ideen oder Ideale statt, sondern in der Welt von Raum, Zeit und Wirklichkeit), dann habe ich damit die Verheißung von Gott selbst, dass auch ich vom Tod auferweckt werde. Dieser Leib gehört so sehr zu mir, zu meiner Persönlichkeit, meinem Sein, dass er nicht von der Erlösung, die Jesus Christus vollbracht hat, ausgeschlossen ist. Sein Tod am Kreuz hat den *ganzen Menschen* erlöst. Eines Tages wird der Christ leiblich vom Tod auferweckt werden, er wird einen verherrlichten Leib bekommen, der dem Auferstehungsleib Christi gleicht.

Aber die Wirklichkeit der leiblichen Auferstehung Jesu Christi in Raum und Zeit hat schon heute eine ganz konkrete Bedeutung für uns: »Was sollen wir nun sagen? Wollen wir in der Sünde verharren, damit die Gnade noch größer werde?« (Paulus spricht hier nicht von einer fernen Zukunft, sondern von den Erlösten in ihrer jetzigen Situation.)

> Das sei ferne! Die wir der Sünde abgestorben sind, wie sollten wir ferner ihr leben? Oder wisst ihr nicht, dass wir alle, die wir auf Christus Jesus getauft wurden, auf seinen Tod getauft worden sind? Wir sind also durch die Taufe auf seinen Tod mit ihm begraben worden, damit, wie Christus durch die Herrlichkeit des Vaters von den Toten auferweckt worden ist, so auch wir in einem neuen Leben wandeln. Denn wenn wir mit der Ähnlichkeit seines Todes verwachsen sind, so werden wir es auch mit der seiner Auferstehung sein, indem wir das erkennen, dass unser alter Mensch mitgekreuzigt worden ist, damit der Leib der Sünde kraftlos gemacht werde, auf dass wir nicht mehr der Sünde dienen. Denn wer gestorben ist, der ist von der Herrschaft der Sünde losgesprochen. Sind wir aber mit Christus gestorben, so vertrauen wir darauf, dass wir auch mit ihm leben werden, da wir wissen, dass Christus, von den Toten auferweckt, nicht mehr stirbt; der Tod hat keine Herrschaft mehr über ihn. Denn was er gestorben ist, das ist er der Sünde ein für allemal gestorben; was er aber lebt, das lebt er für Gott. So sollt auch ihr euch als solche ansehen, die für die Sünde tot sind, aber für Gott leben in Jesus Christus, unserem Herrn. (Röm 6,1-11)

Hier wollen wir einiges festhalten:

Erstens: Christus starb in Raum, Zeit und Geschichte. Das haben wir gezeigt. Wenn wir dabei gewesen wären, hätten wir mit der Hand dem rauen Holz des Kreuzes Jesu Christi entlangreiben und einen Holzsplitter von diesem Kreuz in die Hand bekommen können.

Zweitens: Christus wurde im Bereich der Geschichte auferweckt. Auch das haben wir im Vorhergehenden herausgestellt. Christus wurde im Bereich der Geschichte auferweckt und verherrlicht. Mit dieser Aussage stehen wir in schroffem Gegensatz zur modernen Theologie, die vom *Kerygma* spricht und damit meint, dass wir Jesus zum Christus machen, *wenn wir ihn verkündigen*. Das ist völlig falsch. Damit wird das Wunder der biblischen Lehre abgelehnt. Wir machen ihn nicht durch unsere Verkündigung zum Christus. Jesus *ist* der Christus, ob wir ihn nun verkündigen oder nicht. Die Menschen erfahren vielleicht das Wunder des Evangeliums nicht, wenn wir es nicht verkündigen. Das ändert aber nichts an der Tatsache der Person oder der Herrlichkeit des Herrn Jesus Christus. Am heutigen Tag ist er erhöht und verherrlicht. Wenn heute niemand Christus verkündigte oder auch nur an das Wort »Gott« dächte, würde das nichts daran ändern, dass Jesus der Christus ist. Er wurde im Raum der Geschichte auferweckt und ist jetzt erhöht. Und dieses Wort von seiner Auferstehung und seiner jetzigen Herrlichkeit ist in unsrer heutigen Welt, im Bereich von Raum und Zeit, von Bedeutung.

Drittens: Wir sind mit Christus gestorben, als wir ihn als unseren Heiland angenommen haben. Die Errettung jedes einzelnen Christen ist an zwei Punkten in der Geschichte verankert. Der erste ist das vollkommene Werk Jesu am Kreuz von Golgatha; der zweite ist der Zeitpunkt, an dem der Mensch Jesus Christus als seinen Erretter annimmt. Von diesen beiden Ereignissen in Raum und Zeit hängt unsere Errettung ab. Wenn ich Jesus als Retter angenommen habe, kann Paulus über mich sagen: »Da wir nun aus Glauben gerecht gesprochen worden sind [in der Vergangenheit], haben wir [in der Gegenwart] Frieden mit Gott durch unsern Herrn Jesus Christus« (Röm 5,1). Das ist die eigentliche Stoßrichtung der ganzen Aussage, wie die Zeitform der Verben im griechischen Text zeigt.

In Römer 6,2 finden wir dieselbe Beziehung. »Die wir der Sünde abgestorben sind, wie sollten wir ferner in ihr leben?« Das Verb »abgestorben« steht im Griechischen in der Zeitform des Aorist, bezeichnet also eine in der Vergangenheit abgeschlossene Handlung. Als wir Christus als unseren Retter annahmen, starben wir vor Gott mit Christus. »Wir sind also durch die Taufe auf seinen Tod mit ihm begraben« (Röm 6,4a). Dieser Satz bezieht sich auf die Zeit, zu der wir Christus als unseren Erretter annahmen. »Indem wir das erkennen, dass unser alter Mensch mitgekreuzigt worden ist« (6,6a). Das ist also der dritte geschichtlich fixierbare Punkt. Christus starb im Raum der Geschichte; er wurde im Raum der Geschichte auferweckt; wir starben mit Christus, als wir ihn als Retter annahmen. Auch das ist etwas Geschichtliches, etwas, was zu einem Zeitpunkt in der Geschichte geschah (Vergangenheit).

Viertens: Wir werden von ihm auferweckt werden, wie er selbst auferweckt wurde, und zwar zu einem Zeitpunkt der bevorstehenden Geschichte. Die Uhr läuft weiter. Wenn die Christen vom Tod auferweckt werden und jeder Christ auf das Geheiß Jesu Christi hin aus dem Grab hervorkommt, wird die Uhr an der Wand nicht stehenbleiben, sondern immer noch weitergehen. Während ich dies schreibe, ist es beinahe 3 Uhr nachts. Es ist denkbar, dass Christus kommen wird, noch ehe es 3.05 Uhr ist. Dann wird die Uhr an der Wand nicht stehenbleiben. Auch um 3.10 Uhr wird sie noch gehen. Das ist das biblische Bild. Die künftige Auferweckung unseres jetzigen Leibes und unsere künftige Verwandlung werden in einem einzigen Augenblick stattfinden, und zwar im Bereich der *Geschichte*, in Raum und Zeit.

»Denn wenn wir mit der Ähnlichkeit seines Todes verwachsen sind, so werden wir es auch mit der seiner Auferstehung sein« (Röm 6,5). Hier geht es eindeutig um die Auferstehung Jesu, aber die Betonung liegt auf der Tatsache der Auferstehung selbst. Im Griechischen heißt es nur »Auferstehung«, »seiner« fehlt. »Wir werden mit der Ähnlichkeit der Auferstehung verwachsen sein« (als zukünftig formuliert).

»Sind wir aber mit Christus gestorben, so vertrauen wir darauf, dass wir auch mit ihm leben werden« (Röm 6,8). Auch diese Aussage steht in der Zukunft. Wir starben mit Christus, als wir ihn *in der Geschichte* als unseren Retter annahmen. Wir werden leiblich auferstehen und verwandelt werden *in einem einzigen Augenblick der Geschichte*.

Fünftens: Diese großartigen Wahrheiten müssen zum Leben der Christen in der heutigen Welt, zu echtem geistlichen Leben, in Beziehung gesetzt werden. Die Bibel spricht davon, dass wir in unserem jetzigen Leben so im Glauben leben sollen, *als seien wir jetzt tot*. »Denn was er gestorben ist, das ist er der Sünde ein für alle Mal gestorben; was aber lebt, das lebt er für Gott. So sollt auch ihr euch als solche ansehen« (das ist ein Akt des Glaubens), »die für die Sünde tot sind« (Röm 6,10-11a).

Genauso wie Christus in der Geschichte gestorben und ein für alle Mal der Sünde tot ist, so sollen auch wir uns im Glauben für tot ansehen – ganz praktisch und real und in diesem Augenblick der Geschichte, nicht in irgendeiner nebulösen Welt religiöser Vorstellungen, sondern hier und heute, in der Wirklichkeit. Aus Glauben sollen wir jetzt so leben, als seien wir bereits gestorben.

Aber auch das ist noch nicht alles, denn sonst stände das christliche Leben nur unter den beiden Worten »verworfen und getötet«. Es heißt aber: verworfen, getötet und *auferweckt* – auferweckt nicht nur im Sinne einer zukünftigen leiblichen Auferweckung (die allerdings einmal für jeden Christen Wirklichkeit werden wird), sondern auch als etwas Gegenwärtiges.

Sechstens: Wir sollen heute schon aus Glauben so leben, als seien wir bereits von den Toten auferweckt worden. Das ist die Botschaft vom Leben des Christen. Um diese grundlegende Überlegung geht es uns hier. »Wir sind also durch die Taufe auf seinen Tod mit ihm begraben worden, damit, wie Christus durch die Herrlichkeit des Vaters von den Toten auferweckt worden ist, so auch wir in einem neuen Leben wandeln« (Röm 6,4).

Paulus spricht hier nicht von einem künftigen tausendjährigen Reich oder von der Ewigkeit; das ist noch einmal etwas ganz anderes. Es geht um etwas, was *jetzt* stattfindet: »in einem neuen Leben wandeln«. »Indem wir das erkennen, dass unser alter Mensch mitgekreuzigt worden ist, damit der Leib der Sünde kraftlos werde, auf dass wir nicht mehr der Sünde dienen« (Röm 6,6). Wie soll das geschehen? Aus Glauben: »So sollt auch ihr euch als solche ansehen, die für die Sünde tot sind, aber für Gott leben in Christus Jesus, unserm Herrn« (Röm 6,11). Wann soll das geschehen? Jetzt, in diesem Augenblick!

Wir müssen nun fragen, was das praktisch heißt, damit es nicht einfach Worte sind, die uns nicht berühren. Vor allem anderen heißt es ganz bestimmt, dass wir in unserem Denken und Tun jetzt so leben sollen, *als seien wir schon gestorben, im Himmel gewesen und als Auferstandene wieder zurückgekommen.*

Erinnern wir uns in diesem Zusammenhang, dass zumindest ein Mensch tatsächlich dort war und wieder zurückgekommen ist! Paulus spricht in 2. Korinther 12,2-4 von diesem Menschen (und die meisten nehmen wohl zu Recht an, dass er damit sich selbst meint):»Ich weiß von einem Menschen in Christus, dass vor vierzehn Jahren – ob im Leibe, weiß ich nicht, ob außer dem Leibe weiß ich nicht, Gott weiß es – der Betreffende bis in den dritten Himmel entrückt wurde.«

Der dritte Himmel bezeichnet hier nicht unbedingt etwas weit Entferntes, sondern die Gegenwart Gottes. Es geht darum, dass dieser Mensch in den Himmel entrückt wurde und *danach zurückkam.*

Was ging wohl in diesem Mann vor, als er vom Himmel zurückkehrte! Er hatte den Himmel als Wirklichkeit erlebt. Er war dort gewesen und war dann wieder zurückgekommen. Würde er jemals wieder derselbe sein wie vor diesem Erlebnis? Es war, als ob er tot gewesen und wieder von den Toten auferweckt worden wäre. Wie uns das Ereignis auf dem Berg der Verklärung eine neue Perspektive vermittelt, die Perspektive des Reiches Gottes, so muss dieser Mann nach seinem Erlebnis alles ganz anders gesehen haben als zuvor. Anpassung an die Welt, an die Mentalität der Gesellschaft und den Zeitgeist – das dürfte für diesen Mann passé gewesen sein. Wie hätte er sich nach dem, was er gesehen hatte, noch an etwas anpassen können, was so entstellt und zerbrochen, so abstoßend und in Rebellion gegen Gott ist? Was konnte die Anerkennung der Welt einem Menschen bedeuten, der in der Gegenwart Gottes gewesen war? Was hatte die Welt gegenüber den Schätzen des Reiches Gottes noch an Reichtümern zu bieten? Der Mensch strebt nach Macht, aber welche Bedeutung hat irdische Macht noch, wenn man die Wirklichkeit des Himmels und die Macht Gottes gesehen hat? All das ist in der Aufforderung enthalten, dass wir jetzt aus Glauben leben sollen, als seien wir schon gestorben und von den Toten auferweckt worden.

Aber Paulus geht in Römer 6 noch weiter: »Denn was er gestorben ist, das ist er der Sünde ein für alle Mal gestorben; was er aber lebt, das lebt er für Gott« (Röm 6,10). Jesus Christus lebt wirklich in der Gegenwart des Vaters, und dort sollen auch wir leben. Wir sollen in diesem Leben dem Guten wie dem Bösen sterben, um in der Gegenwart Gottes zu leben. Ja, selbst dem Guten. Wir sollen jetzt schon sterben; doch das heißt nicht, dass wir bewusstlos in irgendeinem verborgenen Winkel liegen sollen. Nein, wir sollen vor Gott leben, in Gemeinschaft und Kommunikation mit ihm. Wir sollen also aufgrund unseres Glaubens jetzt schon so leben, als seien wir *allem* gestorben, damit wir eine lebendige Beziehung zu Gott haben.

Das meinte ich, als ich in Kapitel 1 von der Liebe zu Gott sprach, die mich zufrieden sein lässt und es mir möglich macht, bei allem Auf und Ab im Leben zu danken. Wenn ich dem Guten wie dem Bösen gestorben bin, ist mein Blick Gott zugewandt. Und diese Blickrichtung soll ich durch den Glauben schon jetzt, in der Gegenwart, einnehmen. In dieser Haltung stehe ich dann als Geschöpf in der Gegenwart des Schöpfers. Gott ist mein Schöpfer, ich bin nur sein Geschöpf und nicht mehr. Ich habe gewissermaßen den Tod hinter mir und stehe schon vor Gottes Angesicht.

Doch es geht noch weiter: Wenn ich nun durch den Glauben allem gestorben bin und Gott gegenüberstehe, dann bin ich durch den Glauben auch bereit, *in diese Welt zurückzukehren*, so, als sei ich schon von den Toten auferweckt worden. Ich antizipiere damit gewissermaßen jenen Tag, an dem ich tatsächlich zurückkommen werde. Alle, die Jesus als ihren Retter angenommen haben, werden dabei sein, wenn sich der Himmel auftut und wir mit Jesus Christus in unserem verherrlichten Auferstehungsleib in die neue Welt eintreten werden. Genauso bin ich jetzt schon bereit, wieder in diese Welt von Raum, Zeit und Geschichte zurückzukehren, als hätte die Auferweckung bereits stattgefunden. »So sollt auch ihr euch als solche ansehen, die für die Sünde tot sind« (an diesem Punkt habe ich zunächst haltgemacht, aber es geht noch weiter), »aber für Gott leben in Christus Jesus, unserem Herrn« (Röm 6,11). »Gebet auch eure Glieder nicht der Sünde zu Werkzeugen der Ungerechtigkeit hin, sondern gebet euch selbst Gott hin als solche, die aus Toten lebendig geworden sind« (schon jetzt) »und eure Glieder Gott zu Werkzeugen der Gerechtigkeit« (Röm 6,13). Wozu wird ein Christ also aufgerufen? Dazu: in jedem Augenblick allem gestorben zu sein, um zum gegenwärtigen Zeitpunkt für Gott leben zu können.

Hier werden wir keineswegs zur Passivität aufgerufen. »Als Geschöpf vor dem Schöpfer stehen« ist kein Akt der Resignation, des Hinnehmens eines schweren Loses. Wir sind immer noch Menschen, die nach dem Ebenbild Gottes geschaffen sind. »Gebt eure Glieder hin«, gebietet Paulus (Röm 6,13) – gebt sie hin, stellt sie zur Verfügung. Das hat nichts mit Passivität zu tun. Wir können zwar nicht selbst Frucht bringen, wie wir noch sehen werden, aber wir sind auch keine steinernen Figuren. Gott behandelt uns so, wie er uns geschaffen hat: als Menschen nach seinem Bild.

> Wisst ihr nicht: wem ihr euch als Knechte zum Gehorsam hingebt [ihr selbst gebt euch hin], dessen Knechte seid ihr und müsst ihm gehorchen, entweder als Knechte der Sünde zum Tode oder als Knechte des Gehorsams zur Gerechtigkeit? Gott aber sei Dank, dass ihr Knechte der Sünde gewesen, jedoch von Herzen der Gestalt der Lehre gehorsam worden seid [hier geht es um Inhalte, nicht um bloße Erfahrung], der ihr übergeben worden seid. Befreit aber von der Sünde, seid ihr der Gerechtigkeit dienstbar geworden. Ich rede nach menschlicher Weise wegen der Schwachheit eures Fleisches. Wie ihr nämlich eure Glieder dem Dienst der Unreinheit und der Gesetzeswidrigkeit zur Ausübung der Gesetzeswidrigkeit gegeben habt, so gebet jetzt eure Glieder dem Dienst der Gerechtigkeit hin zur Heiligung. (Röm 6,16-19)

Spüren wir in dieser Passage, dass es hier um ein ganz aktives »Hingeben« geht? Gewiss, jeder Mensch ist ein Geschöpf. Der

Mensch kann in diesem wie im zukünftigen Leben nichts anderes sein als ein Geschöpf. Selbst in der Hölle wird er noch Geschöpf sein. Nur einer ist gänzlich unabhängig und souverän – Gott. Nun wird uns aber als Christen eine ganz neue Möglichkeit eröffnet: wir sollen zwar als Geschöpfe vor unserem Schöpfer stehen, aber eben nicht nur deshalb, weil wir keine andere Wahl haben, sondern aufgrund einer bewussten und freiwilligen Entscheidung.

Mark Aurel kannte als Heide nur die Resignation. In seinem Konzept war der Mensch Geschöpf, weil er Geschöpf sein musste. Carl Gustav Jung kannte nur das Nachgeben, die bloße Unterwerfung unter die Dinge, die uns aus dem kollektiven Unbewussten unserer Rasse oder von außerhalb überrollen. Aber das ist nichts anderes als Resignation, während die Bibel gerade *nicht* Resignation lehrt. Ich bin zwar ein Geschöpf, aber ich bin dazu aufgerufen, ein *verherrlichtes* Geschöpf zu sein. Ich muss Geschöpf sein, aber nicht wie die Erdscholle auf dem Acker, wie der Kohl, der auf dem Feld verfault. Ich soll bewusst Geschöpf sein, und zwar im Glauben und aufgrund dessen, was Christus getan hat; ein verherrlichtes Geschöpf.

Und nun bin ich bereit zum Kampf. Nun kann echtes geistliches Leben im biblischen Sinn entstehen. Verworfen, getötet, auferweckt: nun sind wir bereit, in dieser Welt, in Raum und Zeit, gebraucht zu werden. Mehr noch: nun können wir uns an dieser Welt als Geschöpfe freuen, weil auch die Welt von Gott geschaffen ist. Wir können uns daran freuen, auch wenn wir sie realistisch so sehen, wie sie seit dem Sündenfall nun einmal ist. Die Rechtfertigung gilt ein für alle Mal. In einem einzigen Augenblick wird festgestellt, dass meine Schuld weggenommen ist. Aber hier, im Vollzug des geistlichen Lebens, gilt dieses »Ein- für-alle-Mal« nicht. Dies ist ein Prozess, der andauert – jeden Augenblick neu müssen wir allem »absterben«, um für Gott zu leben; jeden Augenblick neu müssen wir im Glauben in diese Welt zurückkehren, als seien wir von den Toten auferweckt worden. Das ist der positive Aspekt, der auf die Negation folgt.

4. In der Kraft des Heiligen Geistes

In diesem Kapitel befassen wir uns noch einmal mit dem Ereignis auf dem Berg der Verklärung und wollen dabei nicht nur an die Auferstehung Christi denken, sondern auch an die Auferstehung des Christen. Moderne Theologen behaupten, die Vorstellung einer leiblichen Auferstehung sei relativ spät aufgekommen, aber diese These ist meines Erachtens unhaltbar. Der Gedanke der leiblichen Auferstehung spielt in Gottes Offenbarung der Hoffnung an die Menschen schon sehr früh eine Rolle.

> Der Mensch entschläft und ersteht nicht wieder;
> *bis* »die Himmel vergehen, erwacht er nicht,
> wird nicht aufgeweckt aus seinem Schlafe.
> Ach, dass du mich im Totenreich bärgest,
> mich verstecktest, *bis* dein Zorn sich gewendet,
> ein Ziel mir setztest, und dann meiner gedächtest!
> Wenn der Mann stirbt, wird er wieder lebendig?
> All meine Dienstzeit wollte ich ausharren,
> *bis* dass meine Ablösung käme. (Hiob 14,12-14)

Dieses drei Mal vorkommende »bis« spielt hier eine beherrschende Rolle: *bis* meine Erlösung kommt. Mir scheint, dass die Aussage von Hiob 14 absolut und eindeutig ist: Hiob erfasste irgendwann um 2000 v. Chr. oder früher die Wirklichkeit einer leiblichen Auferstehung. Ich meine, dass derselbe Gedanke auch in Kapitel 19 ausgesprochen wird; aber der hebräische Text ist an dieser Stelle nicht so eindeutig wie in Kapitel 14.

Im Hebräerbrief (11,17-19) heißt es, dass Abraham (um 2000 v. Chr.) die Wahrheit der Auferstehung begriff: »Aus Glauben hat Abraham den Isaak dargebracht, als er versucht wurde, und er brachte seinen einzigen [Sohn] dar, er, der die Verheißungen empfangen hatte, zu dem gesagt worden war: ›[Nur] was von Isaak stammt, soll deine Nachkommenschaft heißen.‹ Er hielt nämlich dafür, dass Gott mächtig sei, auch von den Toten zu erwecken.«

Wenn Abraham, der etwa zur selben Zeit wie Hiob lebte, begriff, dass die Auferstehung eine Tatsache ist, überrascht es nicht, dass wir diesen Gedanken auch im Buch Hiob finden. Es besteht also kein Anlass, mit den modernen Theologen anzunehmen, dass die Stellen, in denen die Auferstehung hervorgehoben wird, erst zu einem späteren Zeitpunkt der biblischen Geschichte anzusetzen sind.

Auch im Buch Daniel, das natürlich viel jünger ist, ist von der leiblichen Auferstehung des Menschen die Rede. »Und viele von denen, die schlafen im Erdenstaube, werden erwachen, die einen zu ewigem Leben, die andern zu Schmach, zu ewigem Abscheu« (Dan 12,2). Hier geht es um die Auferstehung der Verlorenen wie der Geretteten: »Die Weisen aber werden leuchten wie der Glanz der Himmelsfeste und, die viele zur Gerechtigkeit geführt, wie die Sterne immer und ewig« (12,3). Am interessantesten ist wohl Vers 13, wo Daniel Folgendes von Gott gesagt bekommt: »Du nun gehe hin und ruhe! Du wirst zu deinem Erbteil erstehen am Ende der Tage.« Hier wird also gesagt, dass *Daniel selbst* am Ende der Tage erleben wird, was er gerade als Prophet gesehen hat. Die leibliche Auferstehung des Glaubenden gehört also schon früh zur Lehre der Bibel.

Nun wenden wir uns dem Neuen Testament zu, und zwar dem 15. Kapitel des 1. Korintherbriefs. Hier lehrt Paulus genau dasselbe. Für ihn hängt alles daran:

Wenn aber Christus gepredigt wird, dass er von den Toten auferweckt worden ist, wie können einige unter euch sagen, dass es keine Auferstehung der Toten gebe? Gibt es aber keine Auferstehung der Toten, so ist auch Christus nicht auferweckt worden; ist aber Christus nicht auferweckt worden, so ist ja unsere Predigt leer, leer aber auch euer Glaube; wir werden aber auch als falsche Zeugen Gottes erfunden, weil wir Gott bezeugt haben, er habe Christus auferweckt, den er nicht auferweckt hat, wenn also Tote wirklich nicht auferweckt werden. (1Kor 15,12-15)

Der Gedankengang ist sehr einfach. Wenn die toten Christen nicht auferweckt werden, dann wurde auch Christus nicht auferweckt; und wenn Christus nicht auferweckt wurde, bricht alles zusammen:

> Denn wenn Tote nicht auferweckt werden, so ist auch Christus nicht auferweckt worden. Ist aber Christus nicht auferweckt worden, so ist euer Glaube nichtig, ihr seid noch in euren Sünden; also sind [dann] auch die in Christus Entschlafenen verloren. Haben wir in diesem Leben auf Christus nur gehofft, so sind wir bejammernswerter als alle [andern] Menschen. Nun aber ist Christus von den Toten auferweckt worden als Erstling der Entschlafenen. Denn da der Tod durch einen Menschen gekommen ist, kommt auch die Auferstehung der Toten durch einen Menschen. Denn wie in Adam alle sterben, so werden in Christus auch alle lebendig gemacht werden. Jeder aber in der ihm bestimmten Ordnung: als Erstling Christus, hernach die, welche zu Christus gehören, bei seiner Wiederkunft; dann das Ende, wenn er das Reich Gott, dem Vater, übergeben wird, wenn er jede Gewalt und jede Macht und Kraft wird zunichte gemacht haben; denn er muss herrschen, bis er alle seine Feinde unter seine Füße gelegt hat. Als letzter Feind wird der Tod zunichte gemacht. (15,16-26)

Wenn wir uns nun dem Geschehen auf dem Berg der Verklärung zuwenden, erkennen wir darin meines Erachtens eine recht genaue Vorschau auf Künftiges. Auch wenn wir nicht allzu dogmatisch sein wollen, hat es doch den Anschein, als würden hier schon die Ereignisse am Auferstehungstag dargestellt oder zumindest veranschaulicht (je nachdem, wie stark man sich festlegen will). Wir haben Mose vor uns, der die alttestamentlichen Toten vertritt, und die Apostel, die die Toten des Neuen Bundes vertreten. Vor uns steht aber auch Elia, also eine der beiden alttestamentlichen Gestalten, die »entrückt« wurden. Und aus den Paulusbriefen geht ganz klar hervor, dass es Entrückte geben wird, wenn Jesus Christus kommt, um die zu holen, die zu ihm gehören.

Siehe, ich sage euch ein Geheimnis: Wir werden nicht alle ent-
schlafen, wir werden aber alle verwandelt werden im Nu, in
einem Augenblick, bei der letzten Posaune; denn die Posaune
wird erschallen, und die Toten werden auferweckt werden un-
verweslich, und wir werden verwandelt werden. Denn dieses
Verwesliche muss anziehen Unverweslichkeit, und dieses Sterbliche [muss] anziehen Unsterblichkeit. Wenn aber dieses Verwesliche angezogen hat Unverweslichkeit und dieses Sterbliche
angezogen hat Unsterblichkeit, dann wird eintreffen das Wort,
das geschrieben steht: ›Der Tod ist verschlungen in Sieg. Tod,
wo ist dein Sieg? Tod, wo ist dein Stachel?‹ Der Stachel des Todes aber ist die Sünde, die Kraft der Sünde aber ist das Gesetz.
Gott aber sei Dank, der uns den Sieg gibt durch unsern Herrn
Jesus Christus. Darum, meine lieben Brüder, werdet fest, unerschütterlich, allezeit reich im Werk des Herrn, weil ihr wisst,
dass eure Arbeit nicht vergeblich ist im Herrn. (1Kor 15,51-58)

Hier ist also sowohl von Entrückung als auch von Auferstehung
die Rede. Und es sind Aussagen über eine geschichtliche Situation, nicht über ein vages Nirgendwo bloßer Religionspsychologie
oder -philosophie. Christus wird in einem bestimmten Augenblick wiederkommen – und es wird bis zu diesem letzten Augenblick Gläubige auf der Erde geben –, und dann werden die
Toten auferweckt werden. Die Christen aber, die dann noch am
Leben sind, werden »im Nu« verwandelt werden, und zwar im
Bereich von Raum und Zeit. Interessanterweise werden die Auferweckung und dann auch die Entrückung in Vers 58 zu unserem
jetzigen Leben in Beziehung gebracht: sie fordern schon jetzt eine
Reaktion. Sie bilden die Grundlage, aufgrund der wir *schon in
diesem Leben* fest, unerschütterlich usw. werden sollen.

In 1. Thessalonicher finden wir denselben Gedanken noch
einmal; auch hier ist von Entrückung wie von Auferweckung die
Rede.

Wir wollen euch aber nicht in Unkenntnis lassen, ihr Brüder,
über die Entschlafenen, damit ihr nicht trauert wie die übri-

gen, die keine Hoffnung haben. Denn wenn wir glauben, dass Jesus gestorben und auferstanden ist, so wird Gott in dieser Weise auch die Entschlafenen durch Jesus mit ihm zusammenführen. Denn das sagen wir euch als ein Wort des Herrn, dass wir, die wir leben, die wir bis zur Wiederkunft des Herrn übrigbleiben, den Entschlafenen nicht zuvorkommen werden. Denn der Herr selbst wird unter einem Befehlsruf, unter der Stimme eines Erzengels und unter [dem Schall] der Posaune Gottes vom Himmel herabkommen, und die Toten in Christus werden zuerst auferstehen; danach werden wir, die Lebenden [also die zu jenem geschichtlichen Augenblick lebenden Christen], die Übrigbleibenden, zugleich mit ihnen entrückt werden in Wolken dem Herrn entgegen in die Luft; und so werden wir allezeit bei dem Herrn sein. (1Thes 4,13-17)

Und dann leitet Paulus interessanterweise schon für die jetzige Zeit etwas daraus ab: »Darum tröstet einander mit diesen Worten« (Vers 18).

Das führt uns aber zu einer weiteren Frage. Es ist zwar sehr schön, dass ich von den Toten auferweckt werde, aber was geschieht eigentlich zwischen dem Tod des Christen und seiner Auferstehung? Werde ich dann keine Verbindung zur Geschichte haben? Werde ich keine Verbindung zu zeitlichen Abläufen haben? Ist der Christ zwischen seinem Tod und seiner Auferstehung *nirgends*? Verschwindet er einfach in irgendein Vakuum?

Nein, so ist es nicht; die Bibel sieht es eindeutig anders. Jesus verspricht zum Beispiel dem sterbenden Verbrecher am Kreuz: »Heute wirst du mit mir im Paradies sein« (Lk 23,43).

»Heute« – an jenem Tag also, im Bereich des zeitlichen Ablaufs, vor Sonnenuntergang (denn damit endet für die Juden der Tag), wird er mit Christus im Paradies sein und keineswegs »nirgendwo« oder in einem »philosophischen anderen Bereich«.

Paulus scheint in 2. Korinther 5,4-8 in großer Entschiedenheit dasselbe zu sagen: »Denn wir, die wir in dem Zelt sind« (d. h. die wir in diesem Leib sind, lebendig sind), »seufzen und sind bedrückt, weil wir nicht wünschen, entkleidet, sondern überkleidet zu werden, damit das Sterbliche vom Leben verschlungen werde. Der uns aber eben dazu bereitet hat, ist Gott, der uns den Geist als Angeld gegeben hat. Wir sind nun allezeit getrost und wissen, dass während wir im Leben daheim fern vom Herrn auf der Wanderung sind – denn im Glauben wandeln wir, aber nicht im Schauen –; wir sind aber getrost und haben viel mehr Lust, auszuwandern aus dem Leibe und daheim zu sein beim Herrn.«

Den Aussagen der Bibel nach gibt es nur zwei Seins-Möglichkeiten für den Christen: hier im Fleisch zu sein oder – nach dem Tod – beim Herrn zu sein. So stellt es auch Jesus am Kreuz dar. Die Christen verlieren in ihrer Todesstunde ebenso wenig die Verbindung zur geschichtlichen Kontinuität, um sich dann nirgendwo zu befinden, wie Jesus zwischen seiner Auferweckung und seiner Wiederkunft nicht die Verbindung zur Kontinuität verloren hat und sich nirgendwo befindet.

Und das ist ja nicht nur eine theologische, sondern auch eine eminent praktische Frage. Wir denken an die Zahl der toten Gläubigen des Alten und Neuen Testaments. Wir denken an die, die uns nahestehen und von dieser Frage betroffen sind. Wo sind sie? Und wir denken auch an uns selbst. Wir könnten sterben, bevor Jesus wiederkommt, auch wenn jeder von uns die Hoffnung haben sollte, dass Jesus noch zu seinen Lebzeiten wiederkommt. Wenn wir nun vorher sterben – wo werden wir eine Stunde nach unserem Tod sein? Wo werden wir sein, bis Jesus wiederkommt?

In der Sicht der Nichtchristen ist das Leben nach dem Tod natürlich entweder ein Nichts oder ein Sein in einem nebulösen Bereich. In der modernistischen Theologie wird ein Leben nach dem Tod entweder geleugnet oder zu einer so unbestimmten Größe reduziert, dass es für uns keine Bedeutung mehr hat. Das ist in der Bibel anders. Wir sehen auf dem Berg der Verklärung Elia vor uns, der entrückt wurde und doch einen Leib hat. Er redet mit Mose und Christus. Wir sehen ferner Mose, der gestorben und begraben worden war. Und doch kann er sich an dem Gespräch beteiligen. Man kann ihn erkennen, und er kann sich mitteilen.

Eine ähnliche Situation wird auch von Samuel und Saul berichtet. Es ist wohl anzunehmen, dass es Samuels Geist war, mit dem Saul zu tun hatte, und doch kann er ihn erkennen, und sie können miteinander reden (1Sam 28).

Noch gewichtiger ist das Wort Jesu nach seiner Auferweckung. Als Jesus von den Toten auferstanden war, hielten die Jünger ihn für einen Geist. Sie waren keine Naturalisten, und die Vorstellung, einen Geist zu sehen, war ihnen nicht unbekannt. Aber mit einer leiblichen Auferstehung rechneten sie nicht. Jesus wendet sich daher mit einer gewissen Schärfe – wenn auch in Liebe – an sie: »... ein Geist hat nicht Fleisch und Bein, wie ihr seht, dass ich es habe« (Lk 24,39). Und danach fragt er sie: »Habt ihr etwas zu essen hier?« Gebt mir etwas zu essen, dann werde ich euch zeigen, dass ich nicht nur ein Geist bin. Er sagt nicht: Wie könnt ihr nur so dumm sein und euch einbilden, ihr könntet mich sehen und mit mir sprechen, wenn ich ein Geist wäre! Nein, der Gedanke, sie könnten ihn sehen und mit ihm reden, wenn er ein Geist wäre, war keineswegs abwegig. Folglich bestand der Beweis dafür, dass er kein Geist war, nicht darin, dass sie ihn sehen und mit ihm reden konnten. Der Beweis für die leibliche Auferstehung war vielmehr, dass er vor ihren Augen etwas aß.

So stand auch Mose, der vor langer Zeit gestorben war, auf dem Berg. Und neben ihm gibt es eine endlose Reihe von erlösten Verstorbenen, die keineswegs ohne Bewusstsein sind. Es besteht keine Veranlassung anzunehmen, dass man sie nicht wiedererkennen könnte, dass sie einsame Geister sind, die keine Verbindung zu Christus oder zueinander haben. Daher braucht ein Christ beim Gedanken an den Tod keine Angst zu haben. Wenn er Christus als seinen Retter angenommen hat, kann er damit rechnen, dass er sich in dem Augenblick, in dem er stirbt, in jenes »Heute« begibt, *wann auch immer unser »Heute« sein wird.* Wir brauchen uns vor dem Sterben nicht zu fürchten. Die wichtigste Feststellung ist, dass tote Christen bei Christus sind, dass sie weiterhin Verbindung zu ihm haben. Vom Körper abwesend zu sein heißt, in der Gegenwart des Herrn zu sein; nicht nur bei Bewusstsein, sondern beim Herrn zu sein.

Diesen Gedanken möchte ich durch eine weitere Überlegung ergänzen. Wenn die Bibel von der Auferstehung spricht, will sie uns damit nicht nur eine psychologische Hoffnung geben. Die Toten sind tatsächlich in diesem bewussten, wirklichen Seinszustand bei Christus. Sie sind »dort«, d. h. in einem Teil des Universums. Dieser Bereich ist ebenso ein Teil des gesamten Universums, wie der Ort, an dem Sie gerade sitzen und dieses Buch lesen. Die Toten befinden sich, wie schon gesagt, nicht in einem philosophischen Nirwana, sondern im Bereich der Wirklichkeit. Die Zeit spielt darin eine Rolle. Der Schächer wartet darauf, mit Christus wiederzukommen.

Worauf es mir aber an dieser Stelle ankommt, ist die Tatsache, dass das Universum nach diesen biblischen Aussagen zwei gleichwertige Wirklichkeitsbereiche aufweist. Wir befinden uns im Bereich der sichtbaren Welt, und die toten Christen, die nun bei Christus sind, befinden sich im ebenso realen unsichtbaren Bereich. Das ist keine primitive Vorstellung oder ein Weltbild mit drei Stockwerken. Es ist vielmehr die biblische Sicht der Wirklichkeit: es gibt zwei Stränge, zwei Bereiche der raumzeitlichen Wirklichkeit – einen sichtbaren und einen unsichtbaren Bereich.

Von diesen beiden Wirklichkeitsbereichen ausgehend, wollen wir uns nun noch einmal den Schlussfolgerungen unseres letzten Kapitels zuwenden. Wenn Gott will, dass wir so leben, als seien wir schon gestorben und im Himmel gewesen, hätten dort die Wahrheit erkannt und seien danach in diese Welt zurückgekehrt, dann will er uns damit nicht nur eine psychologische Motivation für unser Handeln geben, sondern dann wird unser Handeln von der *ganzen* Wirklichkeit bestimmt – auch vom zweiten Strang der Wirklichkeit, dem unsichtbaren Bereich, an dem auch wir in dem Zeitraum zwischen unserer Todesstunde und unserer Rückkehr in die sichtbare Welt (im Auferstehungsleib bei der Wiederkunft Christi) teilhaben werden. Daher *soll ich jetzt im Glauben leben*, verwurzelt in der Vergangenheit (etwa im Tod Christi und seiner Auferstehung), der Gegenwart (und dazu gehört auch die unsichtbare Wirklichkeit) und der Zukunft (z. B. meiner bevorstehenden leiblichen Auferstehung und der Rückkehr mit Christus). Und wie wir gesehen haben, folgt daraus nicht bloße Passivität. Gott behandelt mich so, wie er mich erschaffen hat, als sein Bild, als Menschen und nicht als Stock oder Stein. Es gibt *unbiblische* Formen »geistlichen Lebens«, bei denen der Schwerpunkt fast ausschließlich auf einer Art »Resignation« liegt. Das lehnt die Bibel ab. Wir sind nicht einfach ein Tier auf dem Feld. Es geht nicht einfach darum, etwas zu ertragen. Vielmehr muss es in unserer Passivität auch *Aktivität* geben. Wir müssen Geschöpfe sein. Aber in Christus wird uns die Möglichkeit gezeigt, *willentlich* Geschöpf zu sein: wir sind aufgerufen, verherrlichte Geschöpfe zu sein. Durch aktive Passivität sind wir in Raum und Zeit, in dieser geschichtlichen Welt, nicht notgedrungen, sondern freiwillig Geschöpfe.

Nun muss ich aber auch die praktische Frage stellen, wie es möglich ist, so zu leben. Wie sollen wir in dieser Weise leben, wenn wir dieses geistliche Leben nicht einfach als irgendein abstraktes »religiöses« Erlebnis ansehen, als eine Verbindung von Stimmung und Augenblick, als eine vage, inhalts- und bedeutungslose existentielle Erfahrung? Muss ich asketisch leben, um dieses Leben zu verwirklichen? Oder muss ich ein mystisches Erlebnis oder Ekstase in irgendeiner Form suchen? Die Antwort auf all diese Fragen heißt »nein«. Glücklicherweise wird uns nicht einfach irgendeine religiöse Idee von heute vorgesetzt. Es geht vielmehr um etwas ganz Konkretes:

> Denn wir, die wir in dem Zelt sind [also noch einmal der Abschnitt, mit dem wir uns schon befasst haben], seufzen und sind bedrückt, weil wir nicht wünschen, entkleidet, sondern überkleidet zu werden, damit das Sterbliche vom Leben verschlungen werde. Der uns aber dazu bereitet hat, ist Gott, der uns den Geist als Angeld gegeben hat. (2Kor 5,4-5)

Mit anderen Worten: Gott bringt hier zwei Faktoren der Wirklichkeit zusammen: Die Tatsache, dass wir bei Christus sind, wenn wir sterben, und die ebenso sicher feststehende Tatsache, dass der Heilige Geist jetzt, in der Gegenwart, in uns wohnt, wenn wir Jesus Christus als unseren Heiland angenommen haben. Es ist geradezu verblüffend, dass Gott diese beiden Faktoren hier miteinander in Verbindung bringt. Beides gehört offenbar zusammen: Wenn ich sterbe, werde ich ganz gewiss beim Herrn sein. Die toten Christen, darunter auch die, die mir nahestehen, sind jetzt bei ihm. Aber zugleich habe ich jetzt, in diesem Augenblick, den Heiligen Geist.

In Hebräer 12,22-23 geht es meines Erachtens um denselben Gedanken. Wieder werden beide Tatsachen miteinander verknüpft: »Sondern ihr seid gekommen zu dem Berg Zion« (hier ist von denen die Rede, die Christus als ihren Retter angenommen haben und noch am Leben sind), »und zu der Stadt des lebendigen Gottes, dem himmlischen Jerusalem, und zu Zehntausenden von Engeln, zur Festversammlung und Gemeinde der Erstgebornen, die in den Himmeln aufgeschrieben sind, und zu dem Richter, dem Gott aller, und zu den Geistern der vollendeten Gerechten.«

Es heißt hier, dass wir *jetzt* mit diesen Menschen verbunden sind. Dieser Gedanke bringt uns natürlich zu der Lehre von der mystischen Einheit der Kirche (derer, die jetzt leben, und derer, die tot sind). Aber dies ist ja mehr als eine »Lehre«, es ist Wirklichkeit: Gott verbindet uns jetzt mit der Wirklichkeit derer, die sich schon in jenem Bereich befinden. Sie sind dort und sehen Christus; sie sind tot – und wir haben das Angeld des Heiligen Geistes.

Mit diesem Gedanken wollen wir uns Galater 2,19-20 zuwenden, womit wir uns schon mehrmals befasst haben:

… ich bin mit Christus gekreuzigt; ich lebe, aber nicht mehr ich, sondern Christus lebt in mir. Was ich aber jetzt im Fleische lebe [ehe ich sterbe], das lebe ich im Glauben an den Sohn Gottes, der mich geliebt und sich für mich dahingegeben hat.

Dieser Vers lässt sich in drei Abschnitte einteilen: »Ich bin mit Christus gekreuzigt« (Einschnitt), »ich lebe« (Einschnitt), »aber nicht mehr ich, sondern Christus lebt in mir. Was ich aber jetzt im Fleische lebe, das lebe ich im Glauben an den Sohn Gottes, der mich geliebt und sich für mich dahingegeben hat.«

Hier wird uns gesagt, dass Christus wirklich in uns lebt, wenn wir ihn als unseren Retter angenommen haben. Wenn Jesus zu dem Verbrecher am Kreuz sagt: »Heute wirst du mit mir im Paradiese sein«, dann ist das nicht einfach irgendein Gedanke, sondern Wirklichkeit. Und dieser selbe Christus verspricht ebenso gewiss, dass er in mir lebt, wenn ich ihn als Retter annehme. Beide Dinge sind gleichermaßen Wirklichkeit. Die toten Christen sind jetzt schon bei Christus, und Christus lebt wirklich in jedem Christen. Christus lebt in mir. Der Christus, der gekreuzigt wurde, der sein Werk vollendet hat und jetzt verherrlicht ist, hat verheißen (Joh 15), in jedem Christen Frucht zu bringen, so wie der Saft im Weinstock in den Reben Frucht bringt.

Das ist wahre christliche Mystik. Christliche Mystik unterscheidet sich grundlegend von nichtchristlicher Mystik, aber sie ist dennoch Mystik. Im Grunde ist sie sogar eine tiefere Mystik, denn sie beruht nicht auf inhaltsloser Erfahrung, sondern auf der geschichtlichen Wirklichkeit von Raum und Zeit und auf logisch fassbarer Wahrheit. Die wirklich christliche Mystik zwingt nicht dazu, den Verstand zu vergewaltigen oder die individuelle Persönlichkeit aufzugeben.

Die östliche Mystik – der man im Westen inzwischen so kopflos nachläuft, dass der Sinn für Geschichte, Inhalt und den Wahrheitscharakter biblischer Aussagen darüber verlorengegangen ist – beinhaltet immer auch die Preisgabe der Persönlichkeit, und das kann in ihrem Bezugssystem auch nicht anders sein. Die bekannte Geschichte von der Göttergestalt Shiva, die im Hinduismus als eine der Erscheinungsformen des All-Einen gilt, ist ein gutes Beispiel dafür. Shiva liebte eine sterbliche Frau. Als Ausdruck seiner Liebe legte er den Arm um sie. Daraufhin verschwand sie sofort, während er zu einem geschlechtslosen Wesen wurde. Das ist typisch für die östliche Mystik, die zum Verlust der individuellen Persönlichkeit führt. Die christliche Mystik ist anders. Sie ist Gemeinschaft mit Christus, wobei Christus durch mich, den Christen, Frucht bringt, ohne dass ich meine Persönlichkeit verliere und zum willenlosen Werkzeug werde.

Das Verhältnis der Christen zu Jesus Christus wird in der Bibel oft im Bild von Braut und Bräutigam beschrieben. Wer ist dieser »Bräutigam« – mein Bräutigam? Es ist der Christus, der gestorben ist und sein Werk vollendet hat, der auferweckt wurde, zum Himmel aufgefahren und nun verherrlicht ist. Dieser Christus ist es, nicht irgendeine religiöse Idee. Es ist der Christus, der nach der Auferstehung gesehen wurde, der Christus, den Stephanus, Paulus und Johannes sahen. *Dieser* Christus ist der Bräutigam, wir, die Christen, sind die Braut.

So sollt auch ihr euch als solche ansehen, die für die Sünde tot sind, aber für Gott leben in Christus Jesus, unserem Herrn. (Röm 6,11)

In diesem Abschnitt über die Heiligung, der mit Römer 5 beginnt, sind die Worte »in bzw. durch Christus« wie eine Schnur, an der Perlen aufgehängt werden können:

- »Da wir nun aus Glauben gerecht gesprochen worden sind [in der Vergangenheit], haben wir Frieden mit Gott [jetzt in der Gegenwart] durch unseren Herrn Jesus Christus. (Röm 5,1).
- Ich elender Mensch! Wer wird mich erlösen von diesem Leibe des Todes? Dank sei Gott *durch* Jesus Christus, unserem Herrn! (Röm 7,24-25)
- Aber in diesem allem überwinden wir weit *durch* den, der uns geliebt hat. (Röm 8,37)

Christus ist bei denen, die jetzt im Paradies sind. Aber derselbe Christus verspricht den Christen, dass er durch sie jetzt, in diesem Leben, Frucht bringen will – und das ist genauso Wirklichkeit. Die Macht des gekreuzigten, auferstandenen und verherrlichten Christus bringt jetzt durch uns diese Frucht hervor.

Zum Abschluss unserer Überlegungen über die Grundelemente des christlichen Lebens – echten geistlichen Lebens – wollen wir uns nochmals drei Dinge vergegenwärtigen, bevor wir zu weiteren Gesichtspunkten übergehen.

Erstens die Frage nach dem *Wie*: Wir leben dieses geistliche Leben nicht einfach aus eigener Kraft. Geistliches Leben lässt sich auch nicht nur aufgrund der Tatsache verwirklichen, dass wir vor Gott in Christus rechtlich schon gestorben und auferstanden sind. Das ist zwar wunderbar und darf nie geringgeachtet werden. Rechtlich ist es Realität, weil Christus gestorben ist und damit bezahlt hat. Obwohl dies aber so wunderbar ist und uns staunen machen sollte, ist christliches Leben mehr als ein Handeln aufgrund dieser Tatsache. Es ist sogar viel mehr. Wie wird geistliches Leben verwirklicht? Der verherrlichte Christus verwirklicht es durch uns. Er ist derjenige, der tätig ist.

Auf den zweiten Punkt werden wir noch ausführlicher eingehen, nämlich auf die Vermittlungstätigkeit des Heiligen Geistes. »Die Hoffnung aber lässt nicht zuschanden werden, weil die Liebe Gottes ausgegossen ist in unsere Herzen durch den Heiligen Geist, der uns gegeben worden ist« (Röm 5,5). Wir werden in der Praxis nicht scheitern, wenn wir anfangen, aufgrund dieser Wirklichkeit und dieser Lehre zu handeln. Und warum nicht? »Weil die Liebe Gottes ausgegossen ist in unsere Herzen durch den Heiligen Geist, der uns gegeben worden ist.«

> Jetzt aber sind wir von dem Gesetz frei geworden, da wir dem, woran wir festgehalten wurden, abgestorben sind, so dass wir [nun] dienen im neuen Wesen des Geistes und nicht im alten des Buchstabens. (Röm 7,6)

Was macht den Unterschied aus? Es ist der Heilige Geist, nicht einfach eine »neue Einstellung«. *Es soll nicht durch unsere eigene Kraft geschehen.* Vielmehr gibt es den Heiligen Geist, der uns gegeben wurde, um diesen »Dienst« möglich zu machen.

In Römer 8, also am Ende des Abschnitts über die fortschreitende Heiligung des Christen, wird das Werk des Heiligen Geistes, des Vermittlers der Dreieinigkeit, in seiner ganzen Kraft dargestellt. In diesem großartigen und zentralen Kapitel über das

Werk des Heiligen Geistes *für* die und *an* den Christen resümiert Paulus in Vers 13: »Denn wenn ihr nach dem Fleische lebt, müsst ihr sterben; wenn ihr aber durch den Geist die Taten des Leibes tötet, werdet ihr leben.« Hier wird die Funktion des Heiligen Geistes als Vermittler der Kraft und der Person des verherrlichten Christus dargestellt. Wir haben selbst nicht genug Kraft, aber durch die Vermittlungstätigkeit des Heiligen Geistes stehen uns die Kraft und das Werk des verherrlichten Christus zur Verfügung. Und das hat Jesus sicherlich gemeint, als er sagte: »Ich werde euch nicht verwaist zurücklassen; im komme zu euch.« (Joh 14,18).

Auch wenn wir nicht näher darauf eingehen können, will ich darauf hinweisen, dass es in dem Segensspruch von 2. Korinther 13,13 um dasselbe geht: »Die Gnade des Herrn Jesus Christus und die Liebe Gottes und die Gemeinschaft des heiligen Geistes sei mit euch allen!« Mit »Gemeinschaft (oder Vermittlung) des Heiligen Geistes« ist wieder von der Tätigkeit des Heiligen Geistes als Vermittler der Dreieinigkeit die Rede, und sie ist die Grundlage für die Aussage Jesu in Johannes 14, dass er uns nicht als Waisen zurücklässt, dass vielmehr er und der Vater zu uns kommen werden. Und in der Apostelgeschichte werden wir feststellen, dass die Urgemeinde nicht aus einigen starken Männern bestand, die zusammen etwas auf die Beine stellten, sondern dass ihnen durch den Heiligen Geist die Kraft des gekreuzigten und verherrlichten Christus vermittelt wurde. So muss es auch bei uns sein.

Drittens sollen wir dabei nicht einfach passiv sein. Wir haben gesehen, dass es nicht um unser eigenes Tun und unsere eigene Tatkraft geht, wie ja auch unsere Rechtfertigung nicht auf unseren Werken und unserer Anstrengung beruht. Aber wie bei der Rechtfertigung sind wir auch hier nicht einfach passive Werkzeuge.

Für mich ist die Reaktion Marias auf den Engel (Lk 1,38) eine äußerst treffende Verdeutlichung. Der Engel kommt zu Maria und sagt ihr: Maria, du wirst den lang verheißenen Messias zur Welt bringen. Das war eine einzigartige Verheißung! Die Geburt der ewigen zweiten Person der Dreieinigkeit in diese Welt hinein ist etwas ganz und gar Einmaliges. Und wie reagiert Maria darauf, dass der Heilige Geist in ihr wirken, eine Empfängnis in ihrem Leib verursachen will? Ich glaube, in Marias Situation gab es drei mögliche Antworten.

Sie war ein jüdisches Mädchen, vielleicht 17 oder 18 Jahre alt und in Joseph verliebt, in einer ganz gewöhnlichen geschichtlichen Situation und mit ganz normalen Gefühlen. Und nun wird ihr plötzlich gesagt, sie würde ein Kind zur Welt bringen. Sie hätte den Gedanken zurückweisen können: »Das will ich nicht. Ich will damit nichts zu tun haben, ich will weglaufen. Was würde Joseph dazu sagen?« Wir wissen, was Joseph dann dachte. Aus menschlicher Sicht könnten wir ihr nicht übelnehmen, wenn sie so empfunden hätte. Aber Maria lehnte Gottes Ansinnen nicht ab.

Als zweite Möglichkeit hätte sie antworten können (und das ist zugleich die Gefahr an dem Punkt, an dem wir nun in unserem Studium des geistlichen Lebens angekommen sind): »Ich habe die Verheißung. Nun will ich meine ganze Kraft, mein Wesen und meine Energie dafür einsetzen, das Verheißene hervorzubringen. Ich habe die Verheißung. Nun werde ich ohne einen Mann ein Kind zur Welt bringen.«

Aber es gab noch eine dritte mögliche Antwort. Sie ist einfach großartig. Maria sagt: »Siehe, ich bin des Herrn Magd; mir geschehe nach deinem Wort!« Das ist aktive Passivität. Sie legte ihren eigenen Leib freiwillig in Gottes Hand, damit Gott das tun konnte, was er angekündigt hatte.

Und so wurde Jesus geboren. Maria selbst war es, die sich Gott zur Verfügung stellte. Sie hatte Gottes Verheißung, aber deren Erfüllung konnte sie nicht selbst bewirken. Das ist ein schöner, persönlicher Ausdruck der Beziehung eines begrenzten, endlichen Menschen zu dem Gott, den er liebt.

Gewiss, das Ereignis der Jungfrauengeburt ist einmalig und ohne Parallele. Dennoch können wir, die Braut Christi, eine Menge daraus lernen. Wir befinden uns nämlich insofern in derselben Situation, als wir die großartigen Verheißungen haben, mit denen wir uns befasst haben. Wir sollen nun nicht meinen, wir müssten dabei vollkommen passiv sein, so als seien wir selbst gar nicht daran beteiligt und als behandele Gott uns nicht mehr als Menschen. Wir sollen aber auch nicht denken, wir könnten es selbst vollbringen. Wenn wir im christlichen Leben Frucht bringen wollen, oder besser, wenn Christus durch die Vermittlung des Heiligen Geistes diese Frucht in uns hervorbringen soll, müssen wir ständig im Glauben leben und sagen: Auf der Grundlage deiner Verheißungen, mein Herr Jesus Christus, warte ich darauf, dass du sie erfüllst; bringe durch mich deine Frucht in diese arme Welt hinein.

Das ist es, was ich mit aktiver Passivität meine, und ich hoffe, dass das inzwischen keine leeren Worte sind; sie sind nämlich großartig. Wir sind nicht unwiderruflich gefangen. Wir müssen uns nicht selbst geißeln und an uns selbst verzweifeln. »Mir geschehe nach deinem Wort!«

Wir haben also zwei Stränge der Wirklichkeit: die Wirklichkeit derer, die gestorben und jetzt bei Christus sind; und unsere Wirklichkeit, die wir jetzt das »Angeld« des Heiligen Geistes haben und daher aufgrund des vollendeten Werks Christi Zugang haben – nicht in der Theorie, sondern in der Wirklichkeit – zu der Kraft des gekreuzigten, auferstandenen und verherrlichten Christus, und zwar durch die Vermittlung des Heiligen Geistes.

Echtes geistliches Leben wird nicht durch unsere Tatkraft erreicht. Das »Wie« der Lebensweise, von der wir geredet haben, des echten geistlichen Lebens, wird in Römer 6,11 genannt: »So sollt auch ihr euch als solche ansehen« (hier geht es um den Glauben; nun folgt der negative Aspekt:) »die für die Sünde tot sind« (und nun das Positive:) »aber für Gott leben in Jesus Christus, unsrem Herrn.« So sieht das »Wie« aus, und es gibt keine andere Möglichkeit. Es ist die Kraft des gekreuzigten, auferstandenen und verherrlichten Christus durch die Vermittlung des Heiligen Geistes und im Glauben.

B. Geistliches Leben im Lichte der biblischen Gesamtlehre

5. Das übernatürliche Universum

Unsere Generation ist weitgehend naturalistisch eingestellt. Beherrschend ist das Konzept von der Naturkausalität, des festen Ablaufs von Ursache und Wirkung innerhalb eines geschlossenen Systems. Dies ist das besondere Kennzeichen unserer Generation. Wenn wir nicht vorsichtig sind, kann der Naturalismus unserer Zeit uns durchdringen, auch wenn wir sagen, wir seien bibeltreue Christen und überzeugt von der Existenz der unsichtbaren Wirklichkeit. Der Naturalismus kann in unser Denken eindringen, ohne dass wir es merken. Sobald das der Fall ist, verlieren Christen nach und nach die Wirklichkeit ihres christlichen Lebens. Bestimmt ist einer der wichtigsten Gründe – oder vielleicht der wichtigste Grund überhaupt – für den Verlust von Wirklichkeit, dass wir den naturalistischen Zeitgeist unerkannt in unser Denken eindringen lassen, während wir behaupten, etwas anderes zu glauben. Allzu oft geht die Wirklichkeit verloren, weil die »Decke« über unseren Köpfen zu niedrig ist. Und die »Decke«, die uns einschließt, ist das naturalistische Denken.

Das geistliche Leben des Christen, wie wir es in den vorausgehenden Kapiteln beschrieben haben, darf nicht isoliert betrachtet werden. Es steht in Beziehung zur biblischen Gesamtsicht des Universums. Das heißt, wir müssen uns verstandesmäßig klarmachen, dass das Universum anders ist, als unsere Generation behauptet, die nur das materielle Universum sieht.

Das hat einen unmittelbaren Bezug zu den Dingen, die wir in den ersten Kapiteln behandelt haben. Wir sagten zum Beispiel: Wir sollen Gott so sehr lieben, dass wir ihm auch für Schweres danken können. Eine solche Aussage ist doch völlig sinnlos, wenn wir nicht in einem persönlichen Universum leben, in dem es einen persönlichen Gott gibt, der objektiv existiert. Andernfalls ist unser »Danke« eine sinnlose Phrase.

Dasselbe gilt für das zweite Kapitel: Wir sahen, dass es angesichts der Besitz- und Ich-Mentalität des Menschen sehr schwer ist, sich selbst zu verleugnen oder auf etwas zu verzichten. Doch dann wurden wir auf dem Berg der Verklärung mit einem übernatürlichen Universum konfrontiert und stellten fest, dass es sich dabei nicht um ein weit entferntes Universum handelt. Im Gegenteil: Wie im normalen Leben gibt es völlige Kontinuität. Daher gingen Jesus und die Jünger am Tag nach diesem Ereignis den Berg hinunter und kehrten in das Alltagsleben zurück. Auch die gewöhnliche zeitliche Kontinuität war nicht unterbrochen, während sie auf dem Berg waren. Wir haben hier ein ausgezeichnetes Beispiel zeitlicher und räumlicher Beziehung. Als sie den Berg hinaufstiegen, gingen sie an keinem Punkt in ein philosophisches »Jenseits« über. Wenn sie Armbanduhren gehabt hätten, wären diese nicht an einem bestimmten Punkt stehengeblieben, sondern wären weitergelaufen. Und als sie herunterkamen, war ein Tag vergangen; die zeitliche Kontinuität war nicht unterbrochen worden. Hier sehen wir eine Beziehung der übernatürlichen Welt zu der Kontinuität und den räumlichen Bezügen dieser materiellen Welt.

Wir haben ferner über den Erlösertod Christi nachgedacht, der ohne eine Beziehung zu einer übernatürlichen Welt völlig bedeutungslos wäre. Das Wort »Erlösertod« hat doch nur dann irgendeine Bedeutung, wenn es wirklich einen persönlichen Gott gibt, der ein persönliches Wesen hat. Er ist in ethischer Hinsicht nicht neutral. Wenn ein Mensch gegen dieses Wesen sündigt, das das Gesetz des Universums bildet, macht er sich schuldig. Gott wird ihn aufgrund wirklicher ethischer Schuld richten. In einem solchen Zusammenhang sind die Worte »Erlösertod Christi« überhaupt nur sinnvoll.

Nun müssen wir uns wieder auf das Thema besinnen, mit dem wir uns gerade beschäftigen: auf die Tatsache, dass echtes geistliches Leben, wie wir es dargestellt haben, nicht von der Ganzheit der biblischen Lehre getrennt werden darf. Es darf nicht von der einhelligen biblischen Betonung der übernatürlichen Welt losgelöst werden. Erst dann wird nämlich das biblische Bild sinnvoll, nach dem die Christen sich als Braut an Christus, dem Bräutigam, hingeben, damit er, der gekreuzigte, auferstandene und verherrlichte Christus durch sie Furcht bringen kann.

Sogar manche derer, die gut über das Heil und den christlichen Glauben und Lebenswandel unterrichtet sind, sehen es als ausgefallene, überraschende oder zumindest abstrakte, wirklichkeitsfremde Lehre an, dass Christus (der Bräutigam) durch die Christen (seine Braut) Frucht bringt. Diese Lehre kann aber eigentlich nur demjenigen seltsam anmuten, der sie von der biblischen Lehre bezüglich der Übernatürlichkeit des ganzen Universums, in dem wir leben, loslöst.

Die Bibel lehrt, dass sich die Wirklichkeit nicht im Sichtbaren erschöpft, und in diesem Rahmen ist die Lehre, dass Christus als Bräutigam durch mich Frucht bringt, nicht mehr seltsam. Die Bibel betont nachdrücklich, dass wir tatsächlich in einem übernatürlichen Universum leben. Wenn wir aber die objektive Realität des übernatürlichen Universums in irgendeinem Bereich missachten, bricht sogleich diese großartige Wirklichkeit zusammen, dass Christus als der Bräutigam durch mich Frucht bringen will. Dann ist das ganze Christentum nichts anderes als eine psychologische und soziologische Krücke, ein Mittel zum Zweck. Sobald wir vergessen, dass das Universum mehr als unsere sichtbare Wirklichkeit umfasst, bleibt uns nur noch Aldous Huxleys *Schöne neue Welt*, in der die Religion lediglich der Soziologie als Werkzeug für die Zukunft dient.

Im romantischen, evolutionären Humanismus von Aldous' Bruder Julian Huxley hat die Religion zwar auch noch Platz, aber nicht etwa, weil sie irgendeinen Wahrheitskern enthält, sondern weil der Mensch sie aufgrund seiner eigenartigen evolutionären Struktur einfach zu brauchen scheint. Wenn man im Denken oder Handeln leugnet, dass das Universum über den Bereich der Natur hinausgeht, landet man bei der Position, die John A. T. Robinson in seinem Buch *Gott ist anders* (Orig. *Honest to God*) vertritt, in dem es nur noch um anthropologische Tatsachen geht, das über die Wirklichkeit einer Verbindung zu Gott aber nichts mehr zu sagen hat. Uns bleiben dann nur noch Anthropologie, Psychologie und Soziologie. Über die Religion im Allgemeinen und das Christentum im Besonderen lässt sich dann noch allenfalls sagen, dass sie nützliche psychologische Werkzeuge zur Manipulation des Menschen sind.

Die Wirklichkeit des Christentums steht und fällt mit der Wirklichkeit der Existenz eines persönlichen Gottes und der Wahrheit der Aussage, dass das Universum »übernatürlich« ist, das heißt mehr als nur den naturwissenschaftlich erfassbaren Teil der Wirklichkeit umschließt.

Daraus ergibt sich nun eine positive Folgerung: Ein wirklich bibelgläubiger Christ lebt *tatsächlich* in dieser übernatürlichen Welt. Damit will ich nicht behaupten, dass niemand gerettet werden und in den Himmel kommen kann, der nicht im täglichen Lebensvollzug in dieser übernatürlichen Welt lebt. Glücklicherweise trifft das nicht zu, denn sonst würde keiner von uns in den Himmel kommen, weil keiner von uns konsequent die Wirklichkeit des Übernatürlichen in sein Alltagsleben einbezieht. Doch nur der kann von sich behaupten, die Bibel ganz ernst zu nehmen, der so lebt. Man ist kein bibelgläubiger Christ im vollen Sinn, wenn man lediglich die richtigen Lehren glaubt, sondern nur, wenn man tatsächlich in dieser übernatürlichen Welt lebt.

Was heißt das? Der Bibel zufolge gibt es zwei Bereiche der Wirklichkeit: die natürliche Welt, die wir gewöhnlich sehen, und die übernatürliche. Wir müssen jedoch vorsichtig sein, wenn wir das Wort »übernatürlich« gebrauchen. »Das Übernatürliche« ist nach der Sicht der Bibel nichts Ungewöhnlicheres im Universum als das, was wir das Natürliche nennen. Wir nennen es nur deswegen »übernatürlich«, weil wir es normalerweise nicht sehen können. Das ist alles. In der biblischen Sicht – der jüdisch-christlichen Sicht also – besteht die Realität aus zwei Hälften, wie die beiden Teile einer halbierten Orange. Man hat erst dann die ganze Orange, wenn man beide Teile hat. Den einen Teil sehen wir normalerweise, den anderen sehen wir normalerweise nicht.

In meinem Buch *Tod in der Stadt* habe ich das anhand von zwei Stühlen verdeutlicht, auf denen Menschen sitzen. Sie sehen das Universum in zwei verschiedenen Weisen. Wir alle sitzen zu jedem Zeitpunkt unseres Lebens auf einem dieser beiden Stühle. Der eine sitzt auf seinem Stuhl und sieht die ganze Wirklichkeit des Universums, den sichtbaren und den normalerweise unsichtbaren Bereich, und sieht die Wahrheit konsequent auf diesem Hintergrund. Der Christ sagt: »Ich sitze auf diesem Stuhl.« Der Ungläubige dagegen sitzt in intellektueller Hinsicht auf dem anderen Stuhl. Er sieht nur den »natürlichen« Bereich des Universums, und auf diesem Hintergrund interpretiert er die Wahrheit. Wir müssen einsehen, dass diese Positionen nicht beide zugleich wahr sein können. Wenn es wirklich nur den »natürlichen« Teil des Universums gibt und die Welt ein geschlossenes System ist, in dem eine strenge Naturkausalität herrscht, dann macht man sich etwas vor, wenn man auf dem anderen Stuhl sitzt. Wenn es aber die beiden Hälften der Wirklichkeit *gibt*, ist es ausgesprochen naiv und Ausdruck eines vollkommen falschen Verständnisses des Universums, wenn man auf dem Stuhl des Naturalisten sitzt. Aus christlicher Sicht waren die Menschen noch nie so naiv, haben das Universum noch nie so falsch verstanden wie heutzutage.

Um aber wirklich bibelgläubige Christen zu sein, reicht es nicht aus, wenn wir lediglich anerkennen, dass das Universum aus diesen beiden Teilen besteht. Christliches Leben ist Leben in diesen beiden Hälften der Wirklichkeit, der natürlichen und der übernatürlichen. Es ist gut möglich, dass Christen so sehr von der Denkweise des 20. Jahrhunderts erfüllt sind, dass sie den größten Teil ihres Lebens so verbringen, als gäbe es das Übernatürliche nicht. Dies trifft wohl bis zu einem gewissen Grad auf uns alle zu. Aber mit dem Übernatürlichen kommt der Christ nicht nur bei seiner Wiedergeburt und dann wieder bei seinem Tod oder bei der Wiederkunft Christi in Berührung! Er ist doch in der ganzen Zeit dazwischen nicht in einer naturalistischen Welt auf sich selbst gestellt! Im biblischen Sinne Christ zu sein heißt, jetzt im übernatürlichen Bereich zu leben, und zwar tatsächlich, in der

Praxis, nicht nur theoretisch. Wenn ein Mensch auf dem naturalistischen Stuhl sitzt und die Existenz des übernatürlichen Teils der Welt leugnet, sagen wir, er sei ungläubig.

Wie sollen wir uns selbst nennen, wenn wir zwar auf dem anderen Stuhl sitzen, aber so leben, als gäbe es das Übernatürliche nicht? Müsste man nicht auch diese Haltung Unglauben oder »Unvertrauen« nennen? Das Christentum wäre dann dialektisch – oder einfach eine »gute Philosophie«. Ich glaube zwar, dass das Christentum wirklich eine gute Philosophie *ist*. Ich halte es für die beste Philosophie, die es jemals gab. Es ist die *einzige* Philosophie, die in sich selbst konsequent und schlüssig ist und zugleich Fragen beantwortet. Es ist eine gute Philosophie, weil es sich mit den Problemen befasst und uns die Lösungen dieser Probleme zeigt. Es ist jedoch *mehr* als eine gute Philosophie. Die Bibel redet nicht nur abstrakt, sie berichtet nicht über eine weit entfernte religiöse Idee. Sie spricht vom Menschen, wie er wirklich ist. Sie spricht von jedem einzelnen in seiner einzigartigen Individualität. Sie sagt uns außerdem, wie wir in dem wirklichen Universum leben sollen. Ohne diesen Faktor wäre es eine rein dialektische Philosophie.

Ich befinde mich – wie gesagt – in jedem Augenblick auf einem der beiden Stühle. Leider tendieren die Christen allzu oft dazu, zwischen diesen beiden Stühlen hin- und herzupendeln. Einen Augenblick befindet man sich auf dem Stuhl des Glaubens und im nächsten auf dem Stuhl des »Unvertrauens«. Wenn ich Jesus einmal als Retter angenommen bin ich gerettet, weil ich auf der Grundlage seines völlig abgeschlossenen Werkes in seiner Hand ruhe. Aber Gott behandelt mich immer noch als einen Menschen und nicht als Maschine oder Marionette. Der Christ hat jederzeit die Möglichkeit, von einem der beiden Stühle auf den anderen überzuwechseln. Wenn ich aber versuche, ein christliches Leben zu führen, während ich auf dem Stuhl des Unglaubens sitze, hat das bestimmte Folgen.

Erstens gilt, dass es »im Fleisch« geschieht. Wieviel Aktivismus ich auch vorzuweisen habe, wieviel Lärm ich beispielsweise um den Auftrag der Evangelisation machen und welche großartigen Dinge ich mir überlegen mag – es geschieht »im Fleisch«. Ich setze mich selbst, das Geschöpf, in den Mittelpunkt des Universums.

Zweitens: Wenn ich versuche, als Christ zu leben, und dabei auf dem Stuhl des Unglaubens sitze, ist das nur ein Spiel, denn der wirkliche Kampf geht nicht gegen Fleisch und Blut, sondern findet in den »himmlischen Regionen« statt, und im Fleisch kann ich gar nicht daran beteiligt sein. In Kriegszeiten spielen die kleinen Jungen zu Hause Soldaten, während die großen Brüder wirklich an der Front stehen. Die kleinen Jungen spielen zwar Soldaten, aber sie haben keine Verbindung zum wirklichen Kampf und haben auch keinen Einfluss darauf. Wenn ich versuche, als Christ zu leben, während ich auf dem Stuhl des Unglaubens sitze, *spiele* ich nur Krieg. Ich habe überhaupt keine Verbindung zu dem wirklichen Kampf.

Drittens: Der Herr wird sich nicht zu unseren Waffen bekennen, wenn wir auf dem Stuhl des Unglaubens sitzen, weil sie ihm keinerlei Ehre oder Herrlichkeit geben. Sie berauben ihn vielmehr der Ehre und der Herrlichkeit, sogar der Ehre, der Schöpfer und Mittelpunkt des Universums zu sein. Das meint Paulus mit dem Wort: »Alles aber, was nicht aus Glauben geschieht, ist Sünde« (Röm 14,23). Hudson Taylor sagte einmal: »Wenn das Werk des Herrn in der Weise des Herrn getan wird, kann es der Bestätigung des Herrn sicher sein.« Ich würde den Satz so umschreiben: »Wenn das Werk des Herrn aufgrund menschlicher Tatkraft geschieht, ist es nicht mehr das Werk des Herrn. Es ist vielleicht gut, aber es ist nicht das Werk des Herrn.«

Hier erheben sich nun zwei Fragen. Die erste: Wenn der wirkliche Kampf sich in den »himmlischen Regionen« abspielt, sind diese »himmlischen Regionen« dann weit entfernt? Und die zweite: Ist nicht die Beteiligung des Einzelnen ziemlich unwichtig?

Zur ersten Frage: Sind die »himmlischen Regionen« weit entfernt? Ist die übernatürliche Welt abgelegen? Die Antwort ist eindeutig: Nein. Der Bericht über die Verklärung zeigt unmissverständlich, dass die übernatürliche Welt nicht weit entfernt ist. Man muss nicht zwei Generationen lang in einem Raumschiff fliegen (wobei die zweite Generation während des Flugs geboren würde), um in die übernatürliche Welt zu gelangen. Bei der Verklärung erlebten die Jünger das Übernatürliche auf dem Plateau des Berges. Die zeitliche Kontinuität blieb bestehen. In der Bibel wird nachdrücklich betont, dass die übernatürliche Welt nicht weit entfernt, sondern tatsächlich sehr, sehr nahe ist. Über das Ereignis auf dem Weg nach Emmaus schreibt Lukas: »Da wurden ihnen (den Jüngern) die Augen aufgetan, und sie erkannten ihn (Jesus); und er entschwand ihren Blicken« (Lk 24,31).

Man müsste eigentlich genauer übersetzen: »Er wurde nicht mehr von ihnen gesehen.« Lukas sagt nicht, dass Christus nicht mehr da war. An diesem einen Ort sahen sie ihn nicht mehr. In Johannes 20,19 und 26 geht es um dasselbe. Dieses *Sehen* war nicht auf die geschichtliche Situation nach der Auferstehung Jesu Christi beschränkt. Es gehört vielmehr zur Struktur der Bibel. Das gesamte Weltbild der Bibel ist von dem Gedanken geprägt, dass das Übernatürliche nicht weit entfernt, sondern ganz nahe und überall um uns ist. Das Übernatürliche ist nicht nur gestern und morgen; es ist heute.

Dieser Gedanke findet sich auch im Alten Testament:

> Auch Jakob zog seines Weges; da begegneten ihm auf einmal die Engel Gottes. Als Jakob sie sah, sprach er: Dies ist das Heerlager Gottes. Darum nannte er Stätte Mahanaim. (1Mo 32,1-2)

Der hebräische Name Mahanaim bedeutet »zwei Heere« oder »zwei Lager«, und das eine Lager ist ebenso wirklich wie das andere. Das eine ist nicht ein Phantasieprodukt, das in Jakobs Gehirn entstanden ist. Es waren zwei gleiche Heerlager: sein eigenes, bestehend aus seiner Familie und seinen Tieren, und dann noch das zweite, Engel, die genauso wirklich und genauso nahe waren.

Aber die klassische Stelle zu diesem Thema ist der Abschnitt in 2. Könige 6,16-17. Elisa ist von Feinden umringt, und der Diener, der bei ihm ist, hat große Angst. Aber Elisa sagt zu ihm: »Fürchte dich nicht, denn derer, die bei uns sind, sind mehr als derer, die bei ihnen sind.« Dem Diener muss das in jenem Augenblick als schwacher Trost erschienen sein. Aber bald wurde es ein realistischer Trost von praktischer Bedeutung: »Und Elisa betete: O Herr, öffne ihm doch die Augen, dass er sieht! Und Gott öffnete dem Diener die Augen, und er sah: da war der Berg rings um Elisa her voll feuriger Rosse und Wagen.« In dem Augenblick hatte der Diener keine Probleme mehr! Für unsere Überlegungen ist jedoch besonders wichtig, dass Elisa nicht darum betete, dass etwas kommen möge. Es war schon da. Das Übernatürliche war nicht weit entfernt, es war da. Dem Diener mussten nur die Augen geöffnet werden, damit er es sehen konnte.

Wenn vom Übernatürlichen die Rede ist, versucht der Naturalist, es loszuwerden. Er muss ja als Naturalist bestreiten, dass es existiert. Daher versucht die moderne Theologie, die naturalistisch orientiert ist, ein theologisches System zu konstruieren, das auch dann noch Bestand hat, wenn außer der Anthropologie nichts mehr übrigbleibt. An diesem Punkt findet auf der ganzen Welt der wirkliche Kampf um die Wahrheit statt. Wenn wir das einmal erkannt haben, stehen wir vor dem großen Auftrag und der Pflicht, durch unser Leben zu beweisen, dass wir an die Existenz beider Teile des Universums, des sichtbaren und des unsichtbaren, glauben, in dem Wissen, dass die »himmlischen Regionen« nicht weit entfernt, sondern jetzt um uns sind.

Und nun zur zweiten Frage: Wenn die eigentlichen Kämpfe »übernatürlich« sind und sich in den »himmlischen Regionen« abspielen, ist dann nicht unser Anteil daran bedeutungslos? Eine Aussage des Apostels Paulus kann uns bei der Beantwortung helfen.

Denn ich halte dafür, Gott habe uns, die Apostel, als die Geringsten hingestellt, wie zum Tode Verurteilte; denn ein Schauspiel sind wir der Welt geworden, sowohl Engeln als auch Menschen. (1Kor 4,9)

Hier erhebt Paulus einen geradezu phantastischen Anspruch, wenn man das Wort aus naturalistischer Sicht oder von dem

Stuhl aus sieht, den wir »Unvertrauen« genannt haben. In dem griechischen Wort, das mit »Schauspiel« wiedergegeben wird, steckt wirklich die Vorstellung eines Theaters; wir befinden uns auf einer Bühne, auf der wir beobachtet werden. Paulus sagt hier, dass das übernatürliche Universum nicht weit entfernt ist; dass der wirkliche Kampf zwar in den himmlischen Regionen stattfindet, unser Anteil daran aber keineswegs bedeutungslos ist, weil wir von der unsichtbaren Welt dabei beobachtet werden.

Diese Lehre beruht nun nicht nur auf diesem einen Vers. Paulus erwähnt sie zum Beispiel auch Timotheus gegenüber, der gar kein Apostel im engeren Sinn ist: »Feierlich bezeuge ich dir vor Gott und Jesus Christus und den auserwählten Engeln ...« (1Tim 5,21).

Ist Timotheus ganz allein? Wird er zu irgendeinem Zeitpunkt nicht beobachtet? Nein. Gott beobachtet ihn; aber auch die Engel beobachten ihn. Und das gilt nicht nur für Timotheus, sondern für uns alle. Das geht z. B. eindeutig aus dem Buch Hiob hervor. Hiob begriff nicht, dass er beobachtet wurde; es war aber so. Er war sogar, ohne es zu wissen, am Kampf in den himmlischen Regionen beteiligt, als er von einem Unglück nach dem anderen getroffen wurde. Er wurde nicht nur beobachtet; zwischen der sichtbaren und der unsichtbaren Welt bestand eine Verbindung im Sinne von Ursache und Wirkung. Wir kennen das auch aus der Verkündigung Jesu: er sagt, dass sich die Engel im Himmel freuen, wenn ein Sünder Buße tut. In der Sprache von heute nennt man das Ursache und Wirkung, einen kausalen Zusammenhang. Auf eine Ursache auf der Erde folgt eine Wirkung im Himmel. Die übernatürliche Welt ist nicht weit entfernt, und unser Anteil ist nicht unwichtig, denn wir werden beobachtet, ja, es besteht sogar ein kausaler Zusammenhang zwischen dem eigentlichen Kampf in den himmlischen Regionen und unserem Leben als Christen.

Auf dem Hintergrund von 1. Korinther 4,9, wo es heißt, dass wir vor Menschen und Engeln »auf der Bühne« stehen, müssen wir nun auch 1. Korinther 2,4 sehen: »Und meine Rede und meine Predigt bestand nicht in überredenden Weisheitsworten, sondern in Erweisung von Geist und Kraft.«

Vor wem soll dieser Erweis geschehen? Wenn wir an die Aussage des Paulus im vierten Kapitel denken, geht es sicher nicht nur um einen Erweis vor der verlorenen Welt oder der Gemeinde, sondern auch um einen Erweis vor den Engeln.

Dieser Vers ist schon oft ganz falsch ausgelegt worden. Viele leiten daraus die Forderung ab, das Evangelium solle nur »schlicht« verkündigt werden. Mit »schlichter Verkündigung« begründen sie ihre Weigerung, sich mit den Fragen unserer Zeit auseinanderzusetzen. Sie spielen die »schlichte« Verkündigung des Evangeliums gegen den Versuch aus, ehrliche, durchdachte Antworten zu geben, wenn ehrliche Fragen gestellt werden. Das ist jedoch in diesem Vers überhaupt nicht gemeint. Paulus will vielmehr sagen, dass die Verkündigung des Evangeliums an »schlichte« oder »kompliziertere« Menschen in jedem Fall erfolglos ist, wenn sie nicht von der Demonstration christlichen Lebens begleitet wird und vom Wirken des Heiligen Geistes durchdrungen ist. Es geht nicht darum, das Evangelium so schlicht wie möglich zu verkündigen und dabei Glauben und Denken völlig auseinanderklaffen zu lassen. Paulus meint, dass in jedem Fall die Kraft des Geistes, das Wirken des auferstandenen, verherrlichten Christus in uns sichtbar sein muss – ganz gleich, welchen Menschen wir predigen, welche Begriffe wir gebrauchen, wie lang die Worte sind, die wir benutzen, und ob wir zu Bauern oder zu Philosophen sprechen.

Vielen Christen dieser Generation entgleitet nach und nach die Realität. Sie wird bei ihnen immer mehr vom Naturalismus überwuchert. Eine der Fragen, die mir von jungen Menschen mit einer christlich geprägten Vergangenheit am häufigsten gestellt werden, lautet: Wo ist die Wirklichkeit? Wohin ist die Wirklichkeit verschwunden? In dem Maße, wie die Decke des Naturalistischen auf uns herabfällt – wie sie durch direkte Einflößung oder mittels subtiler Konnotation eindringt – entgleitet uns die Realität allmählich. Aber die Tatsache, dass Christus, der Bräutigam, durch mich, die Braut, mittels des Heiligen Geistes Frucht bringt, ermöglicht es mir, die Wirklichkeit des Übernatürlichen nach und nach in diesem Leben zu erkennen. Darin soll der Christ leben. Lehre ist wichtig, aber sie darf nicht zum

Selbstzweck werden. Dazu gehört die jeden Augenblick erfahrbare Wirklichkeit des Lebens mit Christus. Und im Gegensatz zur Erfahrung im Sinne des Existentialismus oder den religiösen Erfahrungen des Ostens können wir bei unseren Erfahrungen als Christen die Türen und Fenster unseres Verstandes weit offenlassen. Wir müssen nicht unter dem Einfluss von Rauschmitteln stehen oder ekstatische Musik hören. Wir können die Wirklichkeit des Übernatürlichen hier und heute erkennen.

Die christliche Erfahrung ist dabei keine »rein« supra-naturalistische Erfahrung, also eine Erfahrung, deren Inhalt sich nicht begreifen und beschreiben lässt. Es ist vielmehr die Erfahrung einer Beziehung zu Christus und zu der ganzen Dreieinigkeit, die in jedem Augenblick besteht und immer weiter wächst. Wir sollen eine Beziehung zur ganzen Dreieinigkeit haben. Die Türen des Verstandes sind dabei offen, sie sind offen für die Wirklichkeit.

So sieht also das »Wie« aus. So sieht Leben in der Freiheit von den Fesseln der Sünde aus; es ist nicht vollkommen, denn das ist uns für dieses Leben nicht verheißen. Aber so können wir in diesem Leben von den Fesseln der Sünde und – wie wir später sehen werden – auch von den Folgen dieser Fesseln frei sein. So können wir einer Generation, die sich verirrt hat, die Wirklichkeit des Übernatürlichen vorleben. Das ist christliches Leben, echtes geistliches Leben. Angesichts der biblischen Gesamtlehre über das Wesen des Universums, das mehr als den »natürlichen« Bereich umfasst, ist das »Wie« die Kraft des gekreuzigten und auferstandenen Christus, die uns der Heilige Geist, der in uns wohnt, durch den Glauben vermittelt.

6. Die Errettung – in Vergangenheit, Zukunft und Gegenwart

Die Bibel berichtet vom Sündenfall des Menschen, der zu einem bestimmten Zeitpunkt in der Geschichte geschah. Seit dem Sündenfall ist der Mensch (wie auch die Welt, über die er Herr ist) in einem anomalen Zustand. Wenn man die Geschichte ansieht, könnte man meinen, dass Gottes Schöpfung eines vernünftigen, moralischen Wesens ein Fehlschlag war.

Doch dann kam Christus. Er starb und wurde auferweckt im Bereich der Geschichte –, und so wurde der notwendige Sieg errungen. Wenn Christus wiederkommt, wird niemand mehr an diesem Sieg zweifeln können. Heute jedoch gibt es auf der Erde weder für den einzelnen noch für die ganze Menschheit allumfassenden Frieden. Im Grunde sieht es in der heutigen Welt nicht viel anders aus als in der Welt der Assyrer, der Babylonier oder der Römer. Heißt das nun, dass es nach Gottes Plan für die Zeit zwischen dem Sieg am Kreuz bis heute und bis zur Wiederkunft des Herrn Jesus Christus keinen Beweis für die Wirklichkeit des Sieges am Kreuze geben soll?

Wenn wir die Bibel daraufhin ansehen, stellen wir fest, dass das gerade nicht Gottes Plan ist:

Ihr aber seid ›das auserwählte Geschlecht, die königliche Priesterschaft, das heilige Volk, das Volk des Eigentums‹ [d. h. ein Volk, das zu einem bestimmten Zweck ausgewählt wird], damit ihr die herrlichen Taten [oder Tugenden] dessen verkündigt, der euch aus der Finsternis zu seinem wunderbaren Licht berufen hat, euch, die ihr ehemals kein Volk wart, jetzt aber Gottes Volk seid. (1Petr 2,9-10)

Hier heißt es, dass Christen in diesem Leben zu einem bestimmten Zweck berufen sind: die Tugenden oder herrlichen Taten Gottes zu verkündigen. Mit anderen Worten: Gott hatte nicht die Absicht, dass es zwischen der Himmelfahrt und der Wiederkunft Jesu keinen Beweis der Wirklichkeit des Sieges am Kreuz geben sollte. Es war von Anfang an Gottes Plan, dass die Christen der offenkundige Beweis für den Sieg Jesu am Kreuz sein sollten.

Ein Christ soll an der wahren Lehre, der Lehre der Bibel, festhalten. Aber es geht nicht nur darum, die rechte Lehre zu verkünden, auch wenn das sehr wichtig ist. Es geht auch nicht darum, im Leben das zu verwirklichen, was auf natürliche Begabung, Charakter oder eigene Energie zurückgeführt werden kann. Ein Christ soll nicht eine Botschaft unter anderen so darlegen, wie all die anderen Botschaften dargelegt werden. Wir müssen begreifen, dass nicht nur das zählt, *was* wir tun, sondern *wie wir es tun.* Im ersten Kapitel der Apostelgeschichte, in der Zeit zwischen Auferstehung und Himmelfahrt Christi, gebietet Christus, nicht einfach das Evangelium zu verkündigen, sondern *auf den Heiligen Geist zu warten* und dann das Evangelium zu verkündigen. Wenn das Evangelium ohne den Heiligen Geist verkündigt wird, geht man völlig am Sinn des Befehls Christi für unsere Epoche vorbei. Bei allen »christlichen Aktivitäten« oder »christlichen Diensten« ist das *Wie* mindestens ebenso wichtig wie das *Was.* Wir sollen dadurch auf die Existenz Gottes hinweisen, sonst verfehlen wir das Ziel unseres Lebens als Christen.

Das ist die Demonstration, die Gott bis zur Wiederkunft Christi dieser Welt geben will, die Demonstration durch das Leben der Christen. Der Auftrag der Christen ist es, an ihrem jeweiligen geschichtlichen Ort zu zeigen, dass es die übernatürliche, die normalerweise unsichtbare Welt wirklich gibt, und darüber hinaus zu zeigen, dass Gott existiert. Sie sollen das als einzelne und als Gemeinschaft tun, jede Generation von Christen in ihrer Zeit. Den Menschen von heute sind also wir diese Demonstration schuldig. Es ist klar, dass wir für die Vergangenheit kein Zeugnis sein können. Für die Zukunft können wir durch unsere Schriften und unsere Werke nur bedingt ein Zeugnis hinterlassen, auch wenn es ein ständig wachsendes Zeugnis sein sollte, das wie ein Schneeball durch die Jahrhunderte rollt. Aber jeder einzelne Christ soll vor allem an seinem Punkt der Geschichte und in seiner eigenen Generation ein Zeugnis sein.

Die Christen sollen Gottes Wesen bezeugen. Das ist ein ethisches Zeugnis, aber es soll nicht nur eine Bezeugung ethischer Grundsätze sein. Es soll vielmehr ein Zeugnis seines Seins, seiner Existenz sein. Was für ein gewaltiger Auftrag Christen als Demonstration der Existenz und des Wesens Gottes! Wer sich selbst ehrlich betrachtet, muss zu dem Schluss gelangen, dass diese Demonstration aufgrund eigener Kraft und Anstrengung unmöglich ist. Es zeigt sich also wieder, dass die biblische Lehre von Christus als dem Bräutigam, der durch uns Frucht bringt, von der Kraft des gekreuzigten und auferstandenen Christus und der Vermittlungstätigkeit des Heiligen Geistes durch den Glauben keine isolierte Lehre ist. Das sollte uns nicht überraschen, denn es passt zur *Gesamtheit der biblischen Lehre vom Auftrag der Christen in dieser Welt.* Wir stoßen hier zum zweiten Mal auf eine solche Einheit in der biblischen Lehre. Die erste, die wir gesehen hatten, war die Einheit der biblischen Lehre in Bezug auf die Übernatürlichkeit des Universums.

Eine dritte Einheit der biblischen Lehre bildet *die Einheit der Lehre von Heil bzw. Rettung.* Wenn ich Christus wirklich als Retter annehme, werde ich nach Aussage der Bibel unmittelbar von Gott als gerecht erklärt. Gott erklärt in seiner Funktion als Richter, dass die Schuld aufgrund des stellvertretenden Werks Christi weggenommen ist. Das heißt nicht, dass Gott über die Sünde hinwegsieht. Er ist heilig, und darum ist alle Sünde wirkliche Schuld. Aber wenn ich Christus als Retter annehme, ist in Christus die Strafe für meine Schuld schon bezahlt – in der Geschichte, in Raum und Zeit am Kreuz. Und Gott spricht mich gerecht. Es ist dann, als hätte ich nie gesündigt. Am Kreuz nahm Jesus unsere ganze Strafe auf und das heißt, dass es für uns weder in diesem Leben noch danach eine Strafe gibt. Weil Christus Gott ist, ist der Wert seines Todes grenzenlos. Er reicht aus, um in stellvertretender Weise jede Sünde des einzelnen, die Schuld all derer zu bedecken, die jemals zu ihm kommen werden.

Es muss deutlich sein, dass die Rechtfertigung unwiderruflich ist, denn Christus nahm die Strafe für *all* unsere Sünden auf sich, nicht nur für die Sünden der Vergangenheit, bevor wir Christus als Retter annahmen. Es bleibt nichts übrig, was zu Lasten unseres Kontos gehen könnte. Wenn wir die Rechtfertigung in dieser Weise – und das heißt nach der Weise der Bibel – sehen, kann es keine Stufen von Rechtfertigung geben. Man kann nicht mehr oder weniger gerechtfertigt sein. In diesem Sinn kann man auch nicht mehr oder weniger Christ sein. Man ist entweder Christ, oder man ist es nicht. So, wie man entweder geboren ist oder nicht, wie man in Gottes Augen verheiratet ist oder nicht, so hat man Christus als Retter angenommen und ist daher von Gott gerechtfertigt, oder man ist es nicht. Es gibt nichts Halbes, keine unterschiedlichen Stufen. Der Christ ist restlos und für immer von seiner Schuld befreit. Daher ist die Rechtfertigung für den Christen eine Tatsache der *Vergangenheit*.

Aber hier müssen wir uns nun klarmachen, dass das Wort »Heil« bzw. »Rettung«, wie es in der Bibel gebraucht wird, mehr umfasst als die Rechtfertigung. Es umschließt Vergangenheit, Zukunft und Gegenwart. Die grenzenlose Gültigkeit des Werkes Christi am Kreuz erschöpft sich nicht in der Rechtfertigung des Christen. In der *Zukunft* steht die Verherrlichung aus. Wenn Christus wiederkommt, werden wir leiblich auferstehen, und es wird Ewigkeit sein. Aber das Heil hat auch einen *gegenwärtigen* Aspekt, und das ist die Heiligung, unsere jetzige Beziehung zu unserem Herrn.

In der Heiligung gibt es – im Gegensatz zur Rechtfertigung – verschiedene Stufen. Hier bestehen graduelle Unterschiede zwischen einzelnen Christen; aber auch jeder einzelne Christ selbst befindet sich zu verschiedenen Zeiten auf unterschiedlichen »Stufen« der Heiligung.

Das christliche Leben gleicht nicht einer ungebrochenen ansteigenden Linie. Es gibt darin Höhen, aber auch – wie wir alle zugeben müssen, wenn wir uns nichts vormachen – Tiefen. Wenn es auch nicht möglich ist, mehr oder weniger gerechtfertigt zu sein, ist es doch möglich, mehr oder weniger geheiligt zu sein. Bei der Rechtfertigung geht es um die Schuld der Sünde. Bei der Heiligung geht es um die Macht der Sünde im Leben der Christen, und dabei gibt es stufenweise Unterschiede.

»Errettung« bedeutet nicht einfach Rechtfertigung, auf die dann bis zum Tod nichts mehr folgt. Das war nie Gottes Absicht. Die Errettung bzw. das Heil ist eine Ganzheit, ein Strom, der von der Rechtfertigung über die Heiligung zur Verherrlichung führt:

Wir wissen aber, dass denen, die Gott lieben, alle Dinge zum Guten mitwirken, denen, die nach seiner zuvor getroffenen Entscheidung berufen sind. Denn die er im Voraus ersehen hat, die hat er auch vorherbestimmt, gleichgestaltet zu sein dem Bilde seines Sohnes, damit er der Erstgeborene sei unter vielen Brüdern. Die er aber vorherbestimmt hat, die hat er auch berufen; und die er berufen hat, die hat er auch gerecht gesprochen; die er aber gerecht gesprochen hat, denen hat er auch die himmlische Herrlichkeit geschenkt. (Röm 8,28-30)

Durch die Zeiten, die hier verwendet werden, wird deutlich, dass das Heil als ein ununterbrochener Strom zu sehen ist.

Es gibt noch weitere Beispiele für diese Tatsache:

Da wir nun aus Glauben gerecht gesprochen worden sind [in der Vergangenheit], haben wir Frieden mit Gott [in der Gegenwart] durch unseren Herrn Jesus Christus, durch den wir kraft des Glaubens auch Zutritt haben [in der Gegenwart] zu dieser Gnade, in der wir stehen, und wir rühmen uns der Hoffnung auf die Herrlichkeit Gottes. Aber nicht nur das, sondern wir rühmen uns auch der Trübsale, da wir wissen, dass die Trübsal Geduld wirkt, die Geduld aber Bewährung, die Bewährung aber Hoffnung; Hoffnung aber lässt nicht zuschanden werden, weil die Liebe Gottes ausgegossen ist in unsere Herzen durch den Heiligen Geist, der uns gegeben worden ist. (Röm 5,1-5)

Wir können auch die grundlegenden Verse im ersten Teil des Römerbriefs nehmen:

Denn ich schäme mich des Evangeliums nicht; denn es ist eine Kraft Gottes zum Heil einem jeden, der daran glaubt, dem Juden zuerst und auch dem Griechen. Denn die Gerechtigkeit Gottes wird darin geoffenbart aus Glauben zu Glauben, wie geschrieben steht: ›Der Gerechte wird aus Glauben leben‹. (Röm 1,16-17)

Mit dem Wort »Heil« ist hier nicht nur die Rechtfertigung gemeint; es umfasst vielmehr das Ganze: Rechtfertigung, Heiligung und Verherrlichung. »Denn die Gerechtigkeit Gottes wird darin geoffenbart aus Glauben zu Glauben.« Das ist nicht nur der Glaube an das »Ein-für-Allemal« der Rechtfertigung, sondern Glaube »aus Glauben zu Glauben«. »Wie geschrieben steht: Der Gerechte wird aus Glauben leben« – also nicht nur gerecht aus Glauben: der Gerechte wird aus Glauben *leben*.

In gewisser Hinsicht ist die Heiligung jetzt für den Christen das wichtigste Anliegen, weil sie seine Gegenwart betrifft. Unsere Überlegungen über echtes geistliches Leben gehören zum gegenwärtigen Teil des Heils, und das heißt, dass wir uns in diesem Buch eigentlich mit der biblischen Lehre von der Heiligung befassen.

Das Heil ist eine Ganzheit. Als ich Christus als Retter annahm und von meiner Schuld befreit wurde, kehrte ich damit in die Stellung zurück, für die ich ursprünglich geschaffen wurde. Die menschliche Existenz hat einen Sinn. Heute begegnet einem ständig die Frage: »Was ist der Sinn menschlicher Existenz – falls es einen solchen überhaupt gibt?« Und auf diese Frage reagiert unsere Zeit mit großem Schweigen. Die Bibel aber sagt, dass der Sinn der menschlichen Existenz darin besteht, Gott von ganzem Herzen, von ganzer Seele und mit ganzer Kraft zu lieben. Hier geht es nicht um eine vage, im heutigen Sinne »religiöse« Liebe, sondern um wirkliche Kommunikation mit Gott, um die Beziehung eines endlichen Wesens, das denkt, handelt und Empfindungen hat, zu einem unendlich-persönlichen Gott, zu dem man eine personale Beziehung haben kann. Das ist der Sinn menschlicher Existenz, auch wenn er durch den Sündenfall verlorenging.

Wenn ich nun Christus als meinen Retter annehme, wird die Schuld beseitigt, die mich von Gott und von der Erfüllung des Sinnes meiner Existenz trennte. Dann stehe ich an dem Ort, an dem ich als Mensch nach Gottes Schöpfungsplan eigentlich stehen sollte. Schon *jetzt* – und nicht erst in ferner Zukunft, im tausendjährigen Reich Christi oder in der Ewigkeit – werde ich an den Platz zurückgestellt, für den ich ursprünglich geschaffen wurde. Ich habe sofort eine *neue lebendige Beziehung zu jeder der drei Personen der Dreieinigkeit.* Erstens wird Gott, der Vater, mein Vater. »So viele ihn aber aufnahmen, denen gab er Anrecht darauf, Kinder Gottes zu werden, denen, die an seinen Namen glauben« (Joh 1,12). Christus, die zweite Person der Dreieinigkeit, ist in einmaliger Weise der ewige Sohn Gottes. Aber die Bibel erklärt – und das sollte ein Grund zur Freude für uns sein –, dass wir eine neue Beziehung zu Gott bekommen, sobald wir Christus als Retter annehmen: Wir werden seine Söhne – in dem Sinn, dass wir als Geschöpfe wieder den angemessenen Platz einnehmen, für den wir ursprünglich geschaffen wurden.

Sobald ich Christus als Retter annehme, bekomme ich zweitens eine neue Beziehung zu Gott, dem Sohn. Im Epheserbrief heißt es immer wieder, dass wir »in« Christus sind, wenn wir ihn als Retter annehmen. In Römer 7,3 wird uns gesagt, dass wir Christus wie eine Braut angehören. In Johannes 15 heißt es, dass Christus der Weinstock ist und wir die Reben sind. In all diesen Beziehungen wird das geistliche Einssein des Gläubigen mit Christus ausgedrückt oder dargestellt. Wer ist dieser Christus, zu dem wir eine Beziehung bekommen? Es ist nicht das Jesuskind, auch nicht der auf Erden wandelnde oder der am Kreuz hängende Jesus, sondern der auferstandene, emporgehobene und verherrlichte Christus.

Schließlich sagt die Bibel, dass wir in eine neue Beziehung mit der dritten Person der Dreieinigkeit, mit dem Heiligen Geist, eintreten. Sobald wir gerecht gesprochen sind, wohnt sofort der Heilige Geist in uns. In Johannes 14,16-17 spricht Jesus eine Verheißung aus, die nach seiner Auferstehung und Himmelfahrt an Pfingsten erfüllt wurde: »Ich werde den Vater bitten, und er wird euch einen anderen Beistand geben, damit er in Ewigkeit bei euch sei, den Geist der Wahrheit, den die Welt nicht empfangen kann, weil sie ihn nicht sieht und nicht erkennt. Ihr erkennt ihn, weil er bei euch bleibt und in euch sein wird.« Es gab eine damals schon bestehende Beziehung, aber es sollte auch in der Zukunft eine Beziehung geben. Davon spricht Johannes, wenn er sagt, dass der Heilige Geist noch nicht verliehen wurde, weil

Jesus noch nicht verherrlicht war (Joh 7,39). Auch im Römerbrief wird sehr deutlich gesagt, dass wir diese neue Beziehung zum Heiligen Geist haben, wenn wir Jesus als Retter angenommen haben, und dass jeder, der diese Beziehung zum Heiligen Geist nicht hat, kein Christ ist. »Ihr jedoch seid nicht im Fleische, sondern im Geist, wenn anders Gottes Geist in euch wohnt. Wenn aber jemand Christi Geist nicht hat, der ist nicht sein« (Röm 8,9). In seinem Brief an die Christen in Korinth fragt Paulus: »Wisst ihr nicht, dass ihr Gottes Tempel seid und dass der Geist Gottes in euch wohnt?« (1Kor 3,16). Diese Zusage ist durch die Jahrhunderte hindurch an jeden Menschen gerichtet, der Christus als Retter angenommen hat. Wenn ich gerechtfertigt bin, wohnt der Heilige Geist in mir, und ich habe eine neue Beziehung zu der dritten Person der Dreieinigkeit.

Überdies lesen wir folgende Verheißung Christi:

> Ich werde den Vater bitten, und er wird euch einen andern Beistand geben, damit er in Ewigkeit bei euch sei, den Geist der Wahrheit, den die Welt nicht empfangen kann, weil sie ihn nicht sieht und nicht erkennt. Ihr erkennt ihn, weil er bei euch bleibt und in euch sein wird. Ich werde euch nicht verwaist zurücklassen; ich komme zu euch. (Joh 14,16-18)

Wir sind nicht »verwaist«, sondern Christus kommt durch die Vermittlung des Heiligen Geistes, der in uns wohnt, zu uns. Und in Vers 23 heißt es dann: »Und *wir* werden zu ihm kommen und Wohnung bei ihm machen.« In diesem Zusammenhang wird besonders hervorgehoben, dass der Heilige Geist, der in jedem Christen wohnt, nicht nur der Vermittler Christi, sondern auch der Vermittler des Vaters ist. Folgendes geschieht also, wenn ich Christus als Retter annehme: meine Schuld wird von mir genommen, der Heilige Geist nimmt Wohnung in mir, und ich stehe in Verbindung mit dem Vater und dem Sohn wie auch mit dem Heiligen Geist, mit der ganzen Dreieinigkeit also. Wenn ich gerecht gesprochen bin, habe ich daher jetzt, in diesem Leben, eine persönliche Beziehung zu jeder Person der Dreieinigkeit.

Gott, der Vater, ist mein Vater; ich bin Eins mit dem Sohn; und der Heilige Geist wohnt in mir. Das soll nicht einfach eine Lehraussage sein, *vielmehr ist es etwas, was jetzt praktisch für mich gilt.*

Ich will noch einmal betonen, dass das Heil eine Ganzheit ist. Das ganze Heil – in Vergangenheit, Zukunft und Gegenwart – beruht auf einer einzigen Grundlage. Diese Grundlage ist nicht unser Glaube. Wenn wir uns hier irren, befinden wir uns überhaupt im Irrtum. Ein Mensch kann nie aufgrund seines Glaubens gerechtfertigt werden. Das ganze Heil hängt nur an dem vollendeten Werk Christi am Kreuz. Der Glaube ist das Instrument, mit dem wir dieses vollendete Werk annehmen. Er ist das »Wie«, aber dieses »Wie« erstreckt sich auf das Heil insgesamt.

Denken wir zum Beispiel an die Heilsgewissheit. Die Bibel macht deutlich, dass ein Mensch, der Christ ist, wissen kann, dass er gerettet ist. Es ist eine der guten Gaben Gottes, wirklich zu wissen, dass man Christ ist. Das gilt nicht nur für die Anfangszeit, nachdem wir Christus als Retter angenommen haben, sondern auch für jene großen, überwältigenden Augenblicke in unserem Leben, wenn die Wogen so hoch gehen, dass es in psychologischer oder in geistlicher Hinsicht den Anschein hat, dass wir nie mehr Boden unter den Füßen haben werden. In einem solchen Augenblick kann ein Christ gewiss sein. Sein Heil beruht auf dem vollendeten Werk Christi, ob er den Frieden, den er haben sollte, hat oder nicht; und er kann in dem Maß Gewissheit haben, in dem er den Verheißungen Gottes in jenem Augenblick vertraut.

Dasselbe gilt auch für die Heiligung. Die Grundlage ist das vollendete Werk Christi, und das Instrument, mit dem wir ergreifen, was Gott uns in diesem Augenblick zugedacht hat, ist der Glaube. Die Heiligung der Kinder Gottes geschieht vom Zeitpunkt der Rechtfertigung an durch dieses Leben hindurch in jedem Augenblick neu. Die Rechtfertigung geschieht ein für alle Mal zu dem Zeitpunkt, an dem ich durch Gottes Gnade Christus als Retter annehme, während die Heiligung Augenblick für Augenblick geschieht – in einem Leben aus Glauben, wo Augenblick für Augenblick etwas geschieht. An diesem

Punkt haben die Existentialisten recht, wenn sie sagen, dass das menschliche Leben eine sich in jedem Augenblick neu realisierende Existenz ist.

»Denn darin besteht die Liebe zu Gott, dass wir seine Gebote halten; und seine Gebote sind nicht schwer« (1Jo 5,3). Stimmt das? Finden wir für unseren Teil auch, dass seine Gebote nicht schwer sind? Ich muss sagen, dass ich sie jahrelang schwer fand. Viele Jahre lang predigte ich als Pfarrer nie über diesen Vers, weil ich ihn ganz einfach nicht verstand. Ich fand die Gebote Gottes schwer, konnte sie kaum ertragen. Und dann merkte ich eines Tages, als ich mit diesem Problem rang, dass ich immer den unmittelbaren Zusammenhang des Verses außer Acht gelassen hatte: »Denn darin besteht die Liebe Gottes, dass wir seine Gebote halten; und seine Gebote sind nicht schwer. Denn alles, was aus Gott gezeugt ist, überwindet die Welt.« Glücklicherweise ist das noch nicht das Ende, denn sonst wüssten wir nichts über das »Wie«. »Und das ist der Sieg, der die Welt überwunden hat: unser Glaube.« Aufgrund des vollendeten Werkes Christi ist »der Sieg« ein Leben aus Glauben, Augenblick für Augenblick. Das ist nicht unser Sieg, sondern der Sieg Christi, den er für uns am Kreuz von Golgatha erkauft hat, und den wir Augenblick für Augenblick im Glauben erfassen.

Heiligung und Heilsgewissheit können miteinander verglichen werden. Jemand kann gerettet sein und es doch nicht wissen, weil er nicht in diesem Augenblick die leeren Hände des Glaubens ausstreckt und Gottes Verheißungen vertraut. Es kann uns aber auch hinsichtlich der Heiligung all das entgehen, was Gott uns für dieses Leben zugedacht hat und was Christus für uns am Kreuz erkauft hat, wenn wir Gott an dieser Stelle nicht vertrauen und nicht Augenblick für Augenblick die leeren Hände des Glaubens ausstrecken.

Das also ist die Einheit der biblischen Lehre vom *Heil*: es ist eine Ganzheit und zugleich ein fließender Strom. Ich wurde ein für alle Mal aufgrund des vollendeten Werkes Christi durch den Glauben Christ; das ist Rechtfertigung. Christliches Leben – Heiligung – geschieht auf derselben Grundlage, aber Augenblick für Augenblick. Die Grundlage ist dieselbe (das Werk Christi), und das Instrument ist dasselbe (der Glaube); der einzige Unterschied besteht darin, dass das eine *ein für alle Mal* und das andere *Augenblick für Augenblick* geschieht. Daran lässt die biblische Gesamtlehre keinen Zweifel aufkommen. Wenn wir aus eigener Kraft ein christliches Leben führen wollen, werden wir vor unüberwindlichen Schwierigkeiten stehen; wenn wir aber so leben, wie es die Bibel uns gezeigt hat, werden wir nicht nur dem Herrn dienen, sondern die Schwierigkeiten werden schwinden, und er wird »unser Lied« sein. Das ist der Unterschied. Das »Wie« des christlichen Lebens ist die Kraft des gekreuzigten und auferstandenen Herrn, vermittelt durch den Heiligen Geist, im Glauben, *Augenblick für Augenblick.*

»Der Gott der Hoffnung aber erfülle euch mit aller Freude und allem Frieden durch den Glauben, damit ihr reich seid in der Hoffnung durch die Kraft des Heiligen Geistes« (Röm 15,13). Das ist unser Auftrag, durch die Vermittlung des Heiligen Geistes. Unser Auftrag ist nicht, Gott einfach in irgendeiner Weise zu dienen, sondern Freude und Frieden *im Glauben* zu finden.

C. Die Praxis geistlichen Lebens – Augenblick für Augenblick

7. Leben als die Braut Christi

Sobald wir Christus als unseren Retter annehmen, bekommen wir eine neue Beziehung zu Gott, dem Vater. Gott, der Vater, ist dann sofort *unser* Vater. Er ist »Abba« – Papa – für uns. Wenn das stimmt, sollten wir natürlich in diesem Leben die *Väterlichkeit* des Vaters erfahren.

Wenn ich Christus als meinen Retter annehme, bekomme ich außerdem eine neue Beziehung zu Gott, dem Sohn. Er ist sofort mein »Weinstock«, mein »Bräutigam«. Daraus ergibt sich aber eine Frage. Wenn ich als »Rebe« und als »Braut« nicht die Frucht bringe, die man von ihm, meinem »Weinstock« und meinem »Bräutigam«, eigentlich erwarten würde, was stimmt dann nicht?

> Somit seid auch ihr, meine Brüder, durch den Leib Christi dem Gesetz getötet worden, damit ihr einem andern angehört, nämlich dem, der von den Toten auferweckt worden ist, damit wir Gott Frucht bringen. (Röm 7,4)

Wir müssen das Zweifache »damit« beachten; erstens: damit wir Christus angehören (als Braut), und zweitens: damit wir Gott Frucht bringen. Aber dazu gehört nun die sehr nüchterne Warnung:

> Gebet auch eure Glieder nicht der Sünde zu Werkzeugen der Ungerechtigkeit hin, sondern gebet euch selbst Gott als solche hin, die aus Toten lebendig geworden sind, und eure Glieder [euch selbst im Ganzen wie auch eure einzelnen Glieder] Gott zu Werkzeugen der Gerechtigkeit. (Röm 6,13)

Als Christ kann ich mich dem einen oder dem anderen hingeben, um dann vom einen oder vom anderen als Waffe in dem Kampf, der nun stattfindet, gebraucht zu werden.

Denn die Sünde wird keine Herrschaft über euch haben; ihr steht ja nicht mehr unter dem Gesetz, sondern unter der Gnade. Wie nun? Sollen wir sündigen, weil wir nicht unter dem Gesetz stehen, sondern unter der Gnade? Das sei ferne! Wisst ihr nicht: wem ihr euch als Knechte zum Gehorsam hingebt, dessen Knechte seid ihr und müsst ihm gehorchen, entweder als Knechte der Sünde zum Tode oder als Knechte des Gehorsams zur Gerechtigkeit? Gott aber sei Dank, dass ihr Knechte der Sünde gewesen, jedoch von Herzen gehorsam geworden seid der Gestalt der Lehre, der ihr übergeben worden seid. Befreit aber von der Sünde, seid ihr der Gerechtigkeit dienstbar geworden. Ich rede nach menschlicher Weise wegen der Schwachheit eures Fleisches. Wie ihr nämlich eure Glieder dem Dienst der Unreinheit und der Gesetzeswidrigkeit zur Ausübung der Gesetzeswidrigkeit hingegeben habt, so gebet jetzt eure Glieder dem Dienst der Gerechtigkeit hin zur Heiligung! Denn als ihr Knechte der Sünde wart, da wart ihr frei gegenüber der Gerechtigkeit. Welche Frucht hattet ihr nun damals [bevor ihr Christen wart]? Dinge, deren ihr euch jetzt schämt; denn ihr Ende ist der Tod. (Röm 6,14-21)

Dieser Abschnitt beschreibt unseren großen Auftrag, uns freiwillig und bewusst in die Arme unseres rechtmäßigen Bräutigams zu begeben, um in der Welt seine Frucht zu bringen. Der Abschnitt warnt uns aber, dass es, selbst wenn wir Christen sind, möglich ist, dass wir uns in die Arme eines Anderen begeben und dann dessen Frucht in diese Welt bringen. Wir können als Christen immer noch dieselbe Frucht bringen, die wir brachten, bevor wir Christen waren. Warum? Weil wir uns dem Falschen hingeben, genauer gesagt unserem alten Herrn, dem Teufel. Ich kann als Christ das Kind eines Anderen statt meines rechtmäßigen Bräutigams hervorbringen. Ich kann also die Frucht des

Teufels in diese Welt bringen. Stellen wir uns ein Ehepaar vor, wo beide Partner derselben Volksgruppe angehören und dieselbe Hautfarbe haben. Wenn nun die Ehefrau plötzlich ein Kind zur Welt bringt, das eindeutig einer anderen Rasse angehört, wird dann nicht alle Welt sehen, dass sie ihrem Mann untreu war?

So ist es auch bei uns. Wenn ich als Christ nicht die Frucht bringe, die man von mir erwarten kann, nämlich die Frucht Christi, dann liegt auf meiner Seite *geistliche* Untreue vor. Dann gibt es in meinem Leben geistlichen Ehebruch. Unglaube ist also immer zugleich Untreue – das gilt übrigens auch sprachlich, sowohl im Griechischen als auch im Deutschen, wo »glauben« und »(Treue) geloben« auf dieselbe Wurzel zurückgehen.

Nun wollen wir auf den dritten Schritt in unserer neuen Beziehung zu sprechen kommen. Sobald ich Christus als Retter angenommen habe, bekomme ich eine neue Beziehung zum Heiligen Geist. Der Heilige Geist lebt als der Vermittler der ganzen Dreieinigkeit in mir. Die Frucht des Geistes wird in der Bibel ganz klar beschrieben:

Die Frucht des Geistes aber ist Liebe, Freude, Friede, Langmut, Freundlichkeit, Gütigkeit, Treue, Sanftmut, Enthaltsamkeit. Wider solche Dinge ist das Gesetz nicht. (Gal 5,22-23)

Die Werke des Fleisches werden ebenso klar genannt:

Offenbar aber sind die Werke des Fleisches, welche sind: Unzucht, Unkeuschheit, Ausschweifung, Götzendienst, Zauberei, Feindschaften, Streit, Eifersucht, Zornausbrüche, Ränke, Zwietracht, Parteiungen, Neid, Völlerei, Schwelgerei und dergleichen mehr. (Gal 5,19-21a)

Der Heilige Geist ist der Vermittler der ganzen Dreieinigkeit. Er ist der Vermittler des gekreuzigten, auferstandenen und verherrlichten Christus. Wenn ich eine andere Frucht als die des Geistes hervorbringe, betrübe ich den Heiligen Geist, der unser himmlischer Gast ist. Der Heilige Geist ist eine Person, deshalb können wir ihn betrüben, traurig machen. So heißt es in Epheser 4,30: »Und betrübet nicht den Heiligen Geist Gottes, durch den ihr das Siegel empfangen habt auf den Tag der Erlösung hin.«

Betrübe den Heiligen Geist nicht, der in dir wohnt! Wenn wir wirklich Christen sind, sind wir durch ihn auf den Tag der Erlösung hin versiegelt. Unsere Errettung wird uns dadurch gewährleistet, dass er in uns wohnt. Wir wollen ihn nicht betrüben!

In 1. Thessalonicher 5,19 wird uns der Befehl gegeben: »Den Geist dämpfet nicht.« Wenn wir ihn betrüben, schieben wir den beiseite, der doch für uns der Vermittler des Werkes Christi in diesem Leben ist. Auf Grund des vollkommenen »passiven« Werkes Christi, das heißt auf Grund seines Leidens am Kreuz, und auf Grund des »aktiven« Gehorsams Christi, das heißt auf Grund dessen, dass er in seinem Leben das Gesetz völlig erfüllt hat, sind die Früchte vorhanden. Sie warten sozusagen darauf, kraft der Vermittlung des Heiligen Geistes durch uns in die Welt hinauszugelangen. Die Früchte sind das Normale; wer sie nicht hat, der hat nicht das normale Christenleben. Meere der Gnade warten auf uns. Früchte in Überfülle warten auf uns. Es gibt nur einen Grund, warum sie nicht durch das Leben der Christen in die Welt gelangen: das Instrument des Glaubens wird nicht benutzt. Das heißt dann, den Heiligen Geist zu »dämpfen«.

Wenn wir in dieser Weise sündigen, sündigen wir doppelt: wir sündigen aktiv, und das ist schlimm, weil es ein Verstoß gegen das Gesetz und gegen das Wesen Gottes, unseres Vaters, ist; aber zugleich sündigen wir durch Unterlassen, weil wir die leeren Hände des Glaubens nicht nach der Gabe, die ja da ist, ausgestreckt haben.

Im Licht der Struktur des ganzen Universums, im Lichte unseres Auftrags, die Existenz und das Wesen Gottes zwischen Himmelfahrt und Wiederkunft zu bezeugen, im Lichte des hohen Preises des Todes am Kreuz, durch den alle gegenwärtigen und zukünftigen Heilsgaben für uns erworben wurden – im Lichte all dessen besteht die eigentliche Sünde des Christen darin, seine Besitztümer nicht durch den Glauben in Besitz zu nehmen. Das ist die *eigentliche* Sünde.

»Alles aber, was nicht aus Glauben geschieht, ist Sünde« (Röm 14,23b). Die Sünde besteht hier darin, die leeren Hände des Glaubens nicht auszustrecken. Wenn ich die Frucht, die zu einem solchen Preis erworben wurde, nicht durch mich hervorkommen lasse, bin ich treulos und ungläubig Gott gegenüber und muss Gott um Vergebung bitten. Christliches Leben ist etwas Frohes, aber wir sollten doch darüber betrübt sein, dass wir unsere Möglichkeiten so wenig ausschöpfen. Wir leben in Armut, obwohl uns doch Reichtümer angeboten werden; wir bringen die Frucht des Feindes des Herrn, des Teufels, hervor, anstatt die Frucht unseres Geliebten, *unseres* Herrn.

Wenn wir nicht die Frucht hervorbringen, die wir eigentlich hervorbringen sollten, kann das im Wesentlichen zwei Ursachen haben. Einmal Unwissenheit. Vielleicht hat uns nie jemand etwas über die Bedeutung des Werkes Christi für unser jetziges Leben gesagt. Diese Unwissenheit hat fünf Spielarten.

* *Erstens*: Man hat dem Christen zwar gesagt, wie man gerechtfertigt wird, nicht aber, welche Bedeutung das Werk Christi für ihn *in der Gegenwart* hat.
* *Zweitens*: Man sagte ihm zwar, wie man durch das Instrument des Glaubens Christ wird; doch dann ließ man ihn in dem Glauben, er müsse das christliche Leben von da an aus eigener Kraft führen.
* *Drittens*: Man sagte ihm möglicherweise das Gegenteil: Wenn er Christus angenommen habe, sei es gleichgültig, wie er lebe.
* *Viertens*: Man hat dem Christen irgendeine Lehre vom »zweiten Segen« vermittelt, der ihn schon in diesem Leben vollkommen machen werde. Diese Lehre ist der Bibel fremd. Der betreffende Christ wird daher entweder vergeblich warten oder von einer unrealistischen Grundlage her zu handeln versuchen.
* *Fünftens*: Ihm wurde möglicherweise nie gesagt, dass es eine Wirklichkeit des Glaubens gibt, aufgrund derer er nach der Rechtfertigung bewusst handeln soll. Diese letzte Spielart der Unwissenheit findet sich bei vielen von denen, die in der Nachfolge der Reformation geblieben sind.

Jede dieser Arten von Unwissenheit kann die Ursache dafür sein, dass ein Christ in diesem Leben »seine Besitztümer nicht in Besitz nimmt«. Wenn ein Mensch aber die Bedeutung des Werkes Christi für das gegenwärtige Leben erfährt, öffnet sich ihm eine neue Tür. Viele haben erlebt, dass sie an einem bestimmten Punkt, nachdem sie schon lange Christen waren, plötzlich die Bedeutung des Werkes Christi und des Blutes Jesu Christi für ihr jetziges Leben erkannten, und dass sich dadurch ihr Leben radikal änderte. Wir müssen also die Bedeutung des Werkes Christi *in* unserem gegenwärtigen Leben und für unser gegenwärtiges Leben erkennen und dann im Glauben danach handeln.

Nun kann es geschehen, dass wir dieser Lehre nur mit dem Verstand zustimmen, ohne sie in die Praxis umzusetzen – und das ist der zweite Grund, warum wir nicht die Frucht hervorbringen, die wir eigentlich hervorbringen sollten. Letzten Endes ist nie die Lehre *allein* wichtig. Es kommt vielmehr auf die *Aneignung* der Lehre an. Das sehen wir am Beispiel der Rechtfertigung. Es gibt leider viele Menschen, die das Evangelium gehört haben und es kennen, Christus aber nicht als Retter annehmen. Sie haben das Wissen, aber das nützt ihnen gar nichts, weil sie nicht die Folgerungen daraus gezogen haben. Dasselbe kann aber auch bei uns in Bezug auf unser geistliches Leben geschehen. Wir kennen vielleicht die Wahrheit, haben vielleicht die Erkenntnis, aber wir haben sie uns nicht wirklich angeeignet, und dann haben Wahrheit und Erkenntnis praktisch keine Bedeutung für uns, und die Frucht wird nicht hervorgebracht.

Zwischen unserer Rechtfertigung und unserer Heiligung gibt es übrigens wichtige Parallelen. Grundlage der Rechtfertigung ist das vollkommene Werk Jesu Christi; Grundlage der Heiligung ist ebenso das vollkommene Werk Christi. Bei der Rechtfertigung müssen wir erkennen und zugeben, dass wir uns nicht selbst retten können und müssen entsprechend handeln. Bei der Heiligung müssen wir erkennen und zugeben, dass wir nicht aus eigener Kraft, oder weil wir selbst gut sind, ein christliches Leben führen können, und müssen danach handeln.

Bei der Rechtfertigung ist der Glaube das Instrument, mit dem wir Gottes freie Gabe annehmen. Bei der Heiligung ist ebenfalls der Glaube das Instrument, mit dem wir Gottes freie Gabe annehmen. Es gibt nur einen Unterschied zwischen der Praxis der Rechtfertigung und der Praxis der Heiligung. Bei der Rechtfertigung geht es um unsere Schuld, und daher geschieht sie ein für alle Mal, während es bei der Heiligung um das Problem der Macht der Sünde in unserem Leben als Christen geht, und Heiligung geschieht deshalb – wie das Leben – *Augenblick für Augenblick*.

Wir müssen aber sehen, dass aus einer anderen Perspektive selbst an diesem Punkt kein wirklicher Unterschied besteht, weil das Leben nur eine Kette von Augenblicken ist, wo ein Augenblick auf den anderen folgt. Wenn wir »Augenblick für Augenblick« sagen, geht es praktisch um eine Abfolge von einzelnen historischen Momenten. Keiner lebt sein ganzes Leben auf einmal. Die Existentialisten haben sehr richtig beobachtet, dass sich das Leben in einer Kette von Augenblicken vollzieht. Wenn ich also davon spreche, dass das christliche Leben Augenblick für Augenblick zu leben ist, kann ich doch in der Praxis immer nur im jeweiligen Augenblick leben, so wie auch meine Rechtfertigung in einem einzigen Augenblick stattfand. Es gibt keine andere Möglichkeit. Aus dieser Sicht besteht zwischen Rechtfertigung und Heiligung kein letztgültiger Unterschied. Niemand kann anders als Augenblick für Augenblick und nur jeweils einen Augenblick auf einmal leben. Die Geschichte ist wie die Schneide eines Messers und scharf wie eine Rasierklinge. Gott hat eine wirkliche zeitliche Sequenz geschaffen. Die Gegenwart ist Gegenwart für mich, die Zukunft ist Zukunft, und die Vergangenheit ist Vergangenheit.

Wir müssen daher Gottes Verheißungen in diesem einen Augenblick, in dem wir uns gerade befinden, glauben. Anders ausgedrückt: Gottes Verheißung – die gegenwärtige Bedeutung des Werkes Christi für den Christen – gilt für *diesen einen Augenblick*. Wenn wir nur das begreifen, ändert sich alles. Indem wir Gott in diesem Augenblick glauben, wird der Geist nicht gedämpft. Und durch seine Vermittlungstätigkeit bringt der auferstandene und verherrlichte Christus, als der Bräutigam und als der Weinstock, *in diesem Augenblick* durch uns Frucht hervor. Das ist die Praxis der »aktiven Passivität«. Und das ist die einzig mögliche Art zu leben; niemand kann anders leben, als Augenblick für Augenblick.

Wenn wir von der »aktiven Passivität« sprechen, denken wir wieder an das Beispiel der Maria. Maria, die die Verheißung des Engels hatte, dass sie den seit langem verheißenen Messias zur Welt bringen sollte, glaubte Gott, und gab sich selbst als Magd in die Hand Gottes, damit er durch ihren Leib das Jesuskind hervorbringen konnte. Sie war insofern passiv, als sie die Geburt des Kindes nicht verursachen konnte, aber sie war dabei auch aktiv, denn sie war im Glauben gehorsam und gab sich selbst Gott hin. Hier wollen wir festhalten, dass sie dies in *jenem Augenblick* tat. Daraus folgt nicht, dass Maria immer dieselbe gläubige Haltung einnahm. Ja, wir sehen sogar in den Evangelien, dass man mit gutem Grund annehmen kann, dass sie sich nicht immer in demselben Zustand aktiver Passivität befand wie in dem Augenblick, als sie sagte: »Mir geschehe nach deinem Wort!«

Die Wirklichkeit eines Lebens im Glauben erfahren wir also *nicht* ein für alle Mal. Der Glaube muss sich jeden Augenblick neu erweisen, wie sich ja auch das Leben von Augenblick zu Augenblick vollzieht. Der Glaube von heute Morgen reicht nicht für heute Mittag. Der Glaube von heute Mittag wird nicht für heute Abend reichen. Der Glaube um Mitternacht reicht nicht für den nächsten Morgen. Gott sei Dank für die Wirklichkeit, für die wir geschaffen wurden; für die Gemeinschaft mit Gott in jedem neuen Augenblick. Wir sollten tatsächlich dankbar sein, denn durch das Leben von einem Augenblick zum nächsten werden wir nicht überfordert.

Wenn es so ist, kann es natürlich keine »mechanische« Art geben, echtes geistliches, christliches Leben zu verwirklichen. Man kann also zum Beispiel nicht sagen: Lies jeden Tag so und so viele Kapitel in der Bibel, dann wirst du in der Heiligung so und so viel weiterkommen. Man kann nicht sagen: Bete jeden Tag so und so lang, dann erreichst du ein bestimmtes Maß an Heiligung. Eine solche rein mechanische Lösung widerspricht der christlichen Grundhaltung vollkommen. Die wirkliche Lösung besteht darin, dass wir uns in die persönliche Gemeinschaft mit Gott begeben, die sich Augenblick für Augenblick vollzieht, und somit die Wahrheit Christi, kraft der Vermittlung des Heiligen Geistes, durch uns hindurchströmen lassen.

Ziehen wir an dieser Stelle Zwischenbilanz. Wir sind hier an einem Punkt angelangt, den wir angesichts der gesamten Einheit grundlegender Lehren erwarten können. Die grundlegende Lehre der Bibel handelt davon, dass Gott existiert, davon, was Gott ist und, entsprechend, was der Mensch ist, der nach dem Bild Gottes geschaffen wurde. Wir leben in einem persönlichen und nicht in einem unpersönlichen Universum. Gott existiert, Gott ist Person. Wir sind Person, da wir nach dem Bild Gottes geschaffen sind, und unsere Beziehung zu Gott soll persönlich, nicht mechanisch sein. Wir sind keine Maschinen, keine Pflanzen und auch keine Tiere, sondern Menschen, die nach dem Bild Gottes geschaffen sind – vernunftbegabt (rational) und moralisch (ethisch). Als wir geschaffen wurden, wurden wir für ein bestimmtes Ziel geschaffen. Und das Ziel unserer Schöpfung, in das sich dann alle untergeordneten Ziele einfügen, ist, in persönlicher Gemeinschaft mit Gott – in Liebe und freiwillig – bewusst Geschöpf vor dem Schöpfer zu sein.

Diese Beziehung wurde aber durch die Sünde zerstört. Das Geschöpf wollte auf derselben Ebene stehen wie der Schöpfer; das Endliche wollte seinen Platz auf einer Ebene mit dem Unendlichen haben. Wenn wir nun aufgrund des vollkommenen Werks Christi gerettet sind, ist unsere Schuld von uns genommen, und dieses uns angemessene Verhältnis ist wiederhergestellt.

Der moderne Mensch kämpft also an der richtigen Front, wenn er sich mit den Problemen des Personseins und der Gemeinschaft auseinandersetzt. Der Bibel zufolge soll der Kampf an dieser Stelle stattfinden. Er soll sich nicht an Fragen oberflächlicher Tabus oder oberflächlicher Konventionen entzünden, sondern an der grundlegenden Frage des Personseins. Die Antwort der Bibel ist, dass die zentrale Gemeinschaft, die aller anderen Gemeinschaft ihren Sinn gibt, die Gemeinschaft von Schöpfer und Geschöpf ist, die wiederhergestellt wird, wenn ich Christus als Retter annehme und meine Schuld weggenommen wird.

Wenn das geschehen ist, soll ich mich nicht wieder in den Mittelpunkt des Universums stellen. Das widerspräche ja allem bisher Gesagten. Wenn ich Christus als Retter annehme, soll ich an dem mir zugedachten, mir angemessenen Platz stehen und eine persönliche Beziehung zu Gott haben. Dafür wurde ich ursprünglich geschaffen. Der einzige Unterschied zwischen unserer jetzigen Beziehung zu Gott und der Beziehung, die der Mensch gehabt hätte, wenn er nicht gesündigt hätte, ist der, dass wir jetzt unter dem Bund der Gnade und nicht unter dem Bund der Werke stehen. Die Grundlage ist daher jetzt das vollkommene Werk Christi, des Mittlers. Das ist der einzige Unterschied.

Der Mensch steht nun als Ganzheit vor dem persönlichen Gott. Erlösung und Heiligung betreffen nicht nur einen Teil des Menschen. Wille, Verstand, Empfindungen – alles ist miteinbezogen; das Vertrauen auf die Verheißungen Gottes hinsichtlich der Bedeutung des Werkes Christi für unser jetziges Leben umfasst den ganzen Menschen. Eva misstraute Gott und nannte ihn dadurch einen Lügner. Ich soll nun als Kind Gottes genau das Gegenteil tun: Ich soll ihm glauben und vertrauen. Eva misstraute Gott, und die Menschheit in der Auflehnung gegen Gott misstraut ihm. Ihm zu vertrauen, und zwar nicht nur, wenn ich Christus als Retter annehme, sondern in jedem neuen Augenblick – das ist christliches Leben, das ist echtes geistliches Leben.

TEIL II

FREIHEIT VON DEN FOLGEN DER SÜNDE – JETZT

A. Die Trennung des Menschen von sich selbst

8. Freiheit von der Tyrannei des Gewissens

In den ersten sieben Kapiteln haben wir uns über die Freiheit von den Fesseln der Sünde in diesem Leben Gedanken gemacht. Nun wollen wir uns mit der Frage der Freiheit von den *Folgen* dieser Fesseln der Sünde in diesem Leben befassen. Wir könnten dies auch »Weitergehende Überlegungen zum echten geistlichen Leben« nennen. Dabei werden wir zwangsläufig in einen schroffen Gegensatz zur heutigen Denkweise geraten. Wir werden sehen, was sich aus christlicher Sicht zu dieser Denkweise sagen lässt.

Mit diesem Kapitel wenden wir uns der Frage zu, welchen Einfluss das geistliche Leben auf meine Trennung *von mir selbst* hat, auf meine Selbstentfremdung, die eine Folge des Sündenfalls, der Sünde, ist. Beachten wir die Reihenfolge: Die Sünde ist die Ursache der Gebundenheit und ihrer Folgen, nicht umgekehrt. Deshalb ist es grundlegend, zunächst einmal die Freiheit von den *Fesseln* der Sünde zu begreifen und in dieser Freiheit zu leben, bevor man sich überhaupt mit den *Folgen* dieser Fesseln der Sünde befassen kann. Bevor wir die biblische Antwort erhalten können – die Verheißungen, die Gott den Christen im Hinblick auf die *Freiheit von den Folgen der Sünde* in diesem Leben gibt –, müssen zwei Voraussetzungen erfüllt sein: Erstens müssen wir wirklich Christen sein, und zweitens müssen wir gemäß der biblischen Lehre über *die Freiheit von den Fesseln der Sünde* handeln. Deswegen sind die ersten sieben Kapitel dieses Buches die Grundlage dessen, womit wir uns nun befassen werden.

Jegliche Sinngebung wird zu einem psychologischen Trick, zu einer grausamen Illusion, wenn nicht bestimmte Voraussetzungen wahr sind – *objektiv* wahr, und nicht nur in meinem eigenen Geist existierend.

Die erste Voraussetzung ist die objektive Wirklichkeit des übernatürlichen Universums und die Wirklichkeit des Heils im biblischen Sinn. Ohne diese Voraussetzungen kann der Versuch des modernen Menschen, »Gottes Segen« sozusagen als den »Rahm« von der Schrift abzuschöpfen, nichts als ein psychologischer Trick sein. Aber hinter dieser Wahrheit steht ja die Existenz des persönlichen, unendlichen Gottes, nach dessen Bild der Mensch geschaffen ist. Nur von daher kann die Vorstellung von der menschlichen Persönlichkeit der Wirklichkeit entsprechen. Sie steht im Gegensatz zu allen deterministischen Vorstellungen, nach denen wir lediglich von einer Reihe von psychologischen oder chemischen Gegebenheiten bestimmt werden.

Ferner müssen wir die Wahrheit über das menschliche Dilemma verstehen. Nach Aussage der Bibel ist das Dilemma der menschlichen Rasse – dieses Problem, mit dem der moderne Mensch so sehr kämpft – ein *moralisches* Dilemma. Das grundlegende Problem des Menschen ist Sünde und Schuld – wirkliche moralische Schuld, nicht einfach Schuldgefühle, und wirkliche moralische Sünde. Wir haben gegen einen Gott, den es gibt und der heilig ist, gesündigt. Im Unterschied zur Neoorthodoxie und allen anderen modernen Theologien müssen wir begreifen, dass Sünde und Schuld wirklich moralische Größen sind. Sie sind nicht einfach die umschreibende Bezeichnung für philosophische oder psychologische Begrenzungen. Der Mensch ist wirklich schuldig vor einem heiligen Gott, der existiert und gegen den wir gesündigt haben. Ohne diese Grundlage ist die Hoffnung, die die Bibel bezüglich der Freiheit von den Fesseln der Sünde vermittelt, nur eine grausame Illusion.

Nachdem wir uns das klargemacht haben, können wir uns nun mit der Frage der *Freiheit von der Tyrannei des Gewissens* befassen. Das Wort Gottes und die Beschäftigung mit der Kirchengeschichte warnen uns vor zwei falschen Haltungen. Da ist zunächst einmal der Perfektionismus – die Lehre, dass ein Christ in seinem Leben vollkommen sein kann. Sie hat wiederum zwei Spielarten. Die erste Form ist die Lehre, dass es zu einem bestimmten Zeitpunkt im Leben des Menschen eine »zweite

Segnung« gibt, nach der der Mensch nie mehr sündigt. Diese Auffassung vertrat zum Beispiel John Wesley anfänglich, aber er erkannte später allmählich, dass sich diese Position nicht konsequent durchhalten lässt. Bei der zweiten Form wird behauptet, dass wir im *Augenblick* Vollkommenheit haben können. Wie wir gesehen haben, stimmt es, dass wir unser Leben Augenblick für Augenblick leben. Hier ist nun von einem umfassenden moralischen »Sieg« Augenblick für Augenblick die Rede.

Nun erhebt sich die Frage, ob wir Vollkommenheit – umfassend oder auch nur für diesen einen Augenblick – erwarten können. Ich meine, dass diese Position in beiden Spielarten lediglich zu endlosen Diskussionen führt, in denen es um irgendeine abstrakte Vorstellung eines umfassenden oder augenblicklichen Sieges geht. Oft wird die Formulierung gebraucht, wir könnten von »aller wissentlichen Sünde« frei sein. Aber wenn wir uns das Wort Gottes und die menschliche Erfahrung ansehen, müssen wir meines Erachtens erkennen, dass dieses Wort »wissentlich« oder auch das Wort »bewusst«, wenn von »bewusster Sünde« die Rede ist, problematisch ist. Das Problem bei jedem dieser Worte besteht darin, dass der Mensch sich seit dem Sündenfall aus Gewohnheit selbst täuscht. Tief in unserem Unterbewusstsein und unserem unbewussten Wesen täuschen wir uns selbst.

Je mehr der Heilige Geist den Finger auf mein Leben legt, je tiefer er in mein Leben eindringt, desto mehr begreife ich, dass es in meinem Wesen tiefe Abgründe gibt. Die moderne Psychologie benutzt die Begrifflichkeiten des *Unter- und Unbewussten*. Wenn auch die philosophischen Voraussetzungen der modernen Psychologie oft grundfalsch sind, hat sie doch sicher recht, wenn sie darauf hinweist, dass wir mehr sind als wir oberflächlich zu sein scheinen. Wir sind wie ein Eisberg: ein Zehntel ist sichtbar an der Oberfläche, und neun Zehntel sind uns selbst und anderen verborgen. Deshalb geschieht es so leicht, dass wir uns selbst täuschen, und darum müssen wir dieses Wort »wissentlich« in Frage stellen. Wenn ich behaupte, dass ich von aller »wissentlichen« Sünde frei sein kann, muss ich mich der berechtigten Frage stellen: Was weiß ich denn überhaupt? Bevor ich diese Frage nicht beantworten kann, ist es doch sinnlos, weiter zu fragen, ob ich von »wissentlicher« Sünde frei sein kann. Je mehr der Heilige Geist im Laufe der Jahre an mir gearbeitet hat, desto mehr bin ich mir der Abgründe meines eigenen Wesens bewusst geworden. Ich bin mir als Mensch selbst entfremdet.

Wir dürfen ferner nicht vergessen, dass seit dem Sündenfall alles unter dem Bund der Gnade ist. Der Bund der Werke ist durch die vorsätzliche, freie, unprogrammierte Entscheidung von Adam und Eva zerstört. Stattdessen wurde den Menschen durch die Gnade Gottes unmittelbar nach dem Sündenfall mit den Verheißungen, die in 1. Mose 3,15 einsetzen, das Werk des zukünftigen Messias verheißen. Daher beruht seit dem Sündenfall alles auf dem vollkommenen Werk des Herrn Jesus Christus am Kreuz, nicht auf oder in uns selbst.

Wenn es daher in meinem Leben irgendeinen wirklichen Sieg gibt, kann er nicht als *mein* Sieg oder *meine* Vollkommenheit gelten. Eine solche Vorstellung passt weder zum biblischen Menschenbild noch zum Handeln Gottes seit dem Sündenfall. Es ist nicht mein Sieg, sondern immer der Sieg Christi; es ist nie mein Werk oder meine Heiligkeit, sondern immer das Werk und die Heiligkeit Christi. Wenn ich im Rahmen *meines* Sieges denke und wachse, gibt es keinen wirklichen Sieg. In dem Maß, in dem ich an *meine* Heiligung denke, gibt es keine wirkliche Heiligung. Ich muss sie immer als die *Heiligung Jesu Christi* sehen.

Wir haben keinen Grund, uns mit unseren Siegen zu brüsten, denn es sind Christi Siege. Das sollten wir in Gedanken und Worten stehen lassen! Der Stolz über unsere Siege über die Sünde kann nämlich schlimmer sein als die Sünde, die wir angeblich besiegt haben. Je größer der Sieg, desto notwendiger ist es, ihn bewusst Christus zu Füßen zu legen.

Wir sagten, dass wir uns vor zwei falschen Haltungen hüten müssen. Die zweite ist ebenso falsch wie die erste. In Luthers *Kleinem Katechismus* wird betont, dass wir täglich in Gedanken, Worten und Werken sündigen. Diese Aussage ist nicht falsch, kann aber von unseren sündigen Herzen so verdreht werden, dass sie falsch wird. Wenn wir unsere Kinder lehren, dass wir täglich in Gedanken, Worten und Werken sündigen, müssen wir sie zugleich unbedingt vor der Gefahr warnen, die Sünde in ihrem Leben zu verharmlosen oder nur abstrakt zu sehen. Wenn ich mich auf den Sieg Christi verlasse, um in den Himmel zu kommen, kann ich ihm dann die Ehre vorenthalten, die ihm durch Siege in mir und durch mich in diesem Leben zuteil werden könnte? Wenn ich auf Jesus Christus und seinen Sieg am Kreuz blicke, weil er meinen Eintritt in den zukünftigen Himmel ermöglicht hat, darf ich ihm dann das vorenthalten, was dieser Sieg in gegenwärtigen Kämpfen hervorbringen sollte – in den Kämpfen vor Menschen und Engeln und vor der übernatürlichen Welt? Was für ein schrecklicher Gedanke!

Die Bibel unterscheidet deutlich zwischen Versuchung und Sünde. Jesus wurde genauso versucht wie wir, doch er sündigte nie, wie die Bibel betont (Hebr 4,15). Folglich besteht zwischen Versuchung und Sünde ein Unterschied, und Versuchung muss nicht automatisch und zwangsläufig zur Sünde führen.

Es hat euch noch keine Versuchung erfasst als nur menschliche; Gott aber ist getreu, der euch nicht über euer Vermögen wird versuchen lassen, sondern mit der Versuchung auch den Ausgang schaffen wird, so dass ihr sie ertragen könnt. (1Kor 10,13)

Denn darin besteht die Liebe zu Gott, dass wir seine Gebote halten; und seine Gebote sind nicht schwer. Denn alles, was aus Gott gezeugt ist, überwindet die Welt; und das ist der Sieg, der die Welt überwunden hat: unser Glaube. (1Jo 5,3-4)

Nicht wir überwinden aus eigener Kraft die Welt. Wir haben kein Kraftwerk in uns, das die Welt überwinden kann. Das Überwinden geschieht durch das Werk des Herrn Jesus Christus, wie wir gesehen haben. Sieg, praktischen Sieg, kann es dann geben, wenn wir die leeren Hände des Glaubens Augenblick für Augenblick ausstrecken, um die Gabe in Empfang zu nehmen. »Das ist der Sieg, der die Welt überwunden hat.« Gott hat versprochen, dass es eine Möglichkeit gibt, der Versuchung zu widerstehen; so steht es in der Bibel. Durch Gottes Gnade sollten wir auch widerstehen *wollen*.

Nachdem wir uns diese beiden Gefahren bewusst gemacht haben, können wir jetzt weitergehen.

Nehmen wir einmal an, dass ich im Licht dessen gelebt habe und lebe, was Gott uns für dieses Leben gegeben hat; dass ich als wiedergeborenes Kind Gottes die Wirklichkeit echten geistlichen Lebens, wie Christus es für uns erworben hat, gelebt habe. *Und dann kommt auf einmal die Sünde wieder.* Aus irgendeinem Grund gerät mein Augenblick für Augenblick gelebter Glaube an Gott ins Wanken. Die Vorliebe für eine bestimmte Sünde hält mich zeitweilig davon ab, meine wiederhergestellte Beziehung zur Dreieinigkeit in Anspruch zu nehmen. Die *Wirklichkeit* der Praxis echten geistlichen Lebens entgleitet mir plötzlich. Ich merke auf einmal, dass etwas, was ich vorher kannte, nicht mehr da ist, meine Ruhe und mein Frieden. Ich bin dann nicht wieder verloren, denn die Rechtfertigung gilt ein für alle Mal. Aber für andere Menschen oder sogar für mich selbst ist der Sieg Christi am Kreuz nicht sichtbar. Wenn die Menschen mich in einer solchen Zeit ansehen, bleibe ich ihnen die Demonstration schuldig, dass Gottes Schöpfung eines moralischen, vernunftbegabten Geschöpfs kein vollkommener Fehlschlag war, ja, dass Gott existiert. Weil Gott mich immer noch festhält, erlebe ich nicht die Trennung der Verlorenheit, aber meine Kind-Vater-Beziehung ist gestört. *Und dabei erinnere ich mich an das, was ich vorher hatte.*

An dieser Stelle muss sich eine Frage erheben: Gibt es einen Weg zurück? Oder ist es wie bei einer Tasse aus feinem Meißner Porzellan, die auf einen Steinboden fiel und nun nie mehr heil werden kann?

Gott sei Dank ist diese Möglichkeit im Evangelium eingeschlossen. Die Bibel ist immer realistisch und sieht mich so, wie ich wirklich bin. Es gibt einen Weg zurück, und die Voraussetzung dafür kennen wir bereits. Die grundlegende Voraussetzung ist wieder das Blut Christi, das vollkommene Werk des Lammes Gottes: das ein für alle Mal vollbrachte Werk Christi am Kreuz in Raum, Zeit und Geschichte.

Auch der erste Schritt auf dem Weg zurück ist nicht neu. Kein Mensch wird gerechtfertigt und kein Mensch wird Christ, bevor er eingesteht, dass er ein Sünder ist. Aus 1. Johannes 1,4-9 wird deutlich, dass der erste Schritt zur Erneuerung eines Christen, der gesündigt hat, darin besteht, dass er vor Gott sein Handeln als Sünde eingesteht. Er soll nichts beschönigen oder umschreiben. Er darf nicht anderen die Schuld zuschieben:

> Und dies schreiben wir euch, damit eure Freude vollkommen sei. Und dies ist die Botschaft, die wir von ihm gehört haben und euch verkündigen, dass Gott Licht ist und keine Finsternis in ihm ist. Wenn wir sagen, dass wir Gemeinschaft mit ihm haben, und [dabei doch] in der Finsternis wandeln, lügen wir und tun nicht die Wahrheit. Wenn wir aber im Lichte wandeln, wie er im Lichte ist [damit ist nicht ein allgemeines Licht gemeint, sondern eindeutig seine Heiligkeit], haben wir Gemeinschaft miteinander, und das Blut Jesu, seines Sohnes, reinigt uns von aller Sünde [eine gegenwärtige Reinigung]. Wenn wir sagen, dass wir keine Sünde haben, führen wir uns selbst irre, und die Wahrheit ist nicht in uns. Wenn wir unsere Sünden bekennen, ist er treu und gerecht, so dass er uns die Sünden vergibt und uns von aller Ungerechtigkeit reinigt. (1Jo 1,4-9)

Das ist also die liebevolle Art, in der Gott mit seinen Kindern umgeht, wenn sie gefallen sind. Das ist das Ziel, wenn Gott einen Christen züchtigt: wir werden veranlasst einzugestehen, dass die spezielle Sünde, um die es gerade geht, Sünde ist.

> Und ihr habt den Zuspruch vergessen, der zu euch wie zu Söhnen redet: ›Mein Sohn, achte die Züchtigung des Herrn nicht gering und verzage nicht, wenn du von ihm gestraft wirst; denn wen der Herr liebhat, den züchtigt er, er geißelt aber jeden Sohn, den er annimmt.‹ Wenn ihr Züchtigung erduldet, begegnet euch Gott wie Söhnen; denn wo ist ein Sohn, den der Vater nicht züchtigt? Seid ihr aber ohne Züch-

tigung, deren alle teilhaftig geworden sind, so seid ihr ja unechte Kinder und nicht Söhne. (Hebr 12,5-8)

Wenn es in unserem Leben Sünde gibt und wir sie beibehalten und Gott dann seine Hand nicht in liebevoller Züchtigung auf uns legt, sind wir nicht Kinder Gottes. Dafür liebt Gott uns zu sehr. Er liebt uns als seine Kinder.

Ferner hatten wir unsere leiblichen Väter zu Züchtigern und erwiesen ihnen ehrfurchtsvolle Scheu; sollten wir uns nicht viel mehr dem Vater der Geister unterwerfen und [dadurch] leben? Denn sie züchtigten [uns] für wenige Tage nach ihrem Gutdünken, er aber zu unserem Besten, damit wir seiner Heiligkeit teilhaft werden. Jede Züchtigung aber scheint zwar für die Gegenwart nicht zur Freude zu dienen, sondern zur Traurigkeit; nachher aber verleiht sie denen, die durch sie geübt sind, eine friedvolle Frucht der Gerechtigkeit. (Hebr 12,9-11)

Er tut das alles mit einem bestimmten Ziel. Es geschieht nicht nur, um Gerechtigkeit in mein Leben zu bringen. Vor allem soll ich die »friedvolle Frucht der Gerechtigkeit«, Frieden haben.

Es gibt aber eine Bedingung dafür. Diese »friedvolle Frucht der Gerechtigkeit« haben nur diejenigen, die durch Gottes Züchtigung geschult werden, das heißt die inmitten der Züchtigung lernen, was er sie lehren will. Die Züchtigung durch Gott, den Vater, soll uns veranlassen zuzugeben, dass eine bestimmte Sünde wirklich Sünde ist. Seine Hand kann immer schwerer auf uns lasten, bis wir schließlich zugeben, dass unser Handeln Sünde ist, und es nicht mit Hilfe irgendwelcher beschönigender Begriffe zu umschreiben versuchen, anderen Leuten die Schuld zuschieben oder es entschuldigen. Wollen wir eine erneute Beziehung zu Gott? Wir können sie als Kinder Gottes haben. Wir können jederzeit eine erneuerte Beziehung haben, aber wir sind erst dafür bereit, wenn wir willens sind, eine bestimmte Sünde auch *Sünde* zu nennen.

Die Betonung liegt hier darauf, dass es um eine *bestimmte* Sünde geht. Es reicht nicht, einfach zu sagen: »Ich habe gesündigt.«

Das ist noch gar nichts. Es muss vielmehr die Bereitschaft vorhanden sein, meine konkrete Sünde auch Sünde zu nennen. Ich muss meinen Platz im Garten Gethsemane neben Christus einnehmen. Dort redet Christus als wahrer Mensch, und er sagt das absolute Gegenteil dessen, was Adam und Eva im Garten des Sündenfalls sagten: »Nicht mein, sondern dein Wille geschehe.« Auch ich muss diesen Satz in seiner vollen Bedeutung nachsprechen: »Nicht mein, sondern dein Wille geschehe«, und zwar *in Bezug auf jene konkrete Sünde.* Ich soll nicht einfach allgemein sagen: »Ich will deinen Willen«, sondern: »Ich will deinen Willen hinsichtlich dieser Sache, von der ich eingestehe, dass sie Sünde ist.«

> Wenn wir sagen, dass wir Gemeinschaft mit ihm haben, und in der Finsternis wandeln, lügen wir und tun nichts Wahres. (1Jo 1,6)

Man kann nicht absichtlich in der Dunkelheit weitergehen und gleichzeitig mit ihm, der nur Licht und Heiligkeit ist, Gemeinschaft haben.

> Denn alles, was in der Welt ist, die Lust des Fleisches und die Lust der Augen und die Prahlerei in der Lebensweise stammt nicht vom Vater, sondern es stammt von der Welt. (1Jo 2,16)

Sünde steht also nicht nur im Gegensatz zu Gottes äußerem Gesetz, sondern zu seinem ganzen Wesen. Wie können wir behaupten, Gemeinschaft mit ihm zu haben, wenn wir uns in unserem Handeln bewusst im Gegensatz zu ihm befinden?

Darum sagen wir: »Nicht mein, sondern dein Wille geschehe.« Und indem ich das hinsichtlich der konkreten Sünde sage, bin ich wieder das Geschöpf vor Gott und befinde mich an dem Platz, für den ich geschaffen wurde. Da ich ein Kind des Sündenfalls bin, muss mein Ich wieder gekreuzigt werden, denn ohne die Kreuzigung gibt es keine Auferstehung.

Wir haben die einfache Ordnung des christlichen Lebens bereits gesehen: ohne Buße und direktes Bekenntnis vor Gott kann es keine Erneuerung geben. Das kann man aufgrund der biblischen Gesamtaussage auch erwarten, wenn wir von der zentralen biblischen Lehre ausgehen, dass Gott existiert. Er ist ein unendlicher Gott, und er hat ein Wesen. Er ist heilig. Wenn Gott so ist, wie wir gesagt haben, und wenn ich sein Kind geworden bin, sollte man dann nicht erwarten, dass ich zu ihm persönlich zurückkehren und mich entschuldigen muss, wenn ich gesündigt habe, also getan habe, was im Gegensatz zu seinem Wesen steht?

Gott ist nicht nur eine Lehre oder eine Abstraktion. Er ist eine *Person*. In der Praxis können wir vielleicht die Sünde gar nicht völlig durchschauen. Vor allem wird jemand, der psychisch beeinträchtigt ist, nicht immer wirkliche Sünde und falsche Schuldgefühle aufgrund psychischer Spannungen auseinanderhalten können. Hier passt wieder das Bild des Eisbergs mit den neun Zehnteln unter der Oberfläche und dem einen Zehntel darüber. Ein großer Teil der Sünde ist vielleicht unter der Oberfläche. Vielleicht ist sogar ein großer Teil im Unterbewussten und tritt nur an bestimmten Stellen hervor. Aber welcher Teil des Bösen auch immer an der Oberfläche ist – der Teil, den wir wahrnehmen –, ist das wirklich Sünde und muss in aller Ehrlichkeit vor Gott gebracht werden, der unser ganzes Wesen kennt.

Wir haben früher schon gesehen, dass es zwischen der Rechtfertigung und der Heiligung Parallelen gibt. Der erste Schritt bei der Rechtfertigung ist, dass ich zugeben muss: Ich bin ein Sünder, stehe zu Recht unter dem Zorn Gottes und kann mich nicht selbst retten. Der erste Schritt im echten christlichen Leben ist, dass ich zugebe: Ich kann nicht aus eigener Kraft oder gutem Wesen ein christliches Leben führen. Auf derselben Linie vollzieht sich nun der erste Schritt zur Erneuerung des Kind-Vater-Verhältnisses, wenn ich gesündigt habe: Ich muss zugeben, dass meine konkrete Sünde wirklich Sünde ist. An diesen drei Stellen gilt also derselbe Grundsatz, weil wir es mit demselben Gott und letzten Endes auch mit demselben Problem zu tun haben. Aber der erste Schritt allein reicht nicht aus, weder wenn ich Christ werde, noch wenn ich als Christ Frucht bringen will. In jeder der drei Situationen muss ich als nächstes die Hände des

Glaubens nach Gottes Geschenk ausstrecken. Und wenn ich als Christ gesündigt habe, reicht nur das vollkommene Werk Jesu in Raum, Zeit und Geschichte dort am Kreuz von Golgatha aus. Nur das Blut Jesu Christi reicht aus, meine Sünden abzuwaschen, und nur aufgrund des Blutes Christi wird der Fleck beseitigt. Ich muss die eine bestimmte Sünde im Glauben »unter das Blut Jesu Christi« stellen. Hier ist wieder der Ort der aktiven Passivität, von der wir schon geredet haben. Wir können selbst nichts tun, aber wir sind auch keine Marionetten. Gott hat uns nach seinem Bild geschaffen, und aufgrund dieser Voraussetzung handelt er mit uns.

Wie im bewussten Bereich der Heiligung insgesamt, so beruht auch bei der wiederherstellenden Erneuerung alles darauf, dass das Blut Christi für *unser jetziges Leben* von Bedeutung ist, und die Erneuerung ereignet sich, indem wir im Glauben in konkreten Fällen von Sünde auf dieser Grundlage handeln. Die traditionelle orthodoxe Linie der Reformation in der Kirche hat meines Erachtens die bewusste Seite des christlichen Lebens nicht ausreichend betont. Dabei geht es *nicht* um eine »zweite Segnung«, sondern darum, die Wirklichkeit der Bedeutung des Werkes Jesu Christi am Kreuz für dieses Leben zu erkennen und bewusst danach zu handeln.

John Wesley wusste das. Er wusste von einem direkten Handeln Gottes in seinem Leben aufgrund des vollendeten Werks Jesu Christi. Ich halte seine Theologie an diesem Punkt für falsch und meine, dass er falsche Begriffe gebrauchte, aber sein Streben war richtig: er wusste von der Gültigkeit des Blutes des Herrn Jesus Christus für das gegenwärtige Leben und handelte danach. Jesus Christus hat uns nicht nur den Eintritt in den Himmel erkauft, sondern er will uns in diesem Leben von den Folgen der Sünde befreien; und wir sollen im Glauben entsprechend handeln.

Das Blut Christi hat für mich in diesem Leben Bedeutung, wenn ich gefallen bin und meinen Frieden verloren habe. Zur Erneuerung gehört zuerst die *Einsicht*, was Christus für uns in dieser Hinsicht getan hat, und dann müssen wir Augenblick für Augenblick danach *handeln*. Das ist kein mechanischer Prozess;

man muss bewusst gemäß der Bedeutung des Werkes Christi in unserem Leben handeln. Aber die Grundlage ist das vollkommene Werk Christi in der Geschichte.

Wir können über Jesu Gleichnis vom verlorenen Sohn sehr froh sein. Hier ist von einem jungen Mann die Rede, der ein Sohn ist und tief in Sünde geraten ist. In der biblischen Erzählung wird deutlich, dass er – selbst nach den Maßstäben der Welt – nicht nur »ein bisschen« gesündigt hatte. Er hatte große Sünden begangen. Und doch wartete der Vater auf ihn und war bereit, ihn in die Arme zu schließen. Das Blut Christi kann auch von den dunkelsten Sünden reinwaschen. Es gibt keine Sünde, die so groß ist, dass unsere Gemeinschaft mit dem Vater nicht mehr wiederhergestellt werden kann. Wenn mein Herz mich verurteilt und schreit: »Du hast es schon wieder getan«, darf ich doch darauf vertrauen, dass das vollendete Werk Jesu Christi auch *dafür* ausreicht. Wie wir gesehen haben, muss der Auferstehung ein Sterben vorausgehen. Aber aufgrund des Sieges Christi sollte auf das Sterben die Auferstehung folgen. Das christliche Leben endet nie im negativen Aspekt. Es gibt diesen negativen Aspekt, weil der Mensch sich im Aufstand befindet, aber damit hört es nicht auf. Es gibt danach immer auch den positiven Aspekt. Wie mein Leib eines Tages vom Tod auferweckt werden wird, so soll ich schon jetzt ein Leben in der Auferstehung führen.

Ich halte es für sehr hilfreich, wenn ein Mensch, der Christus als Retter angenommen hat, die Knie beugt und dem Gott, der wirklich da ist, dankt – »Danke für das vollbrachte Werk«. Zweifellos gibt es Menschen, die gerettet wurden und weggingen, ohne sich bewusst zu bedanken. Aber wie wunderbar ist es doch, wenn ein Mensch sich selbst als Sünder gesehen, seine Verlorenheit begriffen und sich dann, nachdem er Christus als Retter angenommen hat, bewusst neigt und für ein Werk, das *absolut* und *vollkommen* ist, dankt. Gewöhnlich stellen sich Heilsgewissheit und innerer Friede in dem Augenblick ein, in dem der Wiedergeborene Gott dankt.

Dasselbe gilt für die Erneuerung unserer Kind-Vater-Beziehung. Wenn wir gesündigt haben, ist es wunderbar, bewusst für das vollkommene Werk zu danken, nachdem wir die konkrete Sünde unter das vollendete Werk Christi gestellt haben. Der bewusste Dank ist zwar keine absolut notwendige Voraussetzung für die Erneuerung, aber er bringt Gewissheit und Frieden. Wir sagen Dank für das am Kreuz vollbrachte Werk, das zur völligen Wiederherstellung unseres Verhältnisses zum Vater ausreicht. Die Grundlagen sind das vollkommene Werk Christi in der Geschichte und die objektiven Verheißungen Gottes im geschriebenen Wort. Wenn ich ihm glaube und das glaube, was er mich gelehrt hat – dass das Werk Christi für die Erneuerung genügt –, kann ich Gewissheit haben, gleichgültig wie schwarz der Fleck war. Das ist die christliche Wirklichkeit der Befreiung von der Diktatur des Gewissens.

In Luthers Kommentar zum Galaterbrief wird deutlich herausgestellt, dass unser Heil die Errettung von der Knechtschaft unseres Gewissens miteinschließt. Es ist natürlich und richtig, dass unser Gewissen noch empfindlicher wird, nachdem wir Christen geworden sind. Das ist ein Werk des Heiligen Geistes. Aber mein Gewissen sollte mich nicht Jahr um Jahr wegen vergangener Sünden niederdrücken. Wenn mir mein Gewissen unter dem Einfluss des Heiligen Geistes eine bestimmte Sünde zum Bewusstsein bringt, sollte ich diese Sünde bewusst unter das Blut Christi stellen. Dann ist sie zugedeckt. Es hieße das vollkommene Werk Christi zu missachten, wenn wir weiterhin Angst haben, diese Sünde könnte unser Verhältnis zu Gott stören.

Vielleicht muss ich gegenüber dem Staat noch einen Preis für meine Sünde bezahlen. Vielleicht habe ich Einzelne geschädigt und muss deswegen etwas unternehmen. Diesen Dingen muss man dann immer noch ins Auge sehen. Damit werden wir uns später befassen. Aber soweit es um meine Gemeinschaft mit dem Vater geht, sagt Gott mir, dass sie aufgrund des Wertes des Blutes Jesu Christi wiederhergestellt ist. Wenn dieses Blut von solchem Wert ist, dass es einen Rebellen und Sünder mit der Rechtfertigung aus dem Reich der Finsternis in das Reich des lieben Sohnes Gottes bringen kann, welche Sünde kann dann noch so groß sein, dass dieses Blut sie nicht bedecken könnte?

Wenn ich Gott bewusst für ein *vollkommenes Werk* danke, muss mein Gewissen zur Ruhe kommen.

Ich selbst stelle mir mein Gewissen gern als einen großen schwarzen Hund mit riesigen Pfoten vor, der mich anspringt und zu verschlingen droht. Aber wenn dieses Gewissen mich »anspringt«, nachdem eine Sünde auf Grund des vollkommenen Werkes Christi vergeben ist, sollte ich mich an mein Gewissen wenden und ihm gebieten, ruhig zu sein. Meine Gemeinschaft mit Gott ist ja in übernatürlicher Weise wiederhergestellt worden. Ich bin reingewaschen und bereit, das geistliche Leben wiederaufzunehmen und mich vom Heiligen Geist gebrauchen zu lassen. Ich kann dazu nicht bereit sein, bevor ich reingewaschen bin, aber wenn ich reingewaschen bin, bin ich auch wirklich bereit. Und ich kann auf der Grundlage des Werkes Christi *jederzeit* reingewaschen werden.

»Meine Kinder, dies schreibe ich euch, damit ihr nicht sündigt.« Wir sollen also nicht sündigen. »Und wenn jemand sündigt, haben wir« (Johannes eingeschlossen, der sich selbst zu dieser Kategorie zählt) »einen Beistand beim Vater, Jesus Christus, den Gerechten« (1Jo 2,1).

Das ist für mich persönlich Wirklichkeit. Zu Christus zu kommen und im Glauben sein Blut in Anspruch zu nehmen, das ist Wirklichkeit – im Gegensatz zu dem Versuch, so zu leben, als lehre die Bibel, wir könnten in diesem Leben vollkommen werden. Das ist keine Grundlage für die Wirklichkeit; es ist lediglich Grundlage für Ausflucht oder Verzweiflung. Aber es gibt eine Wirklichkeit: die Wirklichkeit vergebener Sünden; die Gewissheit, dass eine *bestimmte* Sünde vergeben ist, sobald sie unter das Blut unseres Herrn Jesus Christus gestellt wird. Das ist die Wirklichkeit wiederhergestellter, erneuerter Beziehungen. *Wirklichkeit* soll nicht nur eine Frage des Bekenntnisses sein, auch wenn Glaubensbekenntnisse wichtig sind. Wirklichkeit muss erfahren werden, und zwar auf der Grundlage einer erneuerten Beziehung zu Gott durch das vollkommene Werk des Herrn Jesus Christus am Kreuz.

Zu diesem Thema muss noch etwas gesagt werden: »Wenn wir mit uns selbst ins Gericht gingen, würden wir nicht gerichtet. Indem wir aber gerichtet werden, werden wir vom Herrn gezüchtigt, damit wir nicht mit der Welt verurteilt werden« (1Kor 11,31-32).

Hier lernen wir, dass wir nicht auf die Züchtigung zu warten brauchen, bevor unsere Gemeinschaft mit Gott wiederhergestellt werden kann. Gottes Züchtigung ist keine Strafe. Die Strafe ist am Kreuz von Golgatha bezahlt worden. Es geht um eine Korrektur, um uns wieder in die Gemeinschaft mit ihm zurückzuholen, und wir müssen nicht die Züchtigung abwarten, bevor unsere Gemeinschaft wiederhergestellt werden kann. Da der heilige Gott unser Richter ist, gibt es keine doppelte Strafe. Unsere Schuld ist ein für alle Mal hinweggenommen. Daher werden wir nicht gezüchtigt, wenn wir uns selbst richten.

Folglich können wir die beiden Verse auch in umgekehrter Reihenfolge lesen. Das heißt: Gott wird uns nicht mit der Welt verurteilen, daher züchtigt er uns. Aber wenn wir uns selbst züchtigen und die Sünde »Sünde« nennen und unter das Blut des Herrn Jesus Christus stellen, braucht er uns nicht zu züchtigen. Das ist es, was Paulus uns nachdrücklich vor Augen führt. Es ist viel besser, nicht zu sündigen. Aber ist es nicht wunderbar, dass unsere Gemeinschaft mit Gott erneuert werden kann, wenn wir dennoch sündigen?

Gott will also, dass wir – als eine seiner Gaben in diesem Leben – Freiheit von der falschen Tyrannei des Gewissens haben. Die meisten, wenn nicht alle Christen, machen die Erfahrung, dass die erste Stufe der Heilung, die sie in diesem Leben erfahren können, die beginnende Heilung der inneren Spaltung ist, die der Sündenfall und die Sünde mitgebracht haben. Der Mensch ist in erster Linie von Gott getrennt, dann von sich selbst, und schließlich von seinen Mitmenschen und von der Natur. Das Blut des Herrn Jesus Christus wird die absolute und vollkommene Erneuerung all dessen schenken, wenn Jesus wiederkommt. Aber schon in diesem Leben soll es wirkliche Heilung geben, zu der auch die Heilung von den Folgen der Trennung des Menschen von sich selbst gehört. Das ist der erste Schritt auf dem Weg zur Freiheit von den Folgen der Sünde in diesem Leben.

9. Freiheit im Denken

Als nächstes wollen wir uns mit dem Einfluss des geistlichen Lebens auf unser *Denken* beschäftigen. In Römer 1,22-29 finden wir eine aufschlussreiche Reihenfolge. Einleitend heißt es in Vers 21:

> Deshalb, weil sie Gott zwar kannten, ihm aber doch nicht als Gott Ehre oder Dank erwiesen, sondern in ihren Gedanken in eitlen Wahn verfielen und ihr unverständiges Herz verfinstert wurde.

Hier ist von Menschen die Rede, die Gott kannten. Wir können die Aussage auf den ursprünglichen Sündenfall von Adam und Eva beziehen oder auf die zahlreichen Fälle, wo ein Volk, das den wahren Gott kannte, sich absichtlich von ihm abwandte, wie wir es in unserem eigenen nachchristlichen Zeitalter beobachten. Sie kannten Gott, verfielen aber »in ihren *Gedanken* in eitlen Wahn«. In Vers 22 heißt es dann: »Während sie vorgaben, weise zu sein, wurden sie zu Toren.« Hier geht es um die *innere* Welt des Denkens. Vers 24: »Daher gab sie Gott in den Gelüsten ihrer Herzen in Unkeuschheit dahin, so dass sie ihre Leiber untereinander schändeten.« Das ist die Folge. Wir sehen also die Reihenfolge: zuerst hatten sie einen Gedanken, und dann kam es zu der *äußeren* Folge dieses Gedankens.

In Vers 25 heißt es dann, dass sie die Wahrheit Gottes mit der Lüge vertauschten und die Geschöpfe statt des Schöpfers verehrten und anbeteten. Das ist die innere Auflehnung, die dann sogleich zu äußeren Folgen führte, wie wir in Vers 24 gesehen haben.

Und nun Vers 28: »Und wie sie es verworfen haben, Gott recht zu erkennen, gab sie Gott in einen verworfenen Sinn dahin« (das heißt in einen Sinn oder Verstand ohne Urteilsfähigkeit) »zu tun, was sich nicht geziemt.«

Auch hier finden wir wieder dieselbe Reihenfolge. In Vers 29 folgt nämlich eine schreckliche Aufzählung äußerer Dinge.

Wir können also sagen: Das Äußere, die Tat, folgt auf das Innere, den Gedanken, oder das Äußere ist ein Produkt des Inneren. Die Gedanken stehen an erster Stelle, und sie bewirken dann das Tun. Das ist die Reihenfolge.

> Ich ermahne euch nun, ihr Brüder, beim Erbarmen Gottes, eure Leiber als ein lebendiges, heiliges, Gott wohlgefälliges Opfer hinzugeben: das sei euer vernunftgemäßer Gottes-dienst. (Röm 12,1)

Das ist etwas, was sich in der äußeren Welt abspielt. Man kann es aber nicht von Vers 2 loslösen: »Und richtet euch nicht nach dieser Welt, sondern wandelt euch um durch die Erneuerung des Sinnes, damit ihr zu prüfen vermögt, was der Wille Gottes ist: das Gute und Wohlgefällige und Vollkommene.«

Wir sollen wirklich unsere Leiber hingeben, aber das ist nur unter der Voraussetzung sinnvoll, wenn wir das Innere verstehen.

Wenn Paulus hier davon spricht, dass wir uns nicht nach dieser Welt richten sollen, geht es nicht nur um äußeres Verhalten. Vielmehr sollen wir durch die Erneuerung des *Sinnes* umgewandelt werden, und das ist etwas Inneres.

In Epheser 4,17 schreibt Paulus: »Dies nun sage und bezeuge ich im Herrn, dass ihr nicht mehr wandeln sollt, wie die Heiden wandeln in der Nichtigkeit« (oder Eitelkeit) »ihres Sinnes.« Die heidnische Welt – die verlorene Welt – handelt »in der Nichtigkeit ihres Sinnes«. Hier sind deutliche Anklänge an Römer 1: »Sie verfielen in ihren Gedanken in eitlen Wahn.« Das ist etwas Inneres. »Die eitle Nichtigkeit des Sinnes« ist der Grundfehler der heidnischen Welt.

In Epheser 4,18 wird der Grund dafür genannt: »Da sie in ihrem Denken verfinstert sind, ferngehalten vom Leben aus Gott wegen der Unwissenheit, die in ihnen ist, wegen der Verstockung ihres Herzens.« Ihr Denken ist verfinstert; das ist etwas Inneres. Durch Unwissenheit sind sie von Gott getrennt – wieder etwas Inneres. Das alles geht aus ihrer Auflehnung gegen Gott hervor. Es ist genau so, wie es in Römer 1 dargestellt wird. Aber nachdem Paulus den geistlichen Zustand der Heiden verdeutlicht hat, kommt Epheser 4,19: »Und sie haben alles Schamgefühl verloren und sich der Ausschweifung ergeben zur Verübung jeglicher Unkeuschheit aus Gewinnsucht.« Auch hier besteht also dieselbe Reihenfolge: zuerst das Innere, dann das Äußere.

In Vers 20 wird uns dann der schroffe Gegensatz vor Augen geführt: »Ihr aber habt Christus nicht so gelernt.« Auch dieses »Lernen« birgt das Element des Inneren in sich.

Das ist genau parallel zu Römer 12, wo es in Vers 2 heißt: »durch die Erneuerung des Sinnes«. Auch das ist etwas Inneres. Aber in Epheser 4,22 ist dann vom Äußeren die Rede: »Leget von euch ab den alten Menschen mit seinem vorigen Wandel, der durch trügerische Lüste sich verderbt.«

Mit »Wandel« ist das ganze Leben gemeint. Das Innere geht in das Äußere über. Alles hängt von Vers 20 ab – »Ihr aber habt Christus nicht so gelernt« –, wo es um etwas Inneres geht. Das Innere bringt eine innere Bewegung mit sich, zu den inneren und dann auch zu den äußeren Folgen hin.

Hier müssen wir aber noch ein anderes Element festhalten, das von großer Bedeutung für die heutige Zeit und ihr Denken ist. In Vers 18 ist von der »Unwissenheit« die Rede. Unwissenheit steht in Beziehung zu einem Inhalt. In Vers 21 wird die »Wahrheit in Christus« genannt. Wahrheit ist Inhalt und hat etwas mit der Vernunft zu tun. Sie hat etwas mit dem vernünftigen Geschöpf zu tun, als das Gott uns erschaffen hat. Das Dilemma, das in der inneren Welt besteht, ist nicht irgendein grauer Nebel, sondern hat eine Beziehung zum Inhalt.

»Erneuert euch aber im Geist eures Gemüts« (Vers 23). Auch das ist wieder nicht einfach ein Gefühl. Es ist eine Sache des Denkens im Sinne der Vernunft, mit einem Inhalt. »Und ziehet den neuen Menschen an, der nach Gott geschaffen ist in rechtschaffener Gerechtigkeit und« (die beste Übersetzung ist hier:) »Heiligkeit der Wahrheit« (Vers 24).

Das ist nicht eine gefühlsmäßige Heiligkeit, sondern Heiligkeit mit Beziehung zu einem Inhalt, Heiligkeit in Bezug auf das Denken und eine Reihe von Dingen, die man »wahr« im Unterschied zu »unwahr« nennen kann. Es geht hier also um das Problem innerer Unwissenheit im Sinne einer Auflehnung gegen die Wahrheit.

Hier sind innere Gedanken, Gedanken, die zu einem bestimmten Inhalt in Beziehung stehen und die dann auch zu äußerem Verhalten führen. In Epheser 5,15-16 ist eine Parallele zu finden: »So sehet nun zu, wie ihr vorsichtig wandelt, nicht als Unweise, sondern als Weise, indem ihr die Zeit auskauft; denn die Tage sind böse.«

Das Wort »Weise« vermittelt hier wieder denselben Gedanken. Es hat mit der Welt der Gedanken zu tun und steht dabei in Beziehung zu dem, was *wahr* genannt werden kann: »Darum seid nicht töricht, sondern verstehet, was der Wille des Herrn ist« (Vers 17). »Töricht« steht im Gegensatz zu »weise« und zu »verstehen«. Das »Verstehen« ereignet sich wieder in der Welt der Gedanken und steht in Beziehung zu dem, was der Wille des Herrn ist. Der »Wille des Herrn« ist hier keine existentialistische Vorstellung im heutigen Sinne. Es geht vielmehr wieder um Inhalt, um objektive, logisch einseitige Wahrheit. Der Gegensatz zum »unweisen Wandel« wird in Vers 18 genannt: »Und berauschet euch nicht mit Wein, worin ein heilloses Wesen liegt, sondern werdet voll Geistes.«

In den Versen 19-21 werden dann einige äußere Folgen dargestellt, die sich daraus ergeben:

> Und redet zueinander mit Psalmen und Lobgesängen und geistlichen Liedern; singet und spielet in eurem Herzen dem Herrn! Saget allezeit Gott, dem Vater, im Namen unseres Herrn Jesus Christus Dank für alles! Seid einander untertan in der Furcht Christi!

Das sind äußere Folgen einer vorher eingenommenen Haltung in der Welt der Gedanken. Hier stoßen wir übrigens auf ein weiteres Element, das in unserem Denken von größter Bedeutung ist: Das Wirken des Heiligen Geistes. Auch er wirkt als der Mittler der Dreieinigkeit zunächst in die Welt unseres Denkens hinein, und das hat dann in der Folge auch äußerlich sichtbare Resultate.

Hier kommen wir also mit unseren Überlegungen zum echten geistlichen Leben einen wichtigen Schritt weiter. Im Grunde ist es eine Sache unseres *Denkens*. Das Äußere ist der Ausdruck, die Folge. Moralische Kämpfe werden nicht zuerst in der äußeren Welt gewonnen. Sie sind immer eine Folge, die sich natürlicherweise aus einer Ursache ergibt, wobei die Ursache in der inneren Welt der Gedanken liegt. Davon spricht auch Jesus mit großem Nachdruck: »Ihr Natterngezücht, wie könnt ihr Gutes reden, da ihr doch böse seid? Denn wovon das Herz voll ist, davon redet der Mund« (Mt 12,34).

Manche würden hier eine Unterscheidung festhalten und unter »Herz« mehr als nur die Gedanken verstehen. Aber selbst dann bleibt die Tatsache, dass wir es hier mit der inneren Welt zu tun haben. Jesus will sagen, dass man keine richtigen und angemessenen Ergebnisse hervorbringen kann, wenn die innere Voraussetzung nicht richtig ist.

»Nicht was in den Mund hineinkommt, verunreinigt den Menschen, sondern was aus dem Mund *herauskommt*, das verunreinigt den Menschen« (Mt 15,11). Jesus antwortet hier auf eine Frage, die ihm zuvor gestellt wurde: »Warum übertreten deine Jünger die Überlieferung der Alten? Denn sie waschen ihre Hände nicht, wenn sie Speise zu sich nehmen.« Eine solche Frage ist für einen, der auf das Äußerliche achtet, sehr wichtig. Aber Jesus sagt: Versteht ihr das denn nicht? Das, was aus dem Menschen herauskommt, verunreinigt den Menschen.

»Merkt ihr nicht, dass alles, was in den Mund hineinkommt, in den Bauch gelangt und an seinen Ort ausgeschieden wird? Was aber aus dem Mund herauskommt, das kommt aus dem Herzen hervor, und das verunreinigt den Menschen. Denn aus dem Herzen kommen böse Gedanken, Mord, Ehebruch, Unzucht, Diebstahl, falsches Zeugnis, Lästerung. Das ist es, was den Menschen verunreinigt; aber essen mit ungewaschenen Händen verunreinigt den Menschen nicht« (Verse 17-20).

Jesus legt den Schwerpunkt also wieder auf das Innere. Das Innere kommt vor dem Äußeren; das Innere *erzeugt* das Äußere. Es ist eine Frage von Ursache und Wirkung.

Auch in der Bergpredigt befasst Jesus sich mit dieser Frage. »Ihr habt gehört, dass zu den Alten gesagt ist: ›Du sollst nicht töten«; wer aber tötet, soll dem Gericht verfallen sein. Ich aber sage euch: Jeder, der seinem Bruder ohne Ursache zürnt, soll dem Gericht verfallen sein« (Mt 5,21-22a).

Und im Vergleich dazu noch 1. Johannes 3,15a: »Jeder, der seinen Bruder hasst, ist ein Menschenmörder.«

Nun sind wir noch einen Schritt weitergekommen. Das Denken steht immer noch an erster Stelle, aber hier wird uns etwas anderes gesagt. Hinsichtlich der Ethik *ist der Gedanke das Entscheidende*. Hass *führt* nicht nur zum Mord; ethisch gesehen *ist* er schon Mord. Ich betone hier, dass es um den ethischen Aspekt geht, denn solcher Mord ist etwas anderes, als Mord in der äußeren Welt. Trotzdem gilt, dass Hass ethisch gesehen Mord *ist*.

Bis jetzt haben wir drei Dinge gesehen. Erstens: das Innere steht an erster Stelle. Zweitens: das Innere *verursacht* das Äußere. Drittens: in ethischer Hinsicht ist das Innere entscheidend. Im 1. Kapitel sahen wir, dass wir jedes Mal, wenn wir eines der anderen Gebote brechen, schon das innere Gebot, »nicht zu begehren«, gebrochen haben.

In der Josephsgeschichte in 1. Mose 37,4ff finden wir dafür ein ausgezeichnetes Beispiel. Josephs Brüder »hassten ihn und mochten ihm kein freundliches Wort mehr gönnen« (37,4). Der innere Hass ist die Wurzel alles anderen. Dann: »Und sie hassten ihn noch mehr um seiner Träume und um seiner Worte willen« (Vers 8). Der Hass staut sich an, und dieser Hass ist etwas Inneres. Er hat auch schon Folgen, denn sie gönnen ihm kein freundliches Wort mehr. Und nun staut der Hass sich an und steigert sich wie eine große Welle, die gleich brechen wird. Dann: »Und seine Brüder waren neidisch auf ihn« (Vers 11).

Hier wird das Gebot »du sollst nicht begehren« gebrochen. Auch wenn die letzte äußere Folge noch aussteht, ist die Tat in moralischer Hinsicht schon begangen.

Sie machten einen Anschlag, ihn zu töten … So kommt nun und lasst uns ihn töten und in eine Grube werfen und sagen, ein böses Tier habe ihn gefressen; so wird man sehen, was seine Träume sind. (37,18.20)

Sie sind wirklich bereit, ihren Bruder zu töten und ihrem Vater das Herz zu brechen. All das entstand in der inneren Welt ihrer Gedanken, in ihrem Hass und ihrem Neid, nicht in der äußeren Welt. Die Sünde der Brüder geschah nicht, als sie Joseph nach Ägypten verkauften, sondern *in der Wirklichkeit der inneren Welt.* Diese innere Welt der Gedanken zeichnet den Menschen als Menschen aus. Der Anthropologe Loren Eiseley von der Universität in Pennsylvania schreibt in der Einführung seines Buches *The Epic of Man* über den Menschen: »Der Urmensch ist in seinen eigenen Kopf eingedrungen, und seither versucht er, sich dem anzupassen, was er darin vorfindet.«

Das ist eine erstaunliche Aussage. Sie ist einerseits völlig richtig, wenn auch das, was er daraus ableitet, ganz und gar unwahr ist. Eiseley baute diese Aussage zu einer Evolutionstheorie aus, und darin besteht sein Fehler. Aber seine Beobachtung ist vollkommen richtig, dass sich der Mensch dadurch auszeichnet, dass er in sehr realer Weise »in seinem Kopf lebt«, ob er sich nun in einem primitiveren oder einem zivilisierten Stadium befindet.

Auch in der modernen Tiefenpsychologie ist man mit dieser Einsicht vertraut. Die moderne Tiefenpsychologie sagt, dass sich der Mensch vom Tier darin unterscheidet, dass er die Angst vor dem Nicht-mehr-Sein kennt – was für die Tiefenpsychologie befremdlich ist, da sie nicht weiß, woher diese Angst kommt. Irgendetwas »in seinem Kopf« kennzeichnet den Menschen, nicht etwas Äußeres. Er hat ein Gedankenleben, das sich von allem anderen, was wir in unserer Welt beobachten, unterscheidet. Der Mensch lebt »in seinem Kopf«; das macht (zusammen mit der Fähigkeit sprachlicher Äußerung) seine Einmaligkeit aus.

In 1. Mose 3,6 lesen wir im Bericht vom Sündenfall des Menschen: »Und die Frau sah, dass von dem Baum gut zu essen wäre und dass er lieblich anzusehen sei und begehrenswert, weil er klug machte ...« Hier ist wieder die Einsicht zu finden, dass die Sünde zuerst innen geschieht, wenn es um ethische Dinge geht. Aber sie hat äußere Folgen: »Und sie nahm von seiner Frucht und aß und gab auch ihrem Manne neben ihr, und er aß.« Das Gefälle des Sündenfalls geht vom Inneren zum Äußeren.

In Jesaja 14,13-14 entdeckten wir im Zusammenhang mit dem Fall Satans, der dem Fall des Menschen vorausging, etwas Erstaunliches:

Du hattest bei dir gesprochen: ›Zum Himmel empor will ich steigen, hoch über den Sternen Gottes aufrichten meinen Sitz, will thronen auf dem Götterberg im äußersten Norden! Ich will über Wolkenhöhen emporsteigen, dem Höchsten mich gleichstellen.‹

Wo spielte sich das alles ab? Erstens einmal müssen wir sehen, dass Satan nach der Darstellung der Bibel keinen körperlich-greifbaren Leib hat wie wir. Diese Schriftstelle redet von inneren Dingen. Worin besteht die Sünde Satans, Luzifers, als er fiel? »Du hattest bei dir gesprochen.« Die Auflehnung Luzifers, und danach auch die Evas, ist zuerst innerlich, und dann geht das Äußere daraus hervor.

Wir wollen noch einmal auf Adam und Eva beim Sündenfall und bei ihrer Auflehnung zurückkommen. Adam – ich spreche nur von ihm, weil es einfacher ist, von einem als von zweien zu sprechen – handelt als *personale Einheit*. Seine Gedanken, sein Wille und seine Empfindungen sind alle in dieser Einheit eingeschlossen. Er ist nicht einfach eine Sammlung einzelner Teile. Der einzelne Mensch, die einzelne Persönlichkeit, ist eine Einheit, und eine solche Einheit handelt hier, jemand, den wir Adam oder Eva nennen können. In jedem Fall haben wir es mit einer personalen Einheit zu tun.

Wenn wir uns mit dem Fall Satans und mit dem Sündenfall Adam und Evas befassen, stellen wir eine wichtige Gemeinsamkeit fest: Vom Standpunkt einer »Theologie des Sündenfalls«, wie ich sie nenne, ist der wirklich entscheidende Faktor, dass *keine Konditionierung vorausging*, das heißt Satan und Adam und Eva waren bis zum Sündenfall völlig frei in ihren Entscheidungen.

Die personale Einheit trifft eine durch nichts vorprogrammierte Entscheidung *in der Welt der Gedanken*. Und daher besteht hier eine wirkliche »anfängliche Ursache«.³ Die ganze christliche Theologie und jede christliche Antwort fällt zusammen, wenn wir an diesem Punkt frühere Konditionierungen zulassen. Es gibt eine personale Einheit, das in der Gedankenwelt eine echte Entscheidung trifft, die die wirkliche anfängliche Ursache eines äußeren Ergebnisses ist. Diese Entscheidung erzeugt etwas, was vorher nicht da war, etwas Entsetzliches, was uns all unsere Tränen und all unser Leid gebracht hat: *das Böse*. Gott, der Unendliche, kennt alle Dinge, ohne mit ihnen experimentieren zu müssen. Weil er unendlich ist, kennt er nicht nur alles, was sein wird, sondern auch alles, was sein *könnte*. Er muss keine Experimente machen, um die Möglichkeiten zu kennen. Er hat den Menschen und die Engel geschaffen, und im Universum besteht die Möglichkeit des Bösen, weil Gott Engel und Menschen als wirklich moralische und wirklich rationale Wesen geschaffen hat. Er hat sie so gemacht, dass sie lieben können oder die Liebe ablehnen können, sogar Gott gegenüber. Und beim Sündenfall sehen wir, dass die personale Einheit eine wirkliche Entscheidung in der Gedankenwelt trifft, wobei eine wirkliche anfängliche Ursache etwas erzeugt, was wie ein Blitz die ganze Menschheitsgeschichte durchzuckt und trifft: das Böse, schwarz und finster, mit einem ganzen Meer voller Tränen. Adam und Eva dachten als personale Einheit; sie trafen eine Entscheidung und brachten etwas Neues in die äußere Welt.

Und das ist unser nächster Punkt: Sie haben etwas *von innen nach außen* hervorgebracht. Aus ihrem Inneren haben sie die Sünde verübt.

Das wollen wir nun in Bezug auf Gott durchdenken. Gott ist Geist. Er ist daher nicht körperlich-greifbar, aber er ist persönlich. Das sehen wir z. B. in Hebräer 11,6, wo es heißt, dass Gott »denen, die ihn mit Ernst suchen, ein Belohner sein wird«. Das entscheidende Merkmal der jüdisch-christlichen Gottesvorstellung ist, dass Gott persönlich und doch zugleich unendlich ist. Und als persönlicher Gott denkt, handelt und empfindet er. Bei

---

3 Engl. *first cause*, ein philosophischer Begriff, der auf Aristoteles zurückgeht.

der Schöpfung war es so: Gott dachte, Gott sprach, und es *war*: eine wirkliche äußere Welt. Das ist so wunderbar, dass man es nicht in Worte fassen kann.

Die Sekte »Christliche Wissenschaft« ist im Irrtum, wenn sie alles zu einer reinen Gedankenwelt macht. Das fernöstliche Denken ist im Irrtum, denn es führt oft alles auf einen »Traum Gottes« zurück. Die physische Welt ist keine Ausdehnung des Wesens Gottes; das Universum ist nicht Gott und kein Teil Gottes; es hat eine wirkliche objektive Existenz. Es gibt wirkliche äußere Existenz außerhalb von Gott, weil er sie außerhalb seiner selbst geschaffen hat. Sie ist kein Teil seiner selbst. Er sprach, und es war – äußerlich und wirklich. Wir wollen zwar die biblische Aussage beachten, dass nach der Schöpfung »alles in ihm seinen *Bestand hat*« (Kol 1,17). Die äußere Welt, die er gemacht hat, kann also nicht an seiner Stelle im Mittelpunkt des Universums stehen. Alles hat *in ihm* seinen Bestand. Und doch hebt die Bibel hervor, dass die Welt eine wirkliche, objektive, äußere Welt ist, weil Gott sie so geschaffen hat.

Wir dürfen aber die andere Seite nicht vergessen, nämlich die Tatsache, dass der Gedanke der Dreieinigkeit zuerst da war. Gott sprach: »Lasset *uns* Menschen machen nach *unserem* Bilde« (1Mo 1,26). Wir waren vor der Erschaffung der Welt in den Gedanken der Dreieinigkeit vorhanden. Das Gleichgewicht ist hier nicht leicht zu halten. Wir müssen aber beide Seiten festhalten, sonst geht der Reichtum des Christentums verloren. Es gibt eine äußere Welt, und sie ist keine Ausdehnung des Wesens Gottes. Doch auch wenn es eine wirklich äußere Welt gibt, die keine Ausdehnung des Wesens Gottes ist, so *dachte doch Gott zuerst*. Diese Wirklichkeiten waren schon im *Denken Gottes*, bevor sie durch seine Kraft, sein schöpferisches *fiat* (»es werde«), als die objektive äußere Welt hervorgebracht wurden.

An der Decke der Sixtinischen Kapelle in Rom befinden sich die herrlichen Fresken Michelangelos. Dazu gehört auch das großartige Bild von der Erschaffung des Menschen. Gott streckt den Finger aus, und auch der Mensch, der soeben erschaffen worden ist, streckt sich nach Gott aus. Aber ihre Finger berühren sich nicht. Dahinter verbirgt sich eine wirklich christliche Einsicht. Der Mensch ist keine Ausdehnung Gottes, die wie eine Amöbe, die sich durch Teilung vermehrt, abgeschnitten wird. Gott schuf den Menschen außerhalb seiner selbst, und deswegen dürfen sie sich in dem Bild nicht berühren. Was Michelangelo sich nun auch dabei dachte – ganz gewiss dachten diejenigen daran, die die chalcedonensische Christologie in den frühen Glaubensbekenntnissen der Kirche formulierten, wenn sie sagen, dass es selbst in der einen Person Jesus Christus keine Vermischung der göttlichen und der menschlichen Natur gab. Ich möchte aber noch ein anderes Element aus dem Fresko Michelangelos zur Verdeutlichung unserer Überlegungen heranziehen. Der Arm Gottes ist zurückgeworfen, und darunter sind einige Figuren zu sehen. Einmal sind dort einige kleine Cherubim abgebildet, die in der Renaissance zur Darstellung der Engel dienten. Aber unter dem Arm ist noch eine andere Person, ein wunderschönes Mädchen. Man nimmt gewöhnlich an, dass es Eva darstellen soll. Sie ist noch nicht erschaffen, aber *sie ist schon im Denken Gottes*.

Hier müssen wir klarstellen, wie das Gemälde Michelangelos falsch gedeutet wäre und wie es richtig zu deuten ist. Wenn er sagen wollte, dass Eva im Denken Gottes schon so »wirklich« war, wie sie es nach der Erschaffung sein würde, so wäre das eine nichtchristliche, eine östliche Vorstellung. Eva wurde in jenem großen Augenblick äußerlich und objektiv wirklich, als Gott Adam in einen tiefen Schlaf fallen ließ und aus dem männlichen das weibliche Wesen machte. Wenn Michelangelo dagegen sagen wollte, dass Gott schon an Eva gedacht hatte, bevor er sie erschuf, dann wäre das ganz und gar wahr. Der *Gedanke Gottes* ging seinen *Schöpfertaten* voraus.

Hier müssen wir jedoch noch auf einen zweiten Gesichtspunkt eingehen, an dem wir auch etwas über uns selbst lernen. Das, was aus dem Nichts geschaffen wurde und nun objektive äußere Wirklichkeit hat, zeigt den Gedanken Gottes und ist daher eine *Darstellung* dessen, wer und was er ist. Die äußere Welt ist keine Ausdehnung des Wesens Gottes, und doch offenbart und zeigt die äußere Welt, wer und was Gott ist. Es gab einen

Sündenfall, der die geschaffene Welt verdorben hat; andererseits erinnert uns Paulus in Römer 1 daran, dass der Mensch vor dem Hintergrund der Schöpfung, die trotz des Falls immer noch von Gott zeugt, verurteilt wird. Die äußere geschaffene Welt ist eine Offenbarung Gottes. In der Theologie nennt man das die »allgemeine Offenbarung Gottes«. Sie umgibt den Menschen in der objektiven Welt und zeigt Gottes *Gottheit*, sowohl in der inneren Natur des Menschen selbst, die von Gott als einem persönlichen Gott spricht, als auch im Zeugnis des Denkens Gottes, wie es im äußeren, geschaffenen Universum zum Ausdruck kommt.

»Allgemeine Offenbarung« und »spezielle Offenbarung« sind theologische Begriffe, die näher untersucht werden müssen. Die Bibel ist die *spezielle* Offenbarung. Nur die Bibel verkündigt uns das Heil und vermittelt uns Erkenntnisse, die den »Schlüssel« zur *allgemeinen* Offenbarung bilden. Aber die allgemeine Offenbarung, also das, was Gott geschaffen hat – unser menschliches Wesen und das, was uns umgibt –, zeigt die Existenz Gottes und offenbart ihn wirklich. Allgemeine und spezielle Offenbarung bilden eine *einheitliche* Offenbarung.

Nun wollen wir wieder zum Menschen zurückkehren. All das, was wir eben über das Verhältnis Gottes zu seiner Schöpfung gesagt haben, hat eine Parallele in dem, was die Bibel über uns sagt, die wir nach dem Bild Gottes geschaffen sind. Die innere Welt der Gedanken steht an erster Stelle und verursacht das Äußere. Das sollte uns nicht überraschen, weil wir ja nach dem Bild Gottes geschaffen sind und daher vernunftbegabte, moralische Wesen sind. Gott *denkt*, und dann bringt Gott etwas in die äußere Welt hervor, was er aus dem Nichts geschaffen hat; wir *denken*, und dann bringen wir etwas in die äußere Welt hervor. Gottes Schöpfung ist keine Ausdehnung seines Wesens, aber sie zeigt, wie er wirklich ist. Ebenso sind auch unsere Taten in der äußeren Welt, die aus unseren Gedanken hervorgehen, keine Ausdehnung unseres Wesens, aber sie zeigen, *was wir sind*. Der Tisch, der vom Schreiner seine Form bekommt, ist keine Ausdehnung des Wesens des Schreiners, aber er zeigt etwas von seinem Wesen, zeigt etwas von seiner Gedankenwelt. Satan, Adam und Eva brachten das Böse als eine wirkliche anfängliche Ursache hervor, jeder in seiner Personalität und als eine Einheit. Und auch jeder von uns, die wir nach dem Bild Gottes geschaffen sind, ist eine wirkliche anfängliche Ursache. Wir sind endlich, daher können wir nicht aus dem Nichts schaffen. Nur Gott schafft aus dem Nichts. Ich bin begrenzt, aber aus meiner Gedankenwelt kann ich durch meinen Leib etwas in die wirkliche äußere Welt hinein hervorbringen. Mein Leib ist die Brücke zur äußeren Welt.

Wir wollen festhalten, dass wir umgekehrt auch von der äußeren Welt beeinflusst werden. Es geschieht etwas in der äußeren Welt. Durch meine Sinne komme ich damit in Verbindung. Sie wirkt *durch* meine Sinne und meinen Leib auf meine Gedankenwelt zurück und beeinflusst mich. Meine Sinne sind die Brücke zwischen dem, was in der äußeren Welt geschieht, und seiner Rückwirkung auf die personale Einheit, die ich bin. Mein Leib ist die Brücke.

In umgekehrter Richtung ist es dasselbe. Mein Leib ist die Brücke. Ich denke, und wenn ich denke, kann ich etwas hervorbringen, was zum Beispiel durch meine Hände in eine wirkliche, objektive äußere Welt hineinfließt, und ich kann innerhalb dieser äußeren Welt Einfluss nehmen und schaffen. Wie großartig ist doch der Mensch! Wir denken, und durch unsere Körper geht die Wirklichkeit in die äußere Welt über. Wir schaffen nicht wie Gott aus dem Nichts; dennoch ist es legitim, davon zu sprechen, dass ein Künstler schöpferisch tätig ist, ja, dass jeder von uns kreative Fähigkeiten hat.

Früher habe ich mich dagegen gesträubt, Wörter wie »kreativ« oder »schaffen« auf Menschen zu beziehen. Ich meinte, sie sollten Gott vorbehalten bleiben. Inzwischen bin ich jedoch zu der Überzeugung gelangt, dass man zu Recht von den »Schöpfungen« des Menschen sprechen kann. Die Schöpfung Gottes unterscheidet sich natürlich von meinen Machwerken. Gott kann durch sein *fiat*, sein Schöpferwort, aus dem Nichts schaffen. Das kann ich nicht, denn *nur er* ist unendlich. Gott ist bei seiner Schöpfung nur durch sein eigenes Wesen begrenzt. Ich bin nicht nur durch mein Wesen, sondern auch durch meine Endlichkeit begrenzt. Wenn ich schaffe, bringe ich etwas in der äußeren Welt hervor, die *Gott* geschaffen hat. Und doch ist es bei Berücksichtigung der Begrenzungen und der Unterschiede völlig angemessen zu sagen, dass Gott *schafft* und dass auch wir *schaffen*.

Man kann sogar sagen, dass es dem Menschen unmöglich ist, nicht fortwährend und wirklich etwas zu schaffen. Selbst wenn ich damit aufhören wollte, könnte ich es nicht. Es ist mir unmöglich, nicht ständig wirklich Dinge aus meiner Gedankenwelt in der äußeren Welt zu schaffen und ihnen bleibenden Ausdruck zu verleihen. Ein Maler denkt zunächst und bringt dann ein Bild hervor. Aber zuerst einmal war es *in seinem Denken*. Dasselbe gilt für den Ingenieur, für die Frau, die kunstvoll Blumen steckt, für mich, der ich dieses Buch schreibe. Wo immer wir die Schöpfung eines personalen Wesens finden, trägt sie – im Unterschied zu einem reinen Zufallsprodukt – immer Spuren des Denkens. Es gibt natürlich einige Grenzfälle wie Tropfsteine oder ein Stück Treibholz, in die wir Formen »hineinlesen«, aber ich kann fast immer, wenn ich etwas anschaue, sagen, ob es Zeichen der Personalität und des Denkens in sich birgt, oder ob es lediglich ein Produkt mechanischer Kräfte ist. Trotz seiner »Theorie des Zufalls« trifft Jacques Monod, der Verfasser von *Zufall und Notwendigkeit*, sicherlich bei den Dingen des Alltags dieselbe Unterscheidung, wenn er das anschaut, was ihn umgibt.

Die »Christliche Wissenschaft«, das fernöstliche Denken und der philosophische Idealismus sind eher Fälschungen des Wahren als komplette Lügen. Diese Philosophien sind als Systeme und in ihrer Richtung völlig falsch, aber sie sind nicht dumm. Sie fangen die Menschen nicht ein, indem sie nichts sagen, sondern indem sie die Wahrheit *verfälschen*. Unsere Schöpfungen sind keine Ausdehnung unseres eigenen Wesens, aber sie offenbaren etwas von uns selbst; genauso schuf Gott etwas, was wesensmäßig von ihm unterschieden und doch eine Offenbarung seiner selbst ist. Der Mensch hat einen Körper, und er lebt in einer wirklichen, objektiven Welt. Aber die Gedanken stehen an erster Stelle; sie sind von zentraler Bedeutung. Hier also ist das geistliche Leben des Christen verankert: im Bereich des Denkens.

Unter diesem Blickwinkel möchte ich nun einige Elemente christlichen oder geistlichen Lebens, die wir in den ersten Kapiteln dargestellt haben, noch einmal betrachten.

Erstens stellten wir fest, dass wir im echten geistlichen Leben allen Dingen gestorben sein müssen, den guten wie den schlechten, damit wir vor Gott leben können. Das ist immer etwas Inneres; es kann nichts Äußeres sein. Und dann sollen wir so leben, als seien wir schon von den Toten auferweckt worden und in die äußere Welt zurückgekehrt. Das ist nun nichts Inneres, sondern etwas Äußeres. Die Strömung geht vom Inneren zum Äußeren.

Zweitens war von der Innewohnung des Heiligen Geistes die Rede. Das Wort »innewohnen« zeigt schon an, dass es dabei um etwas Inneres geht. Danach kommt die Frucht des gekreuzigten, auferstandenen und verherrlichten Herrn, die durch meinen Leib in die äußere Welt fließt – ob durch meine Lippen, indem ich etwas sage, oder durch meine Hände, die einen Hammer halten, um ein Haus für jemand zu bauen, der es braucht.

Drittens: Die Liebe ist etwas Inneres. Wir sagten, dass wir Gott so sehr lieben sollen, dass wir zufrieden sind. Wir sollen die Menschen so sehr lieben, dass wir nicht neidisch sind. Das sind innere Dinge, aber in unseren Taten fließen sie in die äußere Welt hinaus.

Viertens: Wir stellen auch eine umgekehrte Zielrichtung fest. Die Schläge des Kampfes in der äußeren Welt der Menschen treffen mich außen. Sie haben verschiedene Formen: handgreiflicher Widerstand, das Zuwerfen einer Tür, die Verbrennung eines Buchs, ein hartes Wort oder ein Stirnrunzeln. Das alles trifft mich in der äußeren Welt. Wenn sie in der äußeren, körperlichen Welt blieben, wäre ich eine Maschine und würde keine Schmerzen empfinden und Tränen vergießen. Die »Schläge« gelangen aber durch meine Sinne und meinen Leib hindurch bis in mein Inneres, mein Denken. Wenn ich nun von diesen Schlägen getroffen werde, sage ich Gott entweder Dank, oder ich lehne mich gegen ihn auf. In jedem Fall wird die Folge bald auch in der äußeren Welt sichtbar werden.

Fünftens sprachen wir von »aktiver Passivität« und haben uns dabei mit Maria vor der Geburt Christi befasst. Dazu schreibt Mary Baker Eddy, die Gründerin der »Christlichen Wissenschaft«, in ihrem Buch *Glaube und Gesundheit*:

Diejenigen, die sich für die Christliche Wissenschaft interessieren, sind zu der herrlichen Einsicht gelangt, dass Gott der alleinige Urheber des Menschen ist. Die jungfräuliche Mutter empfing diese Idee Gottes und gab ihrem Ideal den Namen Jesus, das bedeutet ›Joshua‹ oder ›Retter‹. Die Erleuchtung des geistlichen Sinns der Maria brachte das Gesetz des Materiellen und seine Zeugungsordnung zum Schweigen und brachte ihr Kind durch die Offenbarung der Wahrheit hervor.

Das ist eine entsetzliche Verdrehung. Maria empfing die Vorstellung, so heißt es, und sie brachte das Kind hervor. Nichts ist weiter von der Wahrheit entfernt. Hier geschah doch etwas ganz anderes: Der Engel kam zu Maria und sagte ihr, sie werde etwas hervorbringen, und zwar nicht etwas, was die Unwichtigkeit der materiellen Welt würde, sondern das Gegenteil: Der Heilige Geist zeugte im Leib der Jungfrau Maria das Kind Jesus Christus – einschließlich seines sehr wirklichen Leibes.

Mary Baker Eddy irrt sich hier also. Wir wollen aber den anderen Aspekt, den der aktiven Passivität, nicht vergessen. Ein Wort, das von dem Engel ausging, erreichte Maria, und in ihrem Denken traf sie eine Entscheidung. Sie sagte nicht: »Ich möchte« oder »Ich will«. Sie erhob sich vielmehr zu Gott und übergab ihm als Magd des Herrn ihren Leib.

»Siehe, ich bin des Herrn Magd; mir geschehe nach deinem Wort.« Maria musste sich zuerst in ihrem Denken mit diesen Dingen auseinandersetzen. Es besteht kein Anlass anzunehmen, dass der Heilige Geist physisch – wirklich physisch, in ihrem Leib – den Leib Jesus Christi hervorgebracht hätte, wenn sie »nein« gesagt hätte. Nun ist dieses Ereignis völlig einmalig; es gibt nur eine einzige Jungfrauengeburt in Raum und Zeit. Aber wie wir gezeigt haben, ist in anderer Hinsicht diese aktive Passivität auch unsere Haltung. In unserer Gedankenwelt sollen wir uns vor dem Heiligen Geist beugen, und wenn wir uns dann ihm hingeben, fließt die Frucht des auferstandenen und verherrlichten Christus durch unseren Leib in die äußere Welt hinein.

Nun wollen wir zwei Dinge beachten, die uns selbst betreffen. Sie widersprechen dem östlichen Denken (ob es nun westliche Namen trägt oder nicht) wie auch dem modernen westlichen Denken. Erstens: Wir sind als endliche, begrenzte Wesen erschaffen und können daher nicht in derselben Weise schöpferisch sein wie Gott; aber es ist wunderbar, dass ich trotz all meiner Begrenzungen in der Lage bin, etwas in die äußere Welt hinein hervorzubringen; dass ich aus meinen Gedanken als wirklicher anfänglicher Ursache etwas hervorbringen kann, was dann in Stein oder Stahl oder Holz oder auf der Leinwand oder im Leben anderer Menschen vor mir steht. Zweitens: Auch nachdem ich Christ geworden bin, kann ich eine Maschine sein, *die den Tod bringt*. Obwohl ich Leben, ewiges Leben, habe, kann ich für diese äußere Welt ein Instrument des Todes sein, wenn ich mich dem Satan hingebe und nicht Christus. Wie großartig ist es, ein Mensch zu sein, der nach dem Bild Gottes geschaffen ist! Aber wie ernüchternd ist es, dass ich aus meinem Denken entweder etwas hervorbringen kann, was zum Leben führt, oder etwas, was anderen den Tod bringt.

Wir wollen nun drei Schlussfolgerungen ziehen.

Erstens müssen wir festhalten, dass ich die Wirklichkeit der Gemeinschaft mit Gott und der Liebe zu Gott nur in meinem Inneren erfahren kann. Es ist sinnlos, über die Liebe zu Gott zu reden, wenn wir dabei nicht begreifen, dass sie sich in der inneren Welt unserer Gedanken ereignet. Wirkliche persönliche Gemeinschaft bleibt nie äußerlich. Sie verbindet immer das Zentrum einer Person mit dem einer anderen. Das gilt zum Beispiel für den Bereich ehelichen Lebens, die Beziehung zwischen Mann und Frau, wie Gott sie haben will. Wenn man nur körperlichen Kontakt hat, hat man noch keine Gemeinschaft auf einer persönlichen Ebene. Der Kontakt muss sich vielmehr bis ins Zentrum der Person erstrecken. Erst dann kann man von Gemeinschaft sprechen. Daher haben wirkliche menschliche Gemeinschaft und wirkliche Liebe zum Menschen ihren Sitz in unserem Denken. Das mag äußere Folgen und Ausdrucksformen haben, aber die Liebe selbst ist innerlich. Dasselbe gilt für unsere Liebe zu Gott.

Wenn die Christen nur das lernen könnten, so würden sehr viele Probleme hinsichtlich des christlichen Lebens ganz anders aussehen. Wir müssen erkennen, wie wichtig das Denken ist. Es zeichnet mich als Menschen im Unterschied zur Maschine aus. Ich bin ein Mensch, und mein Auftrag ist, Gott von ganzem Herzen, von ganzer Seele und mit meinem ganzen Denken zu lieben.

Die *zweite* Schlussfolgerung ist die, dass sich der wirkliche Kampf um Menschen in der Welt der Gedanken und Vorstellungen abspielt und nicht in einem äußeren Bereich. Jede Ketzerei zum Beispiel nimmt ihren Anfang im Denken. Wenn neue Mitarbeiter nach L'Abri kommen, betonen wir daher immer, dass wir uns für Gedanken interessieren und nicht so sehr für Persönlichkeiten oder Organisationen. Gedanken sollen diskutiert werden, nicht Persönlichkeit oder Organisation. Gedanken und Vorstellungen sind der Bestand des Denkens, und aus ihnen gehen alle Dinge hervor: Gemälde, Musik, Gebäude, Liebe und Hass mit ihren praktischen Auswirkungen, auch die Folgen der Liebe zu Gott oder die Auflehnung gegen ihn. Die Frage, wo ein Mensch die Ewigkeit verbringen wird, hängt davon ab, ob er in der objektiven Welt die Gedanken, die logisch fassbare Wahrheit, die Tatsachen des Evangeliums liest oder hört; ob diese dann mittels seiner körperlichen Organe in die innere Welt seiner Gedanken getragen werden, und ob er dann dort, in seinem Denken, Gott entweder aufgrund des Inhalts des Evangeliums glaubt oder ihn einen Lügner nennt.

Das ist nicht einfach eine mystische oder existentialistische Erfahrung. Es ist keine »Grenzerfahrung« im Sinne von Karl Jaspers, nur in religiöse Begriffe gekleidet. Es ist keine inhaltslose Halluzinationserfahrung, wie sie durch Drogen vermittelt wird. Man kann dies vielmehr vernunftgemäß ausdrücken, denn es geht um Gedanken, um den Inhalt einer frohen Botschaft. Die

Ewigkeit eines Menschen hängt davon ab, ob er diese Botschaft in der inneren Welt seines Denkens annimmt oder ablehnt ob er Gott glaubt oder ihn einen Lügner nennt.

Aus diesem Grund kann die Verkündigung nie in erster Linie eine Sache der Organisation sein. Die Verkündigung des Evangeliums ist eine Sache der Gedanken, großartiger Gedanken, die Gott uns in der Heiligen Schrift offenbart hat und die wir weitergeben sollen. Der Glaube ist keine inhaltlose Erfahrung, sondern er beruht auf inhaltlich klar umrissenen Gedanken. Wenn wir unsere Lehren darlegen, müssen es daher Gedanken sein, nicht irgendwelche Phrasen. Wir können mit Lehren nicht wie mit Bestandteilen eines Puzzles umgehen. *Rechte Lehre* setzt sich aus Gedanken zusammen, die Gott in der Bibel offenbart hat, Gedanken, die der Wirklichkeit der äußeren Welt, wie Gott sie geschaffen hat, und des Menschen, wie Gott ihn geschaffen hat, entsprechen und die auf das Denken zurückwirken können, wo dann danach gehandelt wird. Der Kampf um Menschen hat seinen Mittelpunkt in der Welt der Gedanken.

Die *dritte* Schlussfolgerung ist die kürzeste: Das geistliche Leben des Christen beginnt immer im Inneren, in unserem Denken. Alles, was wir bisher über die Freiheit von den Fesseln der Sünde in diesem Leben und über die Freiheit von den Folgen dieser Fesseln der Sünde in diesem Leben gesagt haben, ist ohne die Wirklichkeit, dass Gott denkt und dass bei jedem Schritt das Innere zuerst kommt und entscheidend ist, leeres Gerede, eine psychologische Beruhigungspille. Der geistliche Kampf wird immer in der Welt der Gedanken gewonnen oder verloren.

10. Substanzielle Heilung psychologischer Probleme

Im letzten Kapitel haben wir uns mit dem Problem des Denkens befasst. Nun wollen wir fragen, welchen Einfluss das geistliche Leben auf die psychologischen Probleme, das heißt auf das Problem der Trennung des Menschen von sich selbst, seiner *inneren Selbstentfremdung*. Wie Gott eine Person ist, die denkt, handelt und fühlt, so bin auch ich eine Person, die denkt, handelt und fühlt. Dabei ist die Person eine Einheit. Ich kann die Teile, aus denen ich bestehe, in verschiedener Weise betrachten: als Leib und Geist oder als meinen physischen und meinen geistlich-geistigen Teil. Ich kann zwar zu Recht meinen Verstand, meinen Willen und meine Gefühle gesondert betrachten. Aber ich darf darüber nicht das biblische Konzept vergessen, wonach der Mensch nicht nur aus einzelnen Teilen besteht, sondern eine Einheit ist. Hier sollte unser Denken seinen Anfang nehmen. Es gibt einen Francis Schaeffer, der weder eine Sammlung isolierter Einzelteile noch lediglich ein Bewusstseinsstrom ist. Alles, was diese Einheit verletzt, zerstört das, was der Mensch grundsätzlich ist und sein muss.

Wenn ich das einmal begriffen habe, wird klar, dass wir den Begriff »Sünde« nicht auf ein forensisches Element einengen dürfen. Das forensische Element – das heißt die Wirklichkeit von Schuld und Strafe – gehört auf jeden Fall dazu, weil Gott heilig ist und mich für schuldig erklären muss; aber »Sünde« ist nicht nur eine Frage des Rechts, sondern umfasst weit mehr.

Wahrheit ist nicht nur abstrakt; es gibt auch eine Wahrheit dessen, was ich bin. Wenn wir uns mit dem Menschen beschäftigen, müssen wir zwei Grundfragen beantworten. Einmal die »Frage des Seins« überhaupt und die der »Existenz des Menschen« im Besonderen. Niemand kann sich der grundlegenden Tatsache entziehen, dass er existiert. Für den Nichtchristen ergeben sich aus dieser Tatsache endlose Fragen. Wer er auch sein und was für eine Philosophie er vertreten mag, er existiert nun einmal. Er kann sich dieser Tatsache nie entziehen, auch nicht, wenn er Selbstmord begeht, denn dann bleibt immer noch die Tatsache, dass er existiert hat. Über dieses Problem des Seins müssen wir also nachdenken.

Die zweite Grundfrage lautet: Wer bin ich, der ich hier existiere? Mit anderen Worten: Ich bin; aber was bin ich im Vergleich zu dem, was Gott ist? Ich existiere und Gott existiert; worin besteht aber der Unterschied zwischen meiner Existenzweise und der Existenzweise Gottes? Und worin besteht anderseits der Unterschied zwischen meiner Existenz und der Existenz von Tieren, Pflanzen und leblosen Dingen, die doch alle auch existieren? Wir haben also einerseits die Frage der Existenz überhaupt, anderseits die des Unterschieds zwischen mir und Gott auf der einen und Tieren, Pflanzen und Maschinen auf der anderen Seite.

Auf die Frage der Existenz überhaupt gibt es ohne den persönlichen Schöpfer, den Gott der Bibel, keine vernünftige Antwort.[4] Damit behaupte ich nicht, dass es keine vernünftigen Antworten ohne das Wort »Gott« gibt, denn man kann das Wort »Gott« verwenden, ohne den Bedeutungsinhalt des unendlichen, persönlichen Gottes zu haben, der der Schöpfer ist, wie die Bibel ihn darstellt. Nicht das *Wort* »Gott« ist also die Lösung, sondern die *Existenz* dieses Gottes der Bibel. Ohne die Existenz dieses persönlichen Schöpfers gibt es keine Antwort auf die Existenz als solche. Ohne einen unendlichen Bezugspunkt persönlicher Natur gibt es keine Antwort. Wenn der Mensch mit dieser Frage ringt, müssen zwei Dinge gegeben sein. Er braucht einen unendlichen Bezugspunkt, aber selbst ein unendlicher Bezugspunkt ist nicht hoch genug. Der unendliche Bezugspunkt muss persönlicher Natur sein – und das ist der Gott der Bibel. Wenn ich mich als Christ vor diesem Gott, der wirklich da ist, beuge, kann ich anderseits die einzige logische Position, die der Nichtchrist einnehmen kann, überwinden. Der Nichtchrist muss nämlich – sofern er seine Position konsequent zu Ende denkt – bewusst, aber stumm in dem »Kokon seines Seins« wohnen, ohne überhaupt irgendetwas zu wissen, was außerhalb von ihm ist. Das ist das letztendliche Dilemma jeder Art von Positivismus. Es ist eine hoffnungslose Situation: Wenn der Nichtchrist wirklich rational und intellektuell konsequent sein will, kann er nur in einem stillen Kokon leben. Er weiß allenfalls, dass er selbst existiert, aber er kann keinen einzigen Schritt aus diesem Kokon heraus tun.

---

4 Die folgende Argumentation ist sehr abgekürzt und thesenhaft. Ausführlicher findet sie sich in meinem Buch ... *und Er schweigt nicht* (Originaltitel: *He is There and He is Not Silent.*

Wenn sich jedoch ein Christ vor Gott beugt, kann er aus dieser Situation heraustreten und dabei ganz rational bleiben. Der Ungläubige weiß vielleicht, dass er selbst existiert, aber wenn er in seiner Position wirklich konsequent sein will, kann er sonst nichts wissen. Er kann nicht wissen, dass etwas anderes existiert. Sein Problem ist nun, dass er so nicht leben kann – und kein Mensch lebt so. Als vernunftbegabtes Wesen kann der Mensch nicht in diesem Kokon des Schweigens leben. Daher wird er unmittelbar in seinem eigenen Intellekt verurteilt, und nicht nur von Gott, der sagt: »Du bist ein Sünder!« Gott hat ihn als vernünftiges Wesen erschaffen. Er wird *von seinem ureigenen Wesen* verurteilt!

Gott hat ihn als rationales Wesen erschaffen. Er kann nicht aus diesem Kokon heraustreten, und doch muss er es – und so wird er von sich selbst niedergemacht. Das ist nicht nur ein Rechtsakt Gottes, der mir sagt: »Du bist schuldig!« – wenngleich es auch diesen Rechtsakt gibt. Was der Mensch *ist*, hat ihn von sich selbst getrennt. Die Spannung besteht im Menschen selbst. Wenn sich andererseits ein Christ vor dem persönlichen Schöpfer beugt – nach dem allein die Existenz des Menschen lauthals ruft –, dann erschließt sich von seinen Füßen bis hin zum Ende der Unendlichkeit eine Brücke von Antworten und Sinngebung. Darin liegt der Unterschied.

Der christliche Glaube lehrt zwei Dinge: Es gibt Gott, den unendlichen, persönlichen Gott, und wir sind nach seinem Bild geschaffen, und daher gibt es uns. Gott sprach, und sein Wort steht in Einklang mit dem, was er geschaffen hat.

Das Wunderbare ist nun, dass diese Antworten nicht einfach ein abstrakt definierendes Verständnis des Seins vermitteln, obwohl das an sich schon wunderbar wäre. Sie laufen vielmehr auf Gemeinschaft mit dem unendlichen, persönlichen Bezugspunkt hinaus, auf Gemeinschaft mit Gott selbst. Das ist großartig. Dann kann man anbeten. Dann finden wir wirklichen Gottesdienst; nicht in Glasfenstern, Kerzen und Altargemälden und auch nicht in inhaltslosen Erfahrungen, sondern in der Gemeinschaft mit dem Gott, der wirklich da ist – Gemeinschaft für die

Ewigkeit und Gemeinschaft schon jetzt mit dem unendlichen, persönlichen Gott als »Abba, Vater«.

Damit kommen wir zur zweiten Frage: Was bin ich als Mensch, der ich nun einmal existiere? Man könnte mehrere Antworten geben, aber heutzutage ist »rational und moralisch« wohl die beste Antwort. Ich bin, ich existiere, aber ich existiere eben als rationales und moralisches Wesen. Mit dieser Aussage grenze ich mich gleichzeitig nach zwei Seiten hin ab. Vor allem bin ich von Gott unterschieden, weil er unendlich ist, ich aber endlich bin. Er existiert, und ich existiere; er ist ein persönlicher Gott, und ich bin nach seinem Bild personal geschaffen. Aber er ist unendlich, während ich endlich bin. Auf der anderen Seite bin ich von den Tieren, Pflanzen und Maschinen unterschieden, weil sie nicht persönlich sind, während ich Person bin. Wer bin ich also? Ich bin Person, ich bin rational, ich bin ethisch. Als personales Wesen bin ich Gott ähnlich. Als endliches, begrenztes Wesen hingegen gleiche ich dem Tier und der Maschine, die ebenfalls endlich sind. Getrennt bin ich von ihnen, weil ich im Gegensatz zu ihnen Person bin.

Die Auflehnung des Menschen besteht darin, dass er versucht, außerhalb des Kreises, des Rahmens, zu existieren, in dem er nach Gottes Willen existieren soll. Er versucht zu sein, was er nicht ist. Damit gerät er jedoch in einen Widerspruch zu seinem eigentlichen Wesen. Der in Auflehnung gegen Gott befindliche Mensch wird nicht erst in der Zukunft von Gott gerichtet, sondern schon in der Gegenwart von seinem eigentlichen Wesen.

Das können wir uns in zwei Bereichen deutlich machen; zuerst im Bereich der *Vernunft*. In diesem Bereich neigt der Mensch dazu – und zwar in unserer Zeit in besonders hohem Maß –, sich auf einen ganz und gar mystischen *Sprung* zu verlassen, um wirkliche Antworten etwa auf die Frage nach der Einheit des Ganzen und nach dem Sinn menschlichen Lebens zu bekommen. Einerseits denkt er: »Warum muss man die Existenz vernünftig, rational sehen? Warum nimmt man nicht einfach an, sie sei irrational?« und andererseits wird er von sich selbst gerichtet. Weil Gott ihn in einer bestimmten Weise geschaffen hat, erkennt er, dass es ein bestimmtes Maß an rationaler Einheit geben muss. Daher hat jeder Mensch diese Spannung in sich selbst, die dadurch hervorgerufen wird, dass er von Gott als vernünftiges Wesen erschaffen wurde. Im Unterschied zu Tieren und Maschinen ist er vernünftig, und diese seine Vernunft verurteilt ihn. Er will sich nicht vor Gott beugen und muss deshalb seine Vernunft vergewaltigen und einen Sprung ins Dunkle, ins Irrationale, tun. Doch während er ins Dunkle springt, ist seine Vernunft immer da und fordert eine grundsätzliche Antwort auf die Frage der Einheit der einzelnen Teile; auf diese Weise ist er ständig im Zwiespalt und innerlich zerrissen. Er erreicht keine einheitliche Schau des Seins, indem er von sich selbst ausgeht und sich dann nach außen vorarbeitet. Dazu gehört unbegrenzte, unendliche Vernunft. Deshalb erlebt der Mensch im Bereich der Vernunft eine natürliche Trennung von sich selbst.

Dasselbe gilt für den Bereich der *Moral bzw. Ethik*. Der Mensch verspürt in sich Regungen, die darauf schließen lassen, dass es so etwas wie »objektiv Rechtes« und »objektiv Unrechtes« wirklich gibt; dass es also nicht einfach eine an der Meinung der Mehrheit oder am Lustprinzip orientierte Ethik gibt, sondern wahre Ethik. Wenn er aber nur von sich selbst ausgeht, kann er keine absoluten Maßstäbe hervorbringen, ja, er kann nicht einmal die ärmlichen relativen Maßstäbe einhalten, die er sich gesetzt hat. Daher wird der Mensch im Bereich der Ethik wie in dem der Vernunft von sich selbst erdrückt und verurteilt, wenn er versucht zu sein, was er nicht ist. Er ist nun einmal auf Gemeinschaft mit Gott hin angelegt.

Wir können uns diesen Gedanken noch in anderer Weise klarmachen. Man kann sagen: »Personal« ist ein Wesen, das denkt, handelt und empfindet. Mit dem Denken haben wir uns schon befasst. Betrachten wir also das Handeln. Es wird von Willen und Tat bestimmt – aber alles steht meinem Willen entgegen. Ich will etwas Bestimmtes tun, aber ich kann meinen Willen nicht in unendliche, unbegrenzte Tat umsetzen. Das schafft nicht einmal der Maler auf dem kleinen Ausschnitt seiner Leinwand. Ich kann auch bei den kleinsten Dingen des Lebens keine unbegrenzte Tat vollbringen, geschweige denn bei großen Dingen. Wenn ich unbegrenzte Freiheit fordere, ob nun für das Leben im Ganzen oder für einen kleinen Bereich des Lebens, kann ich sie nicht haben. Ich kann in der konkreten Tat nicht »Gott« sein. Also falle ich wieder zu Boden, erdrückt von den natürlichen Spannungen in mir selbst.

Dasselbe gilt für den Bereich der Empfindungen und Gefühle. Dafür gibt es kein besseres Beispiel als Sigmund Freud und seine Verlobte. Freud, der nicht wirklich an Liebe glaubt – er behauptet ja, dass alles letztlich auf Sexualität zurückzuführen sei – und der als Mensch doch wirkliche Liebe braucht, schreibt an seine Verlobte: »Wenn du zu mir kommst, kleine Prinzessin, liebe mich *irrational*.« An dieser Stelle kommt Freud selbst in erschütternder Weise zum Stillstand, würde ich sagen. Er wird von dem verurteilt, was er ist, von der Empfindung *wirklicher* Liebe, die er spürt, weil er nach dem Bild Gottes geschaffen ist. Wir stoßen also wieder auf die Tatsache, dass es im Menschen, der sich gegen Gott aufgelehnt hat, diese Trennung von sich selbst gibt.

Bei der Auflehnung, bei dem Versuch, den Kreis dessen, was der Mensch ist, zu verlassen und in den Kreis der Existenz Gottes einzutreten, bricht der Mensch auf Schritt und Tritt in sich zusammen. An diesem Punkt hat er zwei – und nur zwei – Möglichkeiten, um im Rahmen der Rationalität zu bleiben. Er kann in die ihm angemessene Stellung zurückkehren, als persönliches Geschöpf vor dem persönlichen Schöpfer. Oder er kann sich selbst unter Wert verschleudern. Die Entscheidung für diese zweite Möglichkeit wird nicht unbedingt auf intellektueller Basis und aufgrund von Tatsachen getroffen, sondern weil der Mensch in seiner Auflehnung lieber »nach unten absteigen« als an seinen angemessenen Ort als Geschöpf vor dem absoluten Schöpfer zurückkehren will. Daher entscheidet er sich, »nach unten« zu gehen, denn er muss entweder zurück – oder aber nach unten gehen.

Der Mensch in der Auflehnung gegen den wahrhaft existierenden Gott hat keinen Zeigefinger, der wie der Zeigefinger Johannes des Täufers in den Renaissancegemälden nach oben zeigt. Stattdessen nimmt der sündige Mensch einen Platz unter den niedrigeren Existenzformen ein und steigt von seinem Sein als Mensch in die niedrigere Existenz der Tiere und der Maschinen hinab.

Der Mensch ist daher in jedem Teil seiner Natur von sich selbst getrennt. Gleichgültig, an welchen Bereich man denkt – er ist von sich selbst getrennt: in der Vernunft, in der Moral, im Denken, im Handeln, in den Empfindungen. In seiner Auflehnung ist er wegen seiner wirklichen moralischen Schuld von Gott getrennt, und er wird von seinem eigentlichen Wesen verurteilt, wenn er Gott sein will und doch nicht sein kann, weil er endlich ist. Er wird ferner verurteilt, wenn er sich auf eine Stufe mit Tieren oder Maschinen stellen will, eine Stellung, die ebenfalls seinem eigentlichen Wesen widerspricht. Er trägt immer noch Spuren des Bildes Gottes an sich. So wird er von zwei Seiten her verurteilt, und zwar einfach durch das, wozu Gott ihn geschaffen hat. Jeder Teil seiner Natur spricht davon, dass er Mensch ist. Wie dunkel auch die Nacht seiner Seele in seiner Auflehnung sein mag, es gibt Stimmen, die von jedem Teil seiner Natur heraus sagen: »Ich bin Mensch; ich bin Mensch.«

Es ist daher kein Wunder, dass der Mensch durch den Sündenfall nicht nur von Gott und nicht nur von anderen Menschen (vgl. Kain und Abel) getrennt ist, sondern auch von der Natur und *von sich selbst*. Im Tod werden Leib und Seele für einige Zeit getrennt sein; aber Gott hat bereits in diesem Leben ein Zeichen gesetzt, dadurch dass der einzelne Mensch schon jetzt in vielen Bereichen von seinem Leib getrennt ist. Wenn wir in 1. Mose 3 den Fluch lesen, den Gott auf den Menschen gelegt hat, sehen wir, dass ein großer Teil davon sich auf die *jetzige* Trennung des Menschen von sich selbst bezieht. Das Schwergewicht liegt hier auf dem physischen Aspekt, aber es geht um mehr.

Und zur Frau sprach er: Ich will dir viel Beschwerden machen in deiner Schwangerschaft; mit Schmerzen sollst du Kinder gebären. [Sie ist also ihrem eigenen Leib entfremdet.] Nach deinem Mann wirst du verlangen; er aber soll dein Herr sein.

Und zum Mann sprach er: Weil du auf die Stimme deiner Frau gehört und von dem Baume gegessen hast, von dem ich dir gebot: du sollst nicht davon essen, so ist um deinetwillen der Erdboden verflucht. [Dieser Fluch bezieht sich auf den Bereich der Natur außerhalb des Menschen.] Mit Mühsal sollst du dich von ihm nähren dein Leben lang. Dornen und Disteln soll er dir tragen, und das Kraut des Feldes sollst du essen. Im Schweiße deines Angesichtes sollst du dein Brot essen, bis du wieder zur Erde kehrst, von der du genommen bist; denn Erde bist du, und zur Erde musst du zurückkehren. (1Mo 3,16-19)

Mit dem Tod gibt es eine Trennung vom Leib, aber sie lässt nicht bis zum Tod auf sich warten. Es besteht schon hier und jetzt eine Trennung zwischen Mensch und Natur, und eine Trennung des Menschen von sich selbst. Der Mensch ist nicht nur von seinem Leib, sondern auch in der Welt der Gedanken, von der schon die Rede war, von sich selbst getrennt. Im jetzigen Leben ist der Mensch in sich selbst, in seiner Persönlichkeit, gespalten. Seit dem Sündenfall gibt es keine Person, die körperlich wirklich gesund oder psychisch vollkommen ausgeglichen ist. Infolge des Sündenfalls sind wir als Einheit und in allen unseren Teilen entstellt.

In dieser Situation versuchen moderne nichtchristliche Psychologen nun, Ganzheit in die Welt der Gedanken zu bringen. Aufgrund ihrer Denkvoraussetzungen versuchen sie allerdings, diese Integration auf der Ebene der Auflehnung herbeizuführen. Andere wollen diese Integration in einem Sprung in den »oberen Bereich«, den Bereich des Irrationalen, verankern; haben daher keine feste Grundlage. Folglich bestehen die Integrationsversuche der modernen Psychologie entweder darin, die »Defekte« der Person von den Tieren oder von mechanischen Abläufen her zu erklären, oder man versucht, mit Hilfe eines »romantischen Sprungs« zur Ganzheit zu gelangen. Das heißt nun nicht, dass wir von diesen Psychologen gar nichts lernen könnten. Sie sind sehr scharfe Beobachter und haben uns wertvolle Einsichten vermittelt; aber insgesamt sind sie der Not nicht gewachsen, weil sie den Menschen als etwas behandeln, was er nicht ist. Wir beauftragen gewissermaßen einen hervorragenden Automechaniker mit unserer körperlichen Heilung, nur weil wir gewisse Ähnlichkeiten zwischen der körperlichen Struktur des Menschen und dem Aufbau eines Motors erkennen. Ein Arzt mag vielleicht manches vom Automechaniker lernen können, aber unterm Strich reichen die Methoden des Mechanikers nicht zur Heilung aus. Ebenso wenig kann die moderne Psychologie die grundlegenden Fragen und Probleme des Menschen klären. Daher muss sich der Mensch vor diesen Problemen tief in seinem Inneren verstecken. Doch damit verursachen diese Probleme nur neue Zwiespälte und neue Narben. Auf irgendeiner Bewusstseinsebene kann der Mensch nicht vergessen, dass er Mensch ist. Er kann seine wahre Vernunft und seine wahre Moral nicht ganz verleugnen.

Aber gibt es denn in diesem Leben keine wirkliche Antwort? Keine wirkliche Heilung der inneren Spaltung des Menschen? Doch, es gibt, Gott sei Dank, eine Möglichkeit zur Heilung. Den Schlüssel bietet uns, so meine ich, in gewisser Weise die Antwort auf die Frage: Wie kommt es, dass diejenigen Psychologen, die – wie Carl Gustav Jung – in der Praxis so handeln, als gebe es Gott, und ihren Patienten bis zu einem gewissen Grad helfen können? Ich glaube, es liegt daran, dass letztlich nur das helfen kann, was der Wirklichkeit entspricht.

Ein Mann wie Jung benutzt zumindest das Wort »Gott«. Victor Frankl akzeptiert – im Grunde blind und irrational – das Gefühl irgendeines allumfassenden Sinns und Ziels. Das alles zielt in die richtige Richtung – vor allem die Aussagen derer, die wenigstens das Wort »Gott« gebrauchen – und daher können sie »Erste Hilfe« leisten. Die genannten Männer halten Gott zwar allenfalls für eine nützliche Illusion, bewegen sich aber in ihrem praktischen Handeln auf die Wirklichkeit zu. Gott ist ja tatsächlich da, ein persönlicher Gott, der im moralischen Sinne heilig ist. Diese Männer beugen sich nicht vor ihm und erkennen ihn daher nicht an, und doch stellen sie in der Praxis fest, dass sie so tun müssen, als gäbe es ihn.

An dieser Stelle müssen wir nun eine wichtige Unterscheidung treffen. Es gibt bei uns – den in sich selbst gespaltenen

Menschen nach dem Sündenfall – tatsächlich rein *psychologische Schuldkomplexe*. Ich meine, dass evangelikale Christen hier oft sehr hart urteilen. Sie neigen dazu, sich so zu verhalten, als gebe es keine psychologische Schuld. Aber die gibt es genauso, wie es Knochenbrüche gibt. Psychologische Schuldkomplexe sind wirklich und grausam. Aber die Christen wissen, dass es daneben wirkliche Schuld gibt, moralisch-ethische Schuld vor einem heiligen Gott. Wir haben als Menschen nicht *nur* mit psychologischer Schuld zu kämpfen – das ist der Unterschied, den wir festhalten wollen.

Der psychisch zerbrochene Mensch ist verwirrt, weil er in sich das Gefühl wirklicher Schuld hat, aber von den Anhängern des modernen Denkens gesagt bekommt, das seien nur »Schuld*gefühle*«. Er wird diese Gefühle nie los, denn während es zwar reine Schuldgefühle *gibt*, hat er auch ein wirklich ethisches Bewusstsein und kennt das Gefühl wirklicher Schuld. Man kann ihm tausendmal sagen, dass es keine wirkliche Schuld gibt. Man wird nie einen Menschen finden, der nicht irgendwo in seinem Gewissen solche Regungen hat.

Wir haben schon von der Befreiung von der Diktatur unseres Gewissens gesprochen und haben gesehen, dass eine eindeutige Parallele zwischen der Rechtfertigung und der Befreiung besteht. Ich komme als Christ vor Gott, nenne eine bestimmte Sünde Sünde und nehme das vollkommene Werk Christi für mich in Anspruch. Ich kann Gott Dank sagen, und dann kann mein Gewissen beruhigt sein. Wir wollen festhalten, dass bei diesem Prozess die wirkliche Schuld nicht übersehen wird; sie wird nicht unter den Teppich gekehrt. Wirkliche Schuld wird in einen völlig rationalen Rahmen gestellt, und innerhalb dieses Rahmens setzen wir uns mit ihr auseinander; wobei Verstand und moralische Empfindungen einbezogen werden, ohne dass zwischen ihnen ein Bruch besteht. Auf der Grundlage der Existenz Gottes und des vollkommenen Stellvertretungswerkes Jesu Christi wird mein Schuldproblem gelöst, ohne dass ich meine Vernunft vergewaltigen muss: Ich akzeptiere, dass ich für meine Schuld verantwortlich bin; weil ich absichtlich Dinge tue, die ich als unrecht erkannt habe. Ebenso vernunftgemäß, wirklich und objektiv kann diese meine Schuld dann aufgrund des unendlich wertvollen Stellvertretungswerks Christi von mir genommen werden. Nun kann ich meinem Gewissen zu schweigen gebieten. Die wirkliche Schuld ist von mir genommen, und ich weiß, dass alles, was noch übrigbleibt, meine psychologische Schuld ist. Mit ihr, einem Teil des Elends des gefallenen Menschen, kann ich mich dann auseinandersetzen.

Es ist nutzlos zu behaupten, es gebe keine wirkliche Schuld, denn der Mensch weiß von seinem Wesen her, dass es wirkliche moralische Schuld gibt. Aber wenn ich weiß, dass die wirkliche Schuld wirklich von Christus weggenommen worden ist und ich mich deshalb nicht vor den Grundfragen tief in mir selbst fürchten muss, dann kann ich erkennen, dass das Gefühl der Schuld, das noch übrig ist, psychische Schuld ist und sonst nichts. Gewiss, psychische Schuldgefühle können grausam und quälend sein. Aber ich kann nun offen damit umgehen – ich sehe sie als das, was sie sind –, ohne wirklich moralische und psychische Schuld weiterhin durcheinanderzubringen. Wir werden in diesem Leben nie psychisch vollkommen sein, genauso wenig, wie wir es physisch sind. Aber, Gott sei Dank, kann ich mich nun frei bewegen. Der alte Teufelskreis nimmt nun endlich ein Ende; der Hund hört auf, seinem Schwanz nachzujagen. Das Licht kann hereinkommen, und alles hat seine Orientierung. Ich kann mich als ganzer Mensch bewegen, und meine Vernunft hat wirklich ihren Ort und ist dort aufgehoben. Ich rechne nicht damit, vollkommen zu werden. Ich warte vielmehr auf die Wiederkunft Jesu Christi und die Auferstehung des Leibes, durch die ich dann moralisch, physisch und psychisch vollkommen sein werde. Aber aufgrund des vollkommenen Werkes Christi kann diese psychische Spaltung schon jetzt, in diesem Leben, substanziell überwunden werden. Es wird keine vollkommene, aber doch eine wirkliche und substanzielle Überwindung sein.

Um es noch einmal klar zu sagen: Seit dem Sündenfall haben alle Menschen psychische Probleme. Es ist völliger Unsinn und eine Romantik – die nichts mit biblisch begründetem Christsein zu tun hat – zu behaupten, ein Christ habe nie psychologische Probleme. Alle Menschen haben psychische Probleme. Sie treten in verschiedenen Formen und Ausmaßen auf, aber seit dem Sündenfall haben alle Menschen in irgendeiner Weise psychische Probleme. Und auch damit hat der gegenwärtige Aspekt des Evangeliums und des vollkommenen Werkes Christi am Kreuz von Golgatha zu tun.

Evangelikale Christen reden und handeln oft, als bestehe der Mensch nur aus dem sichtbaren, über der Oberfläche befindlichen Teil des »psychischen Eisbergs«. Seit dem Sündenfall ist der Mensch jedoch in sich gespalten. Daher gibt es seit dem Fall den Teil meiner selbst, der unterhalb der Oberfläche ist. Wir können es am Bild des Eisbergs darstellen, bei dem ein Zehntel über und neun Zehntel unter der Oberfläche sind, oder die psychologischen Begriffe »Unter- und Unbewusstes« verwenden. In jedem Fall muss ich wissen, dass es in meinem Sein etwas gibt, was sich tief unter der Oberfläche meines Bewusstseins ausbreitet. Wie wir schon sagten, ist es unmöglich, *in irgendeinem bestimmten Augenblick* zu sagen: »Ich weiß, dass ich vollkommen und von aller wissentlichen Sünde frei bin.« Wer weiß denn schon genau, was er über sich selbst weiß? Das gilt in unseren besten Augenblicken, und es gilt erst recht, wenn psychische Probleme und Stürme über uns – auch uns Christen – hereinbrechen. Wenn jemand zu mir kommt, der sich in einem psychischen Sturm befindet und wirklich zerrissen ist, ist es nicht nur unvernünftig, sondern auch grausam, ihn in jedem Fall aufzufordern, zwischen wirklicher Schuld und psychischer Schuld zu trennen.

Wir haben alle unsere Probleme und Stürme, und manche werden besonders stark von ihnen geschüttelt. Ist es nicht wunderbar, inmitten dieser Stürme zu wissen, dass wir nicht in jedem Fall wirkliche Schuld und psychische Schuld auseinanderhalten müssen? Wir leben nicht vor einem mechanischen Universum, und wir leben auch nicht nur vor uns selbst, wir leben vor dem unendlichen und persönlichen Gott. *Gott kennt die Grenze zwischen meiner wirklichen Schuld und meinen Schuldgefühlen.* Meine Aufgabe ist es, mein bewusstes Leben zu leben; und ich darf Gott

bitten, mir zu helfen, ehrlich zu sein. Ich soll für den Teil des Eisbergs, der *über* der Oberfläche ist, Gott anrufen und bekennen,
was ich als wirkliche Schuld erkenne, und sie unter das unendlich wertvolle, vollkommene Werk Jesu Christi stellen. Wenn wir
im Umgang mit dem, was über der Oberfläche ist, so ehrlich
sind, wie man nur sein kann, bezieht Gott das meiner Ansicht
nach auf das Ganze – und das ist auch die Erfahrung vieler Kinder Gottes. Allmählich hilft uns dann der Heilige Geist, tiefer in
uns hineinzusehen.

Weil der Wert des Todes Christi grenzenlos und unendlich
ist, können wir wissen, dass *alle wirkliche Schuld bedeckt ist* und
die Schuldgefühle, die noch bleiben, keine wirkliche Schuld
sind, sondern ein Teil des Elends des gefallenen Menschen. Sie
entstammen dem historischen Sündenfall, der Menschheitsgeschichte und meiner persönlichen Vergangenheit. Diese Dinge »Augenblick für Augenblick« zu begreifen, ist ein wichtiger
Schritt in der Freiheit von den *Folgen* der Fesseln der Sünde und
in der substanziellen Heilung der Trennung des Menschen von
sich selbst.

11. Substanzielle Heilung der ganzen Person

Im letzten Kapitel sprachen wir von substanzieller Heilung. Das
Wort »substanziell« soll dabei zwei Aspekte umschreiben: Die
Heilung kann und muss *wesensmäßig sichtbar* sein, aber sie wird
in diesem Leben *nicht vollkommen* sein.

Nach Aussage der Bibel sind Wunder zweifellos möglich, und
unsere Erfahrung bestätigt dies. Wir haben Wunder erlebt, bei
denen Gott zu einem bestimmten Zeitpunkt in die Geschichte
eingriff und umfassende Heilung im physischen oder psychischen
Bereich schenkte. Aber zugleich weist die Bibel wie auch unsere
Erfahrung eindeutig darauf hin, dass Gott das zwar manchmal
tut, aber nicht immer. Das ist nicht immer eine Frage des Glaubens bzw. fehlenden Glaubens. Gott ist Person und hat seine ei-

genen Pläne. Wenn jemand körperlich nicht geheilt wird, dürfen wir daraus nicht unbedingt auf fehlenden Glauben schließen.

Selbst wenn Gott jemanden von einer bestimmten Krankheit völlig heilt, muss das nicht heißen, dass der Betreffende dann in jeder Hinsicht vollkommen gesund ist. Vielleicht heilt Gott jemanden völlig von einem Leistenbruch, um nur ein Beispiel zu nennen. Gott tut dieses Wunder als Antwort auf Glauben, als Gebetserhörung und in Übereinstimmung mit seinen Plänen. Aber das heißt nicht, dass dieser Mensch nun in jeder Hinsicht körperlich vollkommen ist. Vielleicht hat er noch in derselben Nacht Kopfschmerzen! Doch bei diesem Wunder kann man zu Recht von »substanzieller« Heilung sprechen. Dasselbe gilt für psychische Heilung. Jemand, der psychische Heilung erfahren hat, ist nicht für den Rest seines Lebens psychisch vollkommen. Ich denke dabei oft an Lazarus nach seiner Auferweckung. Er war danach sicherlich manchmal körperlich krank; vielleicht litt er an Depressionen. Wir dürfen auch nicht vergessen, dass er später wieder gestorben ist. Die Folgen des Falls setzen sich bis zur Wiederkunft Christi fort.

Wenn wir nicht bereit sind, physisch, ethisch oder psychisch weniger als vollkommen zu sein, werden wir nicht einmal das haben, was wir haben können. An diesem Punkt sind auch Christen in Gefahr, wie Gott sein zu wollen, das heißt sie setzen sich bewusst oder unbewusst extrem hohe Maßstäbe, weil sie sich selbst einen ungewöhnlichen Wert beimessen. Manchmal tun wir das selbst, manchmal tut es auch unsere Familie. Eine Familie setzt ihr Kind vielleicht unnötig unter Druck, indem sie ungewöhnlich hohe Erwartungen in Leistung oder Verhalten an es heranträgt – nur weil das Kind eben *ihr* Kind ist. Wenn man den Schrei hört: »Ich bin nicht so gut wie die anderen«, heißt das in Wirklichkeit oft: »Ich will besser als die anderen sein und bin es nicht.« An diesem Punkt müssen wir unbedingt ehrlich sein. Allzu leicht haben wir auch als Christen die alte Sehnsucht in uns, zu sein wie Gott, so dass wir bei uns denken: »Ich bin ich, und darum sollte ich andere übertreffen.« Wir leugnen die Lehre vom Sündenfall und bauen eine neue Romantik auf, wenn wir die Wirklichkeit unserer Begrenzungen, einschließlich unserer psychischen Kämpfe, nicht akzeptieren. Indem wir versuchen zu sein, was wir nicht sein können, schaden wir uns selbst und verlieren das, was »wirklich« sein kann.

Ich soll mich selbst nicht in den Mittelpunkt des Universums stellen und darauf bestehen, dass sich alles nach den Maßstäben richtet, die ich mir um meiner Überlegenheit willen auferlegt habe. Ich soll nicht sagen: »So und so muss ich sein«, und wenn ich dann nicht so bin, völlig verzweifeln.

Das gilt natürlich nicht nur für den psychischen Bereich, sondern für alle Beziehungen des Lebens. Man braucht nicht viel seelsorgerliche Erfahrung, um Ehepaare zu kennen, die sich um das bringen, was sie haben könnten, weil sie sich einen *falschen Maßstab der Vollkommenheit* gesetzt haben. Sie haben sich auf der gefühlsmäßigen oder auf der körperlichen Seite der Liebe eine romantische Illusion aufgebaut, und wenn ihre Ehe ihren eigenen hochgeschraubten Maßstäben nicht gerecht wird, werfen sie alles über Bord. Weil sie etwas Besonderes sind, müssen sie das Liebespaar des Jahrhunderts sein. Gewiss geht es bei vielen Ehescheidungen und vielen Fällen zweiter oder dritter Ehen genau um diesen Punkt. Ein Ehepaar weigert sich, weniger als das zu akzeptieren, was es als romantische Möglichkeit vor Augen hat, und vergisst dabei, dass der Sündenfall *Sündenfall* ist. Ein anderes Paar will vielleicht sexuelle Erlebnisse, die über das hinausgehen, was man nach dem Sündenfall haben kann. Plötzlich geht eine Ehe kaputt – alles zerbricht, zwei Menschen gehen auseinander und zerstören etwas, was wirklich möglich und schön gewesen wäre, nur weil sie sich *überhöhte Maßstäbe* gesetzt haben und die gute Ehe, die sie haben könnten, nicht wollen.

Wir warten auf die Auferstehung des Leibes und darauf, dass das vollkommene Werk Christi den ganzen Menschen völlig verwandelt. Darauf warten wir. Aber diesseits des Sündenfalls und vor der Wiederkunft Christi dürfen wir nicht darauf bestehen, »Vollkommenheit oder überhaupt nichts« zu erreichen, denn dann bleibt uns wirklich nichts. Und das gilt für den Bereich psychischer Probleme wie in allen anderen Bereichen des Lebens.

Nun dürfen wir aber auch nicht in das andere Extrem verfallen und *weniger* als das erwarten, was wir in dem Bereich des Seins haben können, für den Gott uns geschaffen hat – in seinem Bild, und normal. Was heißt das? Wir wollen es uns an Pawlows Experiment mit der Glocke klarmachen, mit dem die Versuche mit *bedingten Reflexen* begannen. Er sperrte einen Hund in einen Zwinger und läutete vor jeder Fütterung eine Glocke. Nach einer angemessenen *Konditionierung* setzte jedes Mal, wenn die Glocke läutete, die Speichelproduktion des Hundes ein. Das ist bei Hunden völlig angemessen, denn so sind sie, und so wurden sie von Gott erschaffen. Aber wehe dem Menschen, wenn er sich so zu verhalten beginnt, als sei er nicht mehr als der Hund, denn wir sind nicht in diesem Schöpfungsrahmen erschaffen worden. Wir sind in dem Schöpfungsrahmen nach dem Bild Gottes geschaffen worden, nicht nur als *moralische*, sondern auch als *rationale* Wesen.

Der Gedanke des *bedingten Reflexes* hat auch beim Menschen eine gewisse Berechtigung. Wenn ich mir meinen Körperbau ansehe, erkenne ich, dass es zum Beispiel bei der Muskulatur mechanische Vorgänge gibt. Aber das ist nicht alles, was der Mensch ist. Wenn man einen Menschen wie eine Maschine behandelt, geht man am Eigentlichen vorbei, und wenn man einen Menschen behandelt, als bestünde er lediglich aus psychologischen Reflexen und Bedingungen, geht man am Wesentlichsten vorbei. Wenn wir uns also als Christen mit psychischen Problemen befassen, müssen wir es in der Erkenntnis dessen tun, was der Mensch ist. Ich bin nach dem Bild Gottes geschaffen, also bin ich *rational* und *moralisch*, und mein Verhalten wird daher *bewusst* und *verantwortlich* sein. Wir dürfen nicht glauben, wir könnten bei uns oder bei anderen einfach mechanische Reflexe auslösen, und danach wäre alles in Ordnung. Wenn wir das tun, verleugnen wir die Lehren, die wir angeblich glauben. Bei allem Handeln gibt es immer den Aspekt des *Bewussten*, weil Gott uns so geschaffen hat.

Unser grundlegendes psychisches Problem ist der Versuch, zu sein, was wir nicht sind; und zu tragen, was wir nicht tragen können. Vor allem sind wir nicht bereit, die Geschöpfe zu sein, die wir vor dem Schöpfer sind. Stellen wir uns einmal vor, wir begegneten dem Atlas, dem Gebirge, der die Welt auf seinen Schultern trägt. In der klassischen Sage hat er keine Schwierigkeiten damit, weil er der Atlas ist! Wir begegnen ihm irgendwo an der Küste Nordafrikas, wo das Atlasgebirge liegt. Er sieht uns und schlägt uns vor, wir sollten einige Zeit lang die Welt tragen. Was geschieht? Wir werden zerquetscht, weil wir das nicht tragen können, was uns übergeben wurde. Die Parallele im psychologischen Bereich ist, dass der Mensch versucht, der Mittelpunkt der Welt zu sein, und sich weigert, das *Geschöpf* zu sein, das er ist. Er versucht, die Welt auf seinen Schultern zu tragen – und wird erdrückt, weil sie zu schwer für ihn ist. Es ist sehr einfach und keineswegs kompliziert: er wird erdrückt bei dem Versuch zu tragen, was niemand außer Gott tragen kann, weil nur Gott unendlich ist.

Man kann in verschiedener Weise *erdrückt* werden. Wenn man einen brüchigen Reifen zu voll pumpt, platzt er. Anlass dafür ist der übermäßige Druck, die eigentliche Ursache aber sind die brüchigen Stellen. Seit dem Sündenfall haben wir alle solche schwachen Punkte. Bei manchen liegen sie vor allem im körperlichen Bereich, bei anderen im seelischen. Wenn wir tragen, was wir nicht tragen können, wird etwas platzen, und zwar an der Stelle, wo unsere *angeborene Schwäche* liegt. Der entscheidende, überwältigende Druck besteht darin, den Integrationspunkt aller Dinge darstellen zu müssen, weil wir nicht bereit sind, die Geschöpfe zu sein, die wir sind. Wir weigern uns, die Existenz Gottes anzuerkennen. Selbst wenn wir seine Existenz mit dem Verstand anerkennen, weigern wir uns im praktischen Bereich, uns in unserem existenziellen Leben vor ihm zu beugen.

Die christliche Lehre antwortet zuerst im Bereich der Vernunft und dann auch in der Praxis auf die psychischen Folgen der Auflehnung des Menschen seit dem Sündenfall. Anders gesagt: Es ist nicht notwendig, außerhalb der Gesamtstruktur der christlichen Lehre psychische Heilung zu suchen. Das Evangelium von Christus ist nicht nur in der Theorie, sondern auch in der Praxis die Antwort – innerhalb der Einheit der biblischen Lehre und der Beziehung von Geschöpf und Schöpfer, von Erlöstem und Erlöser. Innerhalb dieser Struktur gibt es die Möglichkeit nicht nur einer theoretischen, sondern auch einer praktischen Psychologie.

Eine der psychischen Folgen der Auflehnung des Menschen ist die Angst. Sie tritt in vielen Formen auf, gewöhnlich aber vor allem in drei Bereichen: als Angst vor dem Unpersönlichen, als Angst vor dem Nichtsein und als Angst vor dem Tod. Wir kennen noch andere Formen der Angst, aber viele Ängste passen in diese Kategorien. Die Angst kann gering sein; sie kann aber auch entsetzliches Grauen großer Verzweiflung sein oder irgendwo zwischen diesen beiden Extremen liegen. Viele moderne Menschen, die zu einer Philosophie der Verzweiflung gekommen sind, haben ein solches Grauen vor der großen Finsternis durchgemacht. Viele Psychologen begegnen – wie Carl Gustav Jung – dieser Angst, indem sie ihren Patienten einfach sagen, sie sollten so tun, *als ob* es Gott gäbe. Etwa acht Tage vor seinem Tod definierte Jung in seinem letzten Interview Gott als das, was außerhalb meiner Selbst meinen Willen durchkreuzt oder was innerhalb meiner selbst aus dem kollektiven Unbewussten aufsteigt. Und er gab den Rat, es einfach »Gott« zu nennen und »ihm« nachzugeben; mit anderen Worten also zu tun *als ob*.

Die Bibel lehrt jedoch in ihrer Gesamtheit, dass Gott wirklich existiert. Er ist nicht einfach die Projektion des Vaterbildes. Vielmehr beginnt das christliche System mit der Erkenntnis und Verkündigung dessen, dass Gott objektiv existiert. Folglich braucht es nie eine Angst vor dem Unpersönlichen zu geben. Wenn aber der Mensch diesen Gott nicht hat, sieht er sich letztlich nur einem Strom von Energiepartikeln gegenüber. Oder er setzt Scheuklappen auf und verschließt sich diesem Ergebnis; dann bleibt ihm nur noch eine Menschheit ohne Gesicht. Je mehr er sich der Menschheit bewusst wird, desto deutlicher erkennt er auch ihre Gesichtslosigkeit. Daraus erwächst dann wirkliche Angst vor dem Unpersönlichen, und zwar zu Recht.

Der Christ weiß dagegen, dass es die Angst vor dem Unpersönlichen nicht zu geben braucht, weil der unendliche, persönliche Gott wirklich da ist. Das ist nicht einfach eine fromme Illusion. Wenn wir im Licht der Lehre leben, die wir angeblich glauben, vergeht diese Grundangst. Diese Erkenntnis liegt zugrunde, wenn christliche Eltern ihren kleinen Kindern sagen, sie brauchten keine Angst zu haben, wenn die Mutter das Zimmer verlässt. Das kleine Kind fürchtet sich davor, im Dunkeln allein zu sein, keine Person um sich zu haben. Zunächst bleiben wir vielleicht bei ihm und trösten es, aber irgendwann werden christliche Eltern zu ihm sagen: »Du brauchst keine Angst zu haben, weil Gott da ist.« Das ist eine tiefgründige Wahrheit, nicht nur für Kinder. Es ist ja gerade das Großartige am christlichen Glauben, dass die kleinen Dinge tiefgründig und die tiefgründigen Dinge überwältigend einfach sind.

Wenn die Mutter dem kleinen Kind sagt, dass Gott bei ihm ist, und wenn das Kind dann älter wird und selbst erkennt, dass man mit gutem Grund sagt, dass Gott da ist, dann hat das eine tiefe Bedeutung, die sich das ganze Leben hindurch als ausreichend erweisen wird; bei allen Wegen und Irrwegen des Denkens wie in der Dunkelheit der Nacht. Aufgrund der Existenz des biblischen Gottes und aufgrund dessen, wer er in der Gesamtstruktur des christlichen Glaubens ist, ist diese Aussage weder für das kleine Kind im Dunkeln bedeutungslos noch für den gewissenhaftesten Philosophiestudenten, der je durch die Dunkelheit philosophischer Spekulation gegangen ist. Sie brauchen beide keine Angst vor dem Unpersönlichen zu haben.

Die zweite Grundangst ist die Angst vor dem Nichtsein. Warum sind heute so viele Menschen in dieser Angst gefangen? Weil der Mensch keine Ahnung hat, wo er herkommt, und daher keine Antwort auf das Sein hat, wird er allmählich in die Kette des Zufalls eingeschlossen. Daher hat er Angst vor dem Nichtsein, und das zu Recht. Aber die Christen haben im Gesamtsystem des christlichen Glaubens die Antwort auf das Sein, wie wir schon gesehen haben. Wenn man die Antwort auf das Sein kennt, gibt es keine Angst vor dem Nichtsein. Ich wurde von einem unendlichen, persönlichen Gott erschaffen, und zwar wirklich außerhalb seiner selbst. Daher weiß ich, wer ich in meinem Sein bin. Meine

Existenz hat Gültigkeit. Wenn das so ist, besteht kein Grund zur Angst vor dem Nichtsein. Es besteht zwar Grund dafür, die Hölle zu fürchten, wenn ich in Auflehnung gegen Gott lebe, aber es gibt keine Angst vor dem Nichtsein.

Die dritte Grundangst ist die Angst vor dem Tod. Ich nenne sie zuletzt, weil sie die naheliegendste, offensichtlichste Angst ist; und weil aus christlicher Sicht ganz klar ist, dass wir vor dem Tod keine Angst haben sollten und keine Angst zu haben brauchen. Für die Christen besteht eine Kontinuität des Lebens, die wie eine ununterbrochene Linie von diesem Leben in die zukünftige Welt hinübergeht. Die Kluft wird mit der Wiedergeburt überwunden. Der Tod ist keine Kluft mehr, denn wir sind schon vom Tod ins Leben gegangen. In den ersten Kapiteln beschäftigten wir uns mit dem Berg der Verklärung und sahen dort die Kontinuität in Raum und Zeit. Jesus fährt zum Himmel auf. Stephanus sieht Jesus; Paulus sieht Jesus auf dem Weg nach Damaskus; Johannes sieht und hört Jesus auf Patmos. Folglich sollte es im Rahmen der Gesamtaussage der christlichen Lehre für die Christen offensichtlich sein, dass es keine Angst vor dem Tod zu geben braucht.

Aber nun müssen wir uns auch mit der praktischen Seite beschäftigen, denn dies ist nicht nur Theorie. Und hier müssen wir eingestehen, dass es inmitten seelischer Stürme nicht leicht ist, diese Wahrheiten auch anzuwenden. Aber wir können immerhin in einem vernünftigen Rahmen arbeiten, denken und reden, und das ist eine völlig andere Situation als die des Menschen, der sich gegen Gott auflehnt. In einer Zeit seelischer Nöte – seien sie kurz- oder langfristig – sollten wir einander helfen, aufgrund der gesamten in sich einheitlichen christlichen Lehre zu handeln. Das ist etwas ganz anderes als der Versuch, durch einen Sprung ins Dunkle ohne den Rahmen der Vernunft weiterzukommen. Wir müssen miteinander reden und uns gegenseitig helfen, im Licht der Wahrheit des ganzen christlichen Systems zu denken. Darin haben wir eine Basis für Gespräche und Kontakte, auf der wir wirklich stehen können. Das ist völlig anders, als wenn ein Psychologe seinen Patienten drängt, seine Ängste aufgrund der

Autorität und Persönlichkeit des Psychologen auf diesen abzu-
wälzen – vor allem, wenn man weiß, dass der Psychologe auch
seine Probleme hat.

Nun möchte ich auf einen weiteren Bereich eingehen, in dem
es Konflikte und Spannungen gibt; den Bereich der Überlegen-
heitsgefühle und der Minderwertigkeitskomplexe anderer Menschen gegenüber. Viele von uns bewegen sich beinahe wie ein
Pendel zwischen Überlegenheit und Minderwertigkeit hin und
her. Dies ist eine Frage des Vergleichs zwischen mir und anderen,
der aus der Tatsache, dass wir soziale Geschöpfe sind, erwächst.
Kein Mensch lebt für sich allein auf einer einsamen Insel. Wir
werden auf diese Frage später noch im Hinblick auf die Gemeinschaft eingehen, wenn wir uns mit der Beziehung des Christen
zu anderen Menschen befassen. Jetzt beschränken wir uns zunächst auf die inneren Folgen von Gefühlen der Überlegenheit
wie der Minderwertigkeit. Mit Überlegenheitsgefühlen versuche
ich, meinen Rang und mein Ansehen in Beziehung auf andere
zu vergrößern, als sei ich nicht ein Geschöpf unter ebenbürtigen
Geschöpfen. Für einen Christen beruhen Status und Wert aber
nicht auf relativen Beziehungen zu anderen. Als Christ finde ich
meinen Wert nicht im Ansehen oder darin, dass ich mich anderen überlegen fühle. Meinen Wert und mein Ansehen finde ich
darin, dass ich vor dem Gott stehe, den es wirklich gibt. Mein
grundsätzlicher Wert und mein grundsätzlicher Rang hängen
nicht davon ab, was andere über mich denken. Die Probleme der
Überlegenheit werden also in einen völlig anderen Rahmen gestellt, und ich kann mit ihnen fertig werden, ohne Angst zu haben, dass ich meinen Wert und mein Ansehen verliere, wenn ich
meine Überlegenheit begrenze.

Dasselbe gilt auch für Minderwertigkeitsgefühle. Sie sind
die Umkehrung, der Gegenschlag des Uhrpendels, nachdem
ich meine Überlegenheit sozusagen an die Wand gehängt habe.
Wenn ich die Wirklichkeit dessen erkenne, dass ich ein Geschöpf
bin, komme ich gar nicht auf die Idee, unbegrenzt oder unendlich oder besser als andere sein zu wollen. Ich weiß, was ich bin:
ein Geschöpf. Ich sehe mich selbst im Licht der Tatsache, dass

ich von Gott geschaffen bin, und im Licht des wirklichen, geschichtlichen Sündenfalls. Ich begreife damit, was ich bin und
was andere Menschen sind. Das ist ein völlig anderer Ausgangs-
punkt. Ich muss nicht den Wunsch und die Erwartung nähren,
ich sei anderen wirklich überlegen, und mich dann minderwertig
fühlen, weil ich es nicht bin. Diese Einsicht öffnet mehr als alles
andere das Fenster, durch das die Sonne hereingelassen wird. Die
Probleme der Überlegenheit und der Minderwertigkeit können
im Gesamtrahmen der biblischen Lehre genauso tiefgreifend gelöst und geheilt werden wie Schuldgefühle. Durch Gottes Gnade
wollen wir als Christen auf der Grundlage dessen handeln, was
wir glauben!

Hier ist noch eine weitere Stärke des christlichen Glaubens
zu nennen. Wenn ich diese Zeichen der Spannung und des Kon-
flikts in mir finde, kann ich auch etwas dagegen tun. Welche
Spuren der Sünde ich auch in mir finde, ich bin damit nicht in
einer Sackgasse gelandet, weil das Blut Jesu Christi mich von
aller Schuld reinigen kann; und zwar nicht nur einmal, sondern
so oft ich es brauche. Es besteht immer die Möglichkeit eines
wirklichen Neuanfangs innerhalb eines völlig vernünftigen Rahmens. Gott sei Dank, dass es diese Möglichkeit aufgrund des unendlichen Werts des Blutes Jesu Christi gibt, das am Kreuz von
Golgatha vergossen wurde!

Nun wollen wir uns auch noch über einige Aspekte einer positiven psychischen »Gesundheitspflege« Gedanken machen. Anstatt mich selbst in den Mittelpunkt des Universums zu stellen,
muss ich als Christ etwas anderes tun. Dieses andere ist nicht nur
richtig – es nicht zu tun, wäre Sünde –, sondern es ist für mich
persönlich in diesem Leben wichtig. Ich muss mein Denken dem
Denken Gottes angleichen und meinen Willen seinem Willen
angleichen. Wenn wir Gottes Gedanken annehmen, wie er sie
und sich selbst in seiner Schöpfung und insbesondere in der Bibel
offenbart hat, bedeutet das, dass wir eine in sich schlüssige und
allumfassende (nennen wir es »integrative«) Antwort auf das Leben haben, sowohl intellektuell wie auch in der Praxis. Auf jeder
anderen Grundlage ist es unmöglich, eine solche integrative Ant-

wort zu haben. Auf jeder anderen Grundlage bliebe mir nichts als der Satz des Predigers Salomos: »... alles ist eitel und ein Haschen nach Wind unter der Sonne« (Pred 2,11), alles ist sinnlos. Wenn ich durch Gottes Gnade mir seine Gedanken zu eigen mache, wird mein Denken klar und integrativ – es ergibt ein umfassendes Gesamtbild, in dem alles Sinn macht. Dann kann ich aufhören, mich vor den Tatsachen zu verstecken, denen ich sonst nicht ins Auge zu blicken wage.

Dasselbe gilt für die »Integration«, den Zusammenhalt meiner Persönlichkeit, des ganzen Menschen. Ich muss nicht nur Gottes Gedanken, sondern auch seinen Willen annehmen. Es gibt nur einen Halt, der alles zusammenhält und zusammenhängend macht, nur einen Integrationspunkt, an dem alles zusammenläuft: Gott selbst. Paulus schreibt an die Epheser:

> Berauscht euch nicht mit Wein, worin ein heilloses Wesen liegt, sondern werdet voll Geistes, und redet zueinander mit Psalmen und Lobgesängen und geistlichen Liedern; singt und spielt in eurem Herzen dem Herrn. (Eph 5,18-19)

Paulus spricht hier vom Wein als falschem Halt, als falschem Integrationspunkt. Wenn ich dagegen den Heiligen Geist als Halt habe und durch ihn als Vermittler der Dreieinigkeit mit der ganzen Dreieinigkeit Gemeinschaft habe, habe ich Freude und Frieden und ein Lied. Dabei muss ich nicht vor mich hin pfeifend durch die Dunkelheit gehen; es kann in der Nacht Lieder geben, die von innen herauskommen. In diesem Beispiel ist vom Wein die Rede, aber Alkohol und Trunkenheit sind nicht die einzigen falschen Hoffnungen, sondern es gibt vieles, was ich als meinen Halt ansehen kann – anstelle Gottes selbst. In meiner Studienzeit schleppte ich so manchen Mitstudenten ins Bett, weil er im Alkohol seinen Halt gesucht hatte, und ich musste ihn frühmorgens kalt abduschen, weil er einen Kater hatte. In »Ausschweifung«, wie Paulus es nennt, liegt keine wirkliche Freude. Es ist der Versuch, einen Integrationspunkt, einen Halt zu finden, der in sich nicht genug sein kann. Und jeder andere Integrationspunkt außer Gott selbst wird zum selben frustrierenden Ergebnis führen. Das ist nicht einfach ein psychologischer oder theologischer Trick. So ist und »tickt« der Mensch nun einmal; so bin ich. Nichts anderes wird mir eine zusammenhängende, sinnvolle Identität geben, weil ich genau dafür geschaffen wurde: Gott mit meinem ganzen Herzen, mit ganzer Seele und mit meinem ganzen Verstand zu lieben. Keine andere Beziehung wird ausreichen. Es gibt Bereiche meines Seins, die von keiner anderen Beziehung umfasst werden.

Es gibt viele Situationen falschen Friedens und falscher Integration, und man tut gut daran, sich diese bewusst zu machen. Dazu gehört zum Beispiel Vergnügen und Unterhaltung. Ist uns klar, dass sogar *legitimes* Vergnügen der falsche Halt ist und genauso schlecht und zerstörerisch sein kann wie unmoralisches Vergnügen, wenn ich es an die Stelle Gottes setze? Es ist nichts Schlechtes am Sport als solchem. Viele Sportarten sind wirklich großartig. Wenn der Sport aber mein Integrationspunkt wird, wenn mein Lebensinhalt darin besteht, meinen Rekord im 5-Kilometer-Lauf um eine Sekunde zu verbessern, ist es aus mit mir.

Das gilt auch bei materiellen Dingen. Aus christlicher Sicht sind materielle Dinge an sich nichts Schlechtes. Wir haben kein System rein ästhetischer Werte. Es ist aber gut möglich, dass ein Christ zum Materialisten wird, etwa durch sein Auto oder seine Hightech-Geräte. Wer seinen Halt im Leben im materiellen Besitz sucht, ist ein wirklicher Materialist.

Auch gute Musik oder Kunst darf nicht unser Integrationspunkt sein. Ein Maler versucht, die diagonalen, waagerechten und senkrechten Linien in seinem Gemälde so zusammenzustellen, dass man beim Anschauen ein Gefühl der Ruhe und des Friedens hat. Das hat seinen Ort und ist gewiss nicht an sich falsch. Wenn es aber ein falscher Halt im Sinne eines höchsten Integrationspunktes ist, und unsere Zufriedenheit vom Anschauen einer ausgeglichenen Zusammenstellung von Diagonalen, Waagerechten und Senkrechten abhängt, ist es wirklich nicht in Ordnung. Auch bei der Musik ist es so. Musik schenkt uns wirklich Frieden. Es ist schön, wenn man auf seinem Gerät Musik abspielen kann, die einen zur Ruhe kommen lässt, aber als letzter Halt reicht auch das nicht aus. Nicht nur das Schlechte, sondern auch das Gute selbst kann zerstörend wirken.

Dasselbe gilt für die Sexualität. Heute dient die Sexualität oft als Versuch, ein Stück Wirklichkeit in einer Welt zu finden, die keinerlei Sinn zu haben scheint. Oft ist sie ein Versuch, in einem Universum, von dem man annimmt, es habe keinen Grund, doch auf den Grund zu kommen. Wenn die Sexualität zum absoluten Integrationspunkt wird, ist das völlig falsch. Ich rede hier nicht nur von sündigen sexuellen Beziehungen, sondern auch von Sexualität in angemessenen Beziehungen, wenn sie zum letzten Ruhepunkt wird. Sexualität soll ein Ruhepunkt sein, und als solcher kann sie schön sein, aber als *letzter* Ruhepunkt wirkt sie zerstörerisch.

Auch intellektuelle Ambitionen können falsche Integrationspunkte sein. Intellektuelle Ziele können zur Ehre Gottes dienen, aber heute dienen sie oft nicht der Suche nach der Wahrheit, sondern als bloßes Spiel, das viel spannender ist als Skifahren oder Schach. Wir in L'Abri sind der Meinung, dass das Christentum ehrliche intellektuelle Antworten geben kann, und dass jede ehrliche Frage auch eine ehrliche Antwort verdient. Aber das darf kein letzter Halt sein. Der letzte Halt, der höchste Integrationspunkt, ist Gott selbst.

Auch Christen kann es passieren, dass sie immer mehr intellektuelle Fragen zwischen sich selbst und die Wirklichkeit der Gemeinschaft mit Gott stellen. Selbst richtige Lehre kann zum falschen Integrationspunkt werden. Die Theologie ist heute oft ein anspruchsvolles Spiel, ein überaus spannender Denksport. Wenn ich keinen wirklichen Sinn in meinem Leben sähe und mir ein Spiel aussuchen müsste, um das absolute Vakuum der Existenz als Nichtchrist zu füllen, könnte ich mir meiner Erfahrung nach im gesamten Bereich der Philosophie und des Denkens kein spannenderes Spiel denken als das theologische Spiel. Fast die ganze moderne Theologie ist nur ein Spiel; sie ist nur eine Sache spielerischer Fähigkeiten. Aber selbst die rechte, orthodoxe Lehre kann zum reinen Intellektualismus als einem letzten Halt werden und uns dann von Gott trennen, anstatt die Türen zu ihm zu öffnen, was ihre eigentliche Aufgabe wäre. Auch religiöse Organisationen, einschließlich echter Gemeinden und guter kirchlicher Programme, die ihren berechtigten Ort haben, können Gift sein, wenn sie zum letzten Ziel werden.

Falsche Integrationspunkte können befriedigend erscheinen und sich dann doch als unzureichend erweisen, weil Teile des ganzen Menschen davon nicht erfasst werden können. Ich stelle mir einen solchen falschen Ankerpunkt als Mülleimer vor, in den wir einen Menschen hineinzupacken versuchen. Der Eimer ist aber nicht groß genug; wir drücken den Menschen hinein, aber sein Kopf ragt noch heraus. Nun nehmen wir ihn noch einmal heraus und drücken ihn dann wieder hinein, aber dieses Mal ragt noch ein Arm heraus. Wir bekommen nie den ganzen Menschen hinein, weil der Eimer einfach nicht groß genug ist. Das ist die Schwäche bei jedem falschen Integrationspunkt. Weil Gott uns nach seinem Bild und mit einem bestimmten Ziel geschaffen hat, hängen aus einem Leben, das den falschen Ankerpunkt hat, immer irgendwelche Einzelteile heraus. Psychologisch gesehen führt das zu neuen Persönlichkeitsspaltungen und einem neuen Zwang zu fliehen. Und mit jedem falschen Ankerpunkt verliert ein Christ etwas im Himmel, denn die Gläubigen werden einst gerichtet und belohnt werden. Für jeden falschen Halt in diesem Leben wird mich mein Vater in seiner Liebe züchtigen, weil er mich liebt und mich zu sich holen will.

Aber hier geht es auch noch um etwas anderes. Der Verlust liegt nicht nur in der Zukunft, auch nicht nur in dieser äußeren Welt unter der züchtigenden Hand des Herrn, sondern auch in uns selbst, in der Welt der Gedanken.

In unserer Zeit sind wir uns der Psychologie und psychischer Probleme so sehr bewusst geworden, wie es noch nie der Fall war. Ich sagte schon, dass es im Bereich der modernen Psychologie wertvolle Erkenntnisse gibt, weil diese Menschen sich um die Probleme gemüht haben. Sie kommen oft zu guten Teilergebnissen, aber ohne eine ausreichende Grundlage ist das nicht genug. Wenn Menschen nach dem Wort Gottes handeln und in dem

Maße, wie sie nach der Lehre und den Geboten der Bibel leben, haben sie in der Praxis eine ausreichende psychische Grundlage. Gott ist gut zu den Seinen. In dem Maß, wie ein Mensch im Lichte des Gebots der Offenbarung der Bibel lebt, hat er auch ein psychisches Fundament. Wenn wir einen gläubigen Dorfpfarrer alten Schlages finden, haben wir in ihm einen Menschen gefunden, der sich auf der Grundlage des Wortes Gottes mit psychischen Problemen befasst, auch wenn er das Wort Psychologie nie gehört hat oder es nicht versteht. Es ist besser, die rechte Grundlage zu haben und zu wissen, was der Mensch ist und welche Bestimmung er hat, als die Teilergebnisse der Psychologie innerhalb eines völligen Vakuums zu haben.

Wir sollten so viel wie möglich von den Erkenntnissen der Psychologen lernen, aber es gibt keine wirkliche Antwort auf die psychische Not des Menschen und seine erdrückende Last außerhalb der Beziehung von Schöpfer und Geschöpf; und ohne dass man die Bedeutung des Sündenfalls und des Stellvertretungswerks Christi in der Geschichte begreift.

Wenn ich meinen Platz als Geschöpf vor dem Schöpfer ablehne und mich ihm nicht zur Verfügung stelle, so ist das Sünde. Wie kann ich mich an Gott auf irgendeiner anderen Ebene als auf der meines Wesens und meiner Situation freuen? Alles andere bringt Elend und quält die arme gespaltene Person, die wir seit dem Sündenfall sind. Die einzige wirklich integrierte Lebensweise ist, Augenblick für Augenblick im Glauben auf der Grundlage des Blutes Christi und in der Kraft des Heiligen Geistes zu leben. Nur so kann ich in mir selbst zur Ruhe kommen, denn nur so versuche ich nicht, etwas zu tragen, was ich nicht tragen kann. Wenn ich anders lebe, gebe ich meinen eigenen Ruheplatz auf und verhindere die substanzielle psychologische Heilung, die ich als Christ in diesem Leben erfahren kann.

Das alles ist nichts Unpersönliches. Bei allem tue ich nicht nur so, »als ob« ich meine Last auf irgendein unpersönliches Etwas abwälzte. Ich folge vielmehr der Einladung des unendlichen, persönlichen Schöpfers, wie ich sie 1. Petrus 5,7 lesen kann: »Alle eure Sorgen werfet auf ihn, denn er sorgt für euch.« Das ist nichts

Unpersönliches. Wir folgen nur Gottes eigener Einladung, denn er fordert uns auf, alles bei ihm abzuladen, weil er für uns sorgt. Das ist das Gegenteil einer unpersönlichen Situation. Wir werfen unsere Sorgen nicht auf eine unpersönliche mathematische Formel, sondern auf den unendlichen, persönlichen Gott. Jesus sagt: »Kommet her zu mir alle, die ihr mühselig und beladen seid, so will ich euch Ruhe geben« (Mt 11,28). Das ist nicht nur eine Einladung an die Nichtchristen, sondern auch eine ständige Einladung an Gläubige. Jesus lädt uns ein, diese Sorgen nicht auf einen anderen zu werfen, sondern auf ihn. Wenn ich das einmal begriffen habe, brauche ich keine Angst mehr zu haben.

Es wäre meines Erachtens nicht ehrlich, wenn wir nicht zugeben würden, dass wir oft Angst haben, uns Gott und seinen Plänen zu überlassen – Angst, was dann kommen wird. Aber die Angst vergeht, wenn wir sehen, vor wem wir stehen. Wir stehen in einer lebendigen Beziehung zu dem lebendigen Gott, der uns liebt und seine große Liebe zu uns in der Weise gezeigt hat, dass Jesus am Kreuz starb. Die Angst vergeht, und wir haben den Mut, uns ihm ohne Furcht hinzugeben, wenn wir sehen, dass wir damit nicht in eine unpersönliche Situation oder in eine Welt, die uns hasst, oder in eine unmenschliche Menschenwelt geraten. Wir geben uns dem Gott hin, der uns liebt, und er ist kein Ungeheuer, sondern unser himmlischer Vater. Er wird uns im Kampf nicht verlassen. Er wird uns nicht als Waffen gebrauchen, ohne sich um diese Waffen zu kümmern. In seiner Hand werden wir im Kampf nicht nur nützlich sein, sondern durch alle Schläge, die wir im Kampf bekommen, werden wir ihm noch näher kommen, weil er unendlich und persönlich ist und weil er uns liebt.

Wenn ich mich in meinem Willen in diesem Leben wirklich vor Gott beuge, habe ich Gemeinschaft mit Gott als »Abba, Vater«. Dazu ist das Beugen im Bereich der Erkenntnis notwendig; aber die Gemeinschaft mit Gott erfordert auch das Beugen *in meinem Willen*, in den Bereichen, mit denen wir uns in diesem Kapitel befasst haben. Wir sind gerechtfertigt, wenn wir Christus als Retter angenommen haben. Aber die gegenwärtige Gemeinschaft mit Gott erfordert das ständige Beugen im Verstand wie im Willen. Ohne, dass ich mich mit meinem Denken vor Gott beuge, ohne dass ich Gottes Gedanken nach-denke, ohne, dass ich in diesem Leben auf der Grundlage des vollkommenen Werkes Christi handle, und ohne, dass ich mich mit meinem Willen in der Praxis, in den Stürmen dieses Lebens, beuge, gibt es keine letzte Gemeinschaft mit Gott. Ohne diese Voraussetzungen stehe ich nicht an meinem Platz als Geschöpf in einer gefallenen Welt, die nicht normal ist. Sie sind absolut notwendig, wenn es in meinem Leben wirkliche Gemeinschaft mit Gott geben soll. Wenn diese Voraussetzungen aber erfüllt sind, ist ein persönliches Verhältnis zu Gott, von Person zu Person, möglich und gegeben. In dem Maß, wie sie in der Praxis erfüllt sind, bin ich nicht von und in mir selbst getrennt. Der Schöpfer wird als »Abba, Vater«, schon jetzt meine Tränen abwischen, und dann wird es Freude geben. Das ist der Sinn echten geistlichen Lebens in meiner Beziehung zu mir selbst.

B. Die Trennung des Menschen von seinen Mitmenschen

12. Substanzielle Heilung in persönlichen Beziehungen

Wenn wir uns nun mit der Frage der Persönlichkeit, insbesondere mit Liebe und Gemeinschaft befassen, ist der Schlüssel dazu die Tatsache, dass Gott ein persönlicher Gott ist. Christliches Leben und Denken beginnt mit einem Gott, der unendlich und persönlich ist, wobei im christlichen System seine Persönlichkeit sehr zu betonen ist. Darum ist Persönlichkeit etwas Wirkliches und Entscheidendes im Universum und nicht einfach dem Zufall überlassen.

Aus dem Wort Gottes geht eindeutig hervor, dass Gott zunächst einmal auf der Basis dessen, was er selbst ist, mit uns handelt, und dann auch auf der Basis dessen, als was er uns geschaffen hat. Beides wird er nicht verletzen oder umstoßen. Gott handelt mit dem Menschen also immer auf der Grundlage einer persönlichen Beziehung, einer Beziehung von Person zu Person. Weil Gott unendlich ist, kann er mit *jedem* von uns persönlich handeln, als sei jeder der einzige Mensch, der existiert.

Gottes Umgang mit uns ist auch *nie etwas Mechanisches*. Es gibt dabei keinerlei mechanische Elemente. Sein Umgang mit uns ist auch *nicht in erster Linie gesetzlich-rechtlicher Natur*, auch wenn bestimmte rechtliche Gesichtspunkte in Gottes eigenem Wesen verwurzelt sind. Der Gott der Bibel ist anders als die Götter, die von Menschen gemacht sind. Er ist ein Gott, der ein Wesen hat und dieses Wesen ist das *Gesetz*, das dem ganzen Universum zugrunde liegt. Wenn der Mensch sündigt, verstößt er gegen dieses Gesetz und ist darum schuldig, so dass Gott zu Recht in dieser rechtlichen Beziehung mit uns handeln muss. Seitdem wir Sünder sind, müssen wir daher gerechtfertigt werden, bevor wir zu Gott kommen können. Obwohl Gott zu Recht in dieser rechtlichen Weise mit uns handelt, handelt er doch nicht vor allem rechtlich, sondern *persönlich* mit uns.

In diesen letzten beiden Kapiteln geht es um echtes geistliches Leben hinsichtlich des Problems meiner Trennung von den anderen. Es ist wohl angemessen, dass der erste »andere«, mit dem wir uns befassen, Gott ist und nicht ein anderer Mensch.

Genauso wie Gott mit den Menschen auf der Grundlage dessen, was er ist und was wir sind, handelt, sollten und müssen auch wir über ihn nachdenken und mit ihm umgehen. Wir dürfen unsere Beziehung zu Gott nie als etwas Mechanisches ansehen. Darum ist ein System priesterlicher Stellvertretung nie richtig. Wir können mit Gott *nie* in mechanischer Weise und auch *nicht nur* auf einer rein rechtlichen Basis umgehen. Die Beziehung eines Christen zu Gott muss vor allem persönlich, von Person zu Person sein.

Dabei bleibt natürlich der Unterschied, dass er der Schöpfer ist und wir Geschöpfe sind, bestehen. Das darf ich in all meinen Gedanken und Taten nie vergessen. Die persönliche Natur unserer Beziehung wird dadurch jedoch nicht beeinträchtigt. Es ist geboten, Gott von ganzem Herzen, von ganzer Seele und mit dem ganzen Verstand und Denken zu lieben. Er gibt sich nicht mit weniger zufrieden. Ich soll nicht nur gerechtfertigt werden, denn der Mensch wurde dazu erschaffen, in persönlicher Gemeinschaft mit Gott zu leben und ihn zu lieben. Das *Gebet* muss daher immer als Kommunikation zwischen Personen verstanden werden, nicht einfach als fromme Übung. Wenn das Gebet zu einer bloßen frommen Übung wird, ist es kein biblisches Gebet mehr.

Ausgehend von unserer persönlichen Beziehung zu Gott können wir nun auch über die Beziehungen zu unseren Mitmenschen nachdenken. In meinem Umgang mit Gott darf ich nie vergessen, dass die Grundlage die Beziehung von Geschöpf und Schöpfer ist; wenn ich nun mit meinen Mitmenschen umgehe, muss ich immer daran denken, dass diese Beziehung ganz anders ist: es ist eine Beziehung zwischen zwei gleichen, ebenbürtigen Partnern. Und doch sollte auch diese andersartige Beziehung persönlicher Natur sein. In der Bibel finden wir keine mechanischen zwischenmenschlichen Beziehungen. Das lässt sie nicht zu, weil Gott uns nicht als Maschinen geschaffen hat. Außerdem darf unsere Beziehung zu anderen Menschen nicht in erster Linie rechtlicher Natur sein, auch wenn bestimmte rechtliche Beziehungen zwischen Menschen angebracht sind. Das klingt nun zwar einfach, aber es ist ganz und gar nicht einfach. Es war oft die Sünde der Kirche, gerade diesen Punkt zu vergessen.

Wer gehört nun zu denen, mit denen ich eine solche persönliche Beziehung haben sollte? Dazu gehören alle, die von Adam abstammen. In Apostelgeschichte 17,26 heißt es: »Und er hat von einem Menschen alle Völker abstammen und sie auf dem Erdboden wohnen lassen.« Wir, die wir der Bibel glauben, bestehen darauf, dass es Adam wirklich gegeben hat, und daraus ergibt sich dann etwas sehr Konkretes: *Alle, die von Adam abstammen, gehören zu meiner Art.* Das ist also die ganze menschliche Rasse, und ich soll nun zu jedem Angehörigen dieser Rasse, mit dem ich in Verbindung komme, eine persönliche Beziehung haben; und zwar auf der Grundlage, dass wir ebenbürtige Partner sind.

Die Bibel teilt die Menschheit ausdrücklich in zwei, und nur zwei Gruppen ein: in diejenigen, die Christus als Retter angenommen haben, also Christen sind, und die, die ihn nicht angenommen haben; in solche, die Brüder in Christus sind, und solche, die es nicht sind. Durch diese Einteilung soll aber der wirklich christliche Gedanke nicht verschleiert werden, dass wir mit allen Menschen – nicht nur mit anderen Christen – in erster Linie auf einer persönlichen Ebene Umgang haben sollen. Aufgrund dieser Erkenntnis hat die Kirche schon immer darauf bestanden, dass die Ehe von Gott nicht nur den Erlösten, sondern allen Menschen gegeben wurde. Sie ist eine Ordnung Gottes für alle Menschen. Die Sünde des unerlösten Menschen und seine Trennung von Gott entfernt ihn nicht von den menschlichen Ordnungen Gottes.

Als der Herr Jesus Christus uns das grundlegende Gebot für unsere Beziehungen zu anderen Menschen gab, sprach er vom

»Nächsten«. Er sagte: »Du sollst deinen Nächsten lieben wie dich selbst.« An diesem Punkt soll nicht zwischen Christen und Nichtchristen unterschieden werden. Ich soll meinen Nächsten – jeden Menschen – lieben wie mich selbst. Jesus hat mit der Geschichte vom barmherzigen Samariter (Lk 10,27-37) ganz klargestellt, was er damit gemeint hat. Es ist sehr wichtig, dass im letzten der Zehn Gebote dasselbe Wort gebraucht wird: wir sollen nichts von dem begehren, was unserem Nächsten gehört (2Mo 20,17). Jeder Mensch ist mein Nächster, und ich soll daher eine wirkliche menschliche Beziehung zu ihm haben. Jedes Mal, wenn wir uns anderen gegenüber wie eine Maschine verhalten, verleugnen wir den zentralen Inhalt des Wortes Gottes: dass es einen persönlichen Gott gibt, der den Menschen nach seinem Bild geschaffen hat.

Wir können uns das auch noch aus einem anderen Blickwinkel anschauen. Der Mensch, der sich selbst anstelle Gottes in die Mitte des Universums gestellt hat, ist meist nach innen und nicht nach außen gerichtet. Er hat sich selbst zum letzten Integrationspunkt des Universums gemacht. Das ist der Kern seiner Auflehnung gegen Gott. Bei Gott wird das nicht zum Problem, denn wenn Gott sich selbst zugewendet ist, ist er doch ein dreieiniger Gott, und die Personen der Dreieinigkeit hatten schon vor der Erschaffung der Welt Liebe und Gemeinschaft untereinander. Wenn sich Gott also sich selbst als dem Mittelpunkt des Universums zuwendet, hat er immer noch Liebe und Gemeinschaft. Aber wenn ich nach innen gekehrt bin, habe ich niemand, mit dem ich Gemeinschaft haben könnte. Daher ist jeder Mensch für sich genau wie der Minotaurus – ein Mischwesen der griechischen Mythologie – der in seinem Labyrinth auf Kreta in seiner Einsamkeit abgeschlossen war. Das ist die Tragödie des Menschen. Er genügt sich nicht, aber es gibt niemand, der antworten könnte.

Das führt nicht nur zu psychischen Problemen, sondern zerstört auch meine Beziehung zu anderen. Wenn ich jedoch damit anfange, wirklich als ein Geschöpf zu denken und zu handeln, kann ich mich auch nach außen wenden und kann mich anderen

Menschen auf meiner Ebene zuwenden. Nun kann ich aufhören, Selbstgespräche zu führen. Sobald ich mich als anderen Menschen ebenbürtig betrachte, kann ich auch auf einer Ebene mit ihnen reden. Meine Gespräche erschöpfen sich nun nicht mehr in Selbstgesprächen. Wenn ich anerkenne, dass ich wirklich nicht Gott bin und dass wir seit dem Sündenfall alle sündig sind, kann ich echte menschliche Beziehungen eingehen, ohne mich selbst völlig aufzureiben, weil sie nicht vollkommen und in sich nicht genug sind.

Das Missliche an zwischenmenschlichen Beziehungen ist, dass der Mensch ohne Gott nicht erkennt, dass alle Menschen sündig sind, und sich zu sehr an seine persönlichen Beziehungen klammert, die dann zerbrechen. Es gab noch nie eine so große Liebe zwischen zwei Menschen, dass man sich daran hätte festhalten können. Sie wird allmählich zerbröckeln, wenn man sich zu sehr daran hängt. Und indem immer mehr zerbröckelt, wird die Beziehung zerstört. Wenn ich aber ein Geschöpf in der Gegenwart Gottes bin und erkenne, dass die letzte Beziehung diejenige zu dem unendlichen Gott ist, und die zwischenmenschlichen Beziehungen zwischen zwei ebenbürtigen Partnern sind, dann kann ich von einer menschlichen Beziehung das bekommen, was sie mir nach Gottes Plan geben soll, ohne dass ich diese Beziehung in unerträglicher Weise belaste. Mehr noch, wenn ich anerkenne, dass keiner von uns in diesem Leben vollkommen ist, kann ich mich an dem Schönen einer Beziehung freuen, ohne Vollkommenheit davon zu erwarten.

Vor allem aber muss ich begreifen, dass menschliche Beziehungen letztlich nicht genügen. Die letztlich ausreichende Beziehung muss die Beziehung zu Gott selbst sein. Als Christen haben wir diese Beziehung und können daher wirkliche Beziehungen zu anderen Menschen haben, ohne dass sie uns letztlich genügen müssen. Wir sind Sünder und wissen, dass wir in diesem Leben nicht vollkommen sein können, daher müssen wir menschliche Beziehungen – einschließlich der Ehe oder der Beziehungen unter Christen innerhalb der Gemeinde – nicht aufgeben, nur weil sie nicht vollkommen sind. Aufgrund des vollkommenen Werkes

Christi kann ich, wenn ich das einmal begriffen habe, auch verstehen, dass meine Beziehungen in diesem Leben wirklich geheilt werden können. Wenn zwei Christen in ihrer Beziehung an eine Grenze gekommen sind, können sie ihr Versagen miteinander unter das Blut Christi stellen und wieder neu anfangen. Man muss sich einmal klarmachen, was das im Bereich zwischenmenschlicher Beziehungen, in der Gemeinde, in der Familie und in der Beziehung zwischen Arbeitgeber und Arbeitnehmer für Folgen haben kann!

Wir können uns das auch noch von einer weiteren Perspektive her überlegen. Christen sollen ein Zeugnis der Existenz Gottes sein. Wenn wir uns aber als einzelne Christen und als Gemeinde mit weniger zufriedengeben als mit persönlichen Beziehungen zu anderen Menschen, wo bleibt dann das Zeugnis, der Beweis, dass Gott, der Schöpfer, ein persönlicher Gott ist? Wenn wir kein Zeugnis sind und die persönliche Beziehung zu anderen Menschen nicht ernstnehmen, sollten wir besser still sein. Es muss ein solches Zeugnis geben; es ist unser Auftrag zu zeigen, dass persönliche Beziehungen etwas Wirkliches und nicht nur leeres Gerede sind. Wenn einzelne Christen, wie auch die Gemeinde Christi im Ganzen, nicht zulassen, dass der Herr Jesus Christus durch sie in dieser Welt Frucht bringt, als ein Zeugnis im Bereich persönlicher Beziehungen, können sie nicht erwarten, dass die Welt glaubt. Lieblosigkeit entspricht nicht dem Wesen Gottes. Und allmählich wird nicht nur der andere Mensch untergehen, sondern auch ich selbst; schlimmer noch, das Zeugnis von Gott geht ebenfalls unter, wenn es außer einem Meer der Lieblosigkeit und der Unpersönlichkeit nichts anderes mehr gibt. Als Christen sollen wir uns nicht mit falscher Lehre verbünden. Aber mitten im Kampf gegen falsche Lehre dürfen wir nicht die rechten persönlichen Beziehungen vergessen.

So oft ich an anderen Menschen etwas Richtiges sehe, werde ich kleiner, und es fällt mir dann leichter, eine wirkliche Beziehung von Geschöpf zu Geschöpf zu haben. So oft ich aber an anderen etwas Falsches sehe, wird es gefährlich, denn dann neigt man zur Einbildung; und wenn das der Fall ist, bricht die Gemeinschaft mit Gott zusammen. Wenn ich also recht habe, kann ich doch auf dem falschen Weg sein. Wenn ich recht habe und dadurch eingebildet und hochmütig werde, wird die Gemeinschaft mit Gott zerstört. Es ist nicht falsch, recht zu haben, aber es ist falsch, die falsche Einstellung dazu zu haben und zu vergessen, dass meine Beziehungen zu meinen Mitmenschen immer persönlich sein müssen. Wenn ich einen Menschen wirklich liebe wie mich selbst, werde ich danach verlangen, dass er ist, was er auf Grund des Werkes Christi sein könnte; denn das ist es ja, was ich mir aufgrund des Werkes Christi für mich selbst wünsche oder wünschen sollte. Wenn es aber anders ist, zerbricht meine Gemeinschaft mit dem anderen wie auch meine Gemeinschaft mit Gott. Denn damit sündige ich und breche das Gebot, dass ich meinen Nächsten wie mich selbst lieben soll.

Das gilt auch dann noch, wenn der andere im Unrecht ist und ich selbst recht habe. Wenn es in 1. Korinther 13 heißt: »Die Liebe freut sich nicht der Ungerechtigkeit«, ist auch wirklich das gemeint. Wenn wir sehen, dass ein anderer im Unrecht ist, sollen wir uns nicht darüber freuen. Wie vorsichtig muss ich sein, wenn ich in eine Situation komme, in der ich recht habe und der andere im Unrecht ist, dass ich sie nicht als Ausrede dafür gebrauche, mich diesem Menschen überlegen zu fühlen, anstatt mich zu erinnern, wie die rechte Beziehung zwischen zwei Geschöpfen vor dem Schöpfer auszusehen hat.

Nun erhebt sich eine weitere praktische Frage. Wenn ich mich mit allen anderen Menschen auf einer Ebene sehen soll und in einer gefallenen Welt lebe, in der es Ordnung geben muss – woher soll dann diese Ordnung kommen? Die Menschen haben durch die Jahrhunderte hindurch mit dieser Frage gerungen. Ich würde allerdings sagen, dass dies aus der Sicht der Bibel keine schwierige, wenn auch eine überaus folgenschwere Frage ist. Die Bibel unterscheidet zwischen dem Menschen als Geschöpf und der Beziehung aufgrund der Stellungen, die Gott den Menschen gegeben hat. Im Mittelpunkt der Zehn Gebote steht das Vierte Gebot: »Du sollst deinen Vater und deine Mutter ehren.« Es gibt eine angemessene rechtliche Beziehung zwischen Eltern und Kindern. Das heißt nun aber nicht, dass alles vollkommen ist, wenn diese Beziehung in Ordnung ist. Ganz im Gegenteil! Auch wenn mein Kind mich ehrt, muss die Eltern-Kind-Beziehung noch nicht voll zum Tragen gekommen sein. Die Kinder sollen ihre Eltern lieben, und die Eltern sollen ihre Kinder lieben, und zwar auf einer persönlichen Ebene, innerhalb des rechtlichen Rahmens. Wenn wir das einmal sehen, verstehen wir auch alles Weitere. Hier haben Menschen verschiedene Stellungen, aber sie sind immer noch *Mitmenschen*. Wenn wir das begreifen könnten, würden wir die Tragödie schlechter Beziehungen zwischen Eltern und Kindern nicht mehr erleben. Mein Kind ist ein Geschöpf wie ich und auf derselben Ebene erschaffen. Ich stehe nicht wirklich über ihm. Einige Jahre muss es diese andere Art der Beziehung, die der Stellung, geben; aber dabei darf ich nie vergessen, dass mein Kind, auch wenn ich es noch in den Armen halte, ein Geschöpf ist wie ich. Mehr noch, wenn es noch als Kind Christ wird, darf ich nicht vergessen, dass es nicht nur ein Geschöpf wie ich, sondern auch mein Bruder oder meine Schwester in Christus, ist.

Die Kinder ihrerseits sollen nicht nur die ethisch angemessene Beziehung zu ihren Eltern haben, sondern sollen sich in Liebe um eine persönliche Beziehung zu ihnen bemühen. Alles Geringere als eine persönliche Beziehung zwischen Eltern und Kindern ist nicht nur falsch, sondern auch sehr leidvoll.

Im Epheserbrief finden wir eine Zusammenfassung der neutestamentlichen Sicht menschlicher Beziehungen:

Und berauschet euch nicht mit Wein, worin ein heilloses Wesen liegt, sondern werdet voll Geistes, und redet zueinander mit Psalmen und Lobgesängen und geistlichen Liedern; singet und spielet in eurem Herzen dem Herrn! Saget allezeit Gott, dem Vater, im Namen unseres Herrn Jesus Christus Dank für alles! Seid einander untertan in der Furcht Christi! Ihr Frauen, seid untertan euren Männern wie dem Herrn ... Ihr Männer, liebet eure Frauen, wie auch Christus die Kirche geliebt und sich für sie dahingegeben hat ... So haben die Männer die Pflicht, ihre Frauen zu lieben als ihre eigenen Leiber. Wer seine Frau liebt, der liebt sich selbst. Denn niemand hat je sein eigenes Fleisch gehasst, sondern er nährt und hegt es, wie auch Christus die Kirche ... ›Deswegen wird ein Mensch Vater und Mutter verlassen und seiner Frau anhangen, und die zwei werden ein Leib sein.‹ ... Doch auch unter euch soll jeder einzelne seine Frau so lieben wie sich selbst, die Frau aber soll vor dem Mann Ehrfurcht haben ... Ihr Kinder, seid euren Eltern gehorsam im Herrn; denn das ist recht. ›Ehre deinen Vater und deine Mutter‹ – welches das erste Gebot ist, das eine Verheißung hat: ›damit es dir wohl gehe und du lange lebest auf Erden.‹ Und ihr Väter, reizet eure Kinder nicht zum Zorn, sondern ziehet sie auf in der Zucht und Ermahnung zum Herrn! Ihr Sklaven, seid euren leiblichen Herren gehorsam mit Furcht und Zittern, in Aufrichtigkeit eures Herzens, wie dem Herrn Christus, nicht mit Augendienerei wie Leute, die den Menschen gefallen wollen, sondern wie Knechte Christi, die den Willen Gottes von Herzen tun, die mit Willigkeit dienen als dem Herrn und nicht Menschen, da ihr wisst, dass jeder, wenn er etwas Gutes vollbringt, die Vergeltung dafür vom Herrn empfangen wird, er sei Sklave oder Freier. Und ihr Herren, tut dasselbe gegen sie und lasset das Drohen, da ihr wisst, dass sowohl ihr Herr als euer Herr in den Himmeln ist und dass es bei ihm kein Ansehen der Person gibt. (Eph 5,18-22.25.28-29.31.33; 6,1-9)

Bei jedem Fall, der hier genannt wird, gibt es zwei Seiten: den rechtlichen Rahmen und eine starke persönliche Beziehung innerhalb dieses Rahmens. Das gilt für die Beziehung der Ehe, für Eltern und Kinder, für Arbeitgeber und Arbeitnehmer. Es ist bemerkenswert, dass die Bibel uns auch in eine rechtliche Beziehung zu denen setzt, die uns in unserem Staat regieren. Aber selbst in dieser Hinsicht gibt es eine persönliche Beziehung, da wir ja für diese Menschen beten sollen.

In der Gemeinde soll nicht das Chaos, sondern die Ordnung herrschen. In 1. Petrus 5,1-3 heißt es:

> Die Ältesten unter euch nun ermahne ich, der Mitälteste und
> Zeuge der Leiden Christi und zugleich Genosse der Herrlich-
> keit, die geoffenbart werden soll: Weidet die Herde Gottes,
> die bei euch ist, nicht gezwungen, sondern freiwillig, wie
> Gott es will! Auch nicht aus schändlicher Gewinnsucht, son-
> dern in Hingebung; auch nicht als Herrscher über die, welche
> euch zugeteilt sind, sondern als solche, welche Vorbilder der
> Herde werden.

Wir sehen hier, dass es auch in der Gemeinde Jesu Christi die
Beziehung der Stellung gibt; aber Petrus ermahnt die Ältesten,
zugleich auch die persönliche Beziehung aufrechtzuerhalten. Es
soll also in der Gemeinde, wie in der Familie und im Staat eine
Ordnung geben. Die Ordnung der Funktion ist notwendig, aber
die Bibel betont bei jeder Funktion den persönlichen Aspekt innerhalb des rechtlichen Rahmens. In der Kirche ist der Älteste
ein Amtsträger. Aber sowohl die Ältesten, die verkündigen, wie
auch die, die mit Leitungsaufgaben betraut sind, sind »Diener«,
und das weist wieder auf eine persönliche Beziehung hin, nicht
auf Herrschaft.

In der Gemeinde soll Ordnung herrschen, aber die Ältesten
sollen Diener sein und eine persönliche Liebesbeziehung zu denen haben, die sie vor sich haben, auch wenn diese einmal im
Unrecht sind und ermahnt werden müssen.

Im Bereich des »Amtes«, sei es in der Kirche, in der Familie
oder im Staat, muss die Beziehung wirklich persönlicher Natur
sein. Der Mensch ist in der Auflehnung, und es muss Ordnung
in dieser armen Welt geben, aber wenn ich von dem Amt, das
Gott mir überträgt, Gebrauch mache – ob nun im Staat, in der
Kirche, in der Familie oder als Arbeitgeber – muss es zur Ehre Gottes und zum Besten der anderen geschehen. Wenn ich in
meiner Position als Amtsträger in einer der Beziehungen im Leben Rechtsurteile fällen muss, muss ich zugleich bewusst zeigen,
dass ich nichts anderes tun kann, als die Bibel sprechen zu lassen.
Ich habe in mir selbst keine wirkliche Autorität, denn ich bin
ein Geschöpf unter anderen, und auch ich bin ein Sünder. Und

jedes Mal, wenn ich ein hervorragendes Amt einnehme, muss es unter Zittern geschehen, weil mir aus dem Wort Gottes klar sein muss, dass ich für meine Tätigkeit als Haushalter Rechenschaft ablegen muss; nicht nur im Hinblick auf meine angemessenen rechtlichen Beziehungen, sondern auch hinsichtlich meiner persönlichen Beziehungen.

Eines der Probleme bei den Humanisten ist, dass sie dazu neigen, die Menschheit als Ganze zu »lieben« – *den* Menschen als Idee – dabei aber den einzelnen als Person vergessen. Im Christentum muss es genau umgekehrt sein. Christlicher Glaube führt nicht zur Liebe in der Abstraktion, sondern zur Liebe zu dem einzelnen Menschen, der in einer Beziehung von Person zu Person vor mir steht. Er muss für mich immer ein Gesicht haben, sonst leugne ich alles, was ich zu glauben behaupte. Das wird uns immer etwas kosten; es ist nichts Billiges, weil wir in einer gefallenen Welt leben und selbst gefallen sind.

Nun müssen wir fragen, was geschieht, wenn jemand durch meine Sünde verletzt worden ist. Die Bibel lehrt, dass das vergossene Blut des Herrn Jesus Christus ausreicht, um die moralische Schuld abzuwaschen, sobald wir eine bestimmte Sünde vor Gott bekennen. Als Christen wissen wir, dass sich alle Sünde letztlich gegen Gott wendet. Wenn ich einen Menschen verletze, sündige ich gegen Gott. Aber wir dürfen nie vergessen, dass das nichts an der Tatsache ändert, dass der Mensch, den ich verletzt habe, wirklichen Wert hat, weil er nach dem Bild Gottes geschaffen ist. Das muss mir wichtig sein, nicht nur als Idee, sondern auch in meinem praktischen Tun und in meinem Zeugnis. Mein Mitmensch ist nicht unwichtig, denn er trägt das Bild Gottes in sich. Das gilt für den Nichtchristen wie für den Christen. Er ist verloren, aber er ist trotzdem Mensch. Wenn Gott daher zu mir sagt: »Mein Kind, diese Sünde ist anders; mit dieser Sünde hast du einen anderen Menschen verletzt«, antworte ich: »Herr, was soll ich tun?« Und die Antwort geht klar aus dem Wort Gottes hervor: »Bringe es mit dem Menschen, den du verletzt hast, in Ordnung. Der Mensch, den du verletzt hast, ist keine Null.«

Was ist aber die gewöhnliche Reaktion, wenn Gott zu mir sagt: »Geh und bringe es in Ordnung?« Die Antwort: »Aber das wäre demütigend.« Wenn ich jedoch bereit bin, Gott zu sagen, dass mich meine Sünde reut, muss ich auch bereit sein, es dem Menschen zu sagen, den ich verletzt habe. Wie kann ich Gott sagen, dass es mir leid tut, wenn ich nicht auch bereit bin, dem Menschen, den ich verletzt habe, zu sagen, dass es mir leid tut, wo er doch von meiner Art und mir ebenbürtig ist, ein Geschöpf wie ich? Solche Reue wäre sinnlose Heuchelei. Aus diesem Grund haben so viele von uns etwas »Totes« in ihrem Leben. Wir können nicht einfach zwischenmenschliche Beziehungen zertreten und erwarten, dass unsere Beziehung zu Gott wunderbar und offen ist.

In Jakobus 5,16 wird uns gesagt: »Bekennet einer dem anderen seine Sünden.« Es heißt nicht, wir sollen unsere Sünden einem Priester bekennen, auch nicht der Gruppe, es sei denn, die Gruppe ist verletzt worden, sondern der Person, die wir verletzt haben. Das ist eine sehr einfache Ermahnung, aber in unserem jetzigen Zustand der Unvollkommenheit ist es sehr schwierig sie zu befolgen. Hinzugehen und sich zu entschuldigen, ist demütigend, zuerst vor Gott und dann auch vor dem, den ich verletzt habe. Ich will es noch einmal betonen, dass dieser andere eine *Person* ist, ein menschliches Wesen, das nach dem Bild Gottes geschaffen ist. Darum ist die Bereitschaft notwendig, zuzugeben, dass der, den ich verletzt habe, mir gleich, ebenbürtig ist. Unter dieser Voraussetzung ist es vollkommen richtig, dass ich mich bei ihm entschuldigen will. Nur der Wunsch, überlegen zu sein, macht es mir schwer, etwas zuzugeben und mich zu entschuldigen.

Wenn ich in einer wirklichen Beziehung zum dreieinigen Gott lebe, werden meine Beziehungen zu anderen Menschen in gewisser Weise wichtiger, weil ich dann den wirklichen Wert des Menschen sehe, zugleich aber auch wieder unwichtiger, weil ich in diesen Beziehungen nicht mehr Gott sein muss. Nun kann ich zu einem Menschen hingehen und ihm sagen, dass es mir leid tut, was ich ihm angetan habe, ohne damit den Integrationspunkt meines Universums zu zerschlagen, weil nicht mehr ich dieser Punkt bin, sondern Gott. Wir müssen auch nicht auf die großen Explosionen warten, vor allem nicht unter Brüdern und Schwestern in Christus. Wir müssen nicht darauf warten, dass ein anderer den ersten Schritt tut. So sind wir, was wir sein sollten, und das sollte Augenblick für Augenblick so sein.

Das ist Kommunikation, Gemeinschaft. Die Menschen unserer Zeit fragen, ob Persönlichkeit etwas Wirkliches ist, ob Kommunikation etwas Wirkliches ist und ob sie irgendwelche Bedeutung haben. Wir Christen können reden bis wir schwarz werden, aber alles Reden hat nur Sinn, wenn wir zugleich Kommunikation *zeichenhaft vorleben*. Wenn ich als Christ vor einem Menschen stehe und mich entschuldige, ist das nicht nur rechtlich in Ordnung und Gott angenehm, sondern ist zugleich auch wirkliche Kommunikation auf einer überaus persönlichen Ebene. Unter diesen Voraussetzungen ist die menschliche Rasse wirklich menschlich.

Selbstverständlich muss das Bekenntnis vor Gott immer an erster Stelle stehen. Wenn wir vor Gott unsere Sünde bekennen und sie unter das vergossene Blut Christi stellen, werden wir reingewaschen – nicht durch das Bekenntnis vor Menschen. Das müssen wir immer wieder von neuem betonen, weil hier Verwirrung herrscht. Es ändert aber nichts an der Tatsache, dass es nach dem Bekenntnis vor Gott auch wirkliche Kommunikation von Mensch zu Mensch in einer persönlichen Beziehung zu dem, den ich verletzt habe, geben muss.

In diesem Zusammenhang müssen wir auf drei Dinge achten. Erstens müssen wir darauf achten, es nicht nur zu tun, um von Menschen oder von der Gemeinde gesehen zu werden, denn dann wird alles nur noch schlimmer; es ist nur noch Theater.

Zweitens müssen wir erkennen, dass wir manchmal Jahre zurückgehen müssen. Wenn wir die menschliche Beziehung in der Gemeinde, in der Familie oder im Allgemeinen verloren haben, heißt das fast immer, dass wir vor Jahren in irgendeiner persönlichen Beziehung auf den falschen Weg geraten sind. Als wir über die Freiheit unseres Gewissens hinsichtlich der Sünde vor Gott sprachen, sagten wir, dass wir bis dahin, wo wir gesündigt haben, zurückgehen müssen, bis zu dem Punkt, wo wir aus der Bahn geraten sind, auch wenn seitdem zwanzig Jahre vergangen sind. Dasselbe gilt für zwischenmenschliche Beziehungen. Wenn ich weiß, dass ich irgendwann in meinem Leben mit einem Christen oder mit einem Nichtchristen auf weniger als einer wirklich menschlichen Basis umgegangen bin, muss ich, soweit das möglich ist, zurückgehen, die Scherben auflesen und mich entschuldigen.

Drittens müssen wir uns daran erinnern, dass die Kreuzigung Jesu wirklich war und in der äußeren Welt geschah. Im Philipperbrief heißt es: »Diese Gesinnung heget in euch, die auch in Christus Jesus war« (Phil 2,5). Die Kreuzigung Jesu fand auf einem Hügel in der Nähe einer Straße statt, wo jeder, der vorbeikam, nicht nur seine Schmerzen, sondern auch seine Schande sehen konnte. Sie geschah nicht irgendwo im Verborgenen. Und wenn wir eine Vorstellung davon haben, was es heißt, unter dem Blut des Herrn Jesus Christus zu leben, muss unser Bekenntnis vor Gott und vor Menschen so offen sein wie die Kreuzigung Jesu: vor den Augen der Menschen. Wir müssen bereit sein, die Schande wie die Schmerzen an einem sichtbaren Ort zu ertragen. Wenn wir uns mit diesen persönlichen Beziehungen befassen, reicht es nicht aus, lediglich dem Prinzip zuzustimmen; wir müssen es auch verwirklichen. Nur so können wir vor der Welt, die uns beobachtet, ein Zeugnis sein, so, dass sie verstehen kann, dass wir in einem persönlichen Universum leben und dass persönliche Beziehungen wirklich und wichtig sind. Nur so können wir nicht nur in der Theorie, sondern auch in der Praxis zeigen, dass wir durch den Herrn Jesus Christus freigekauft sind und dass die Trennung zwischen Menschen in diesem Leben wirklich geheilt werden kann, nicht erst nach dem Tod. Wenn der andere kein Christ ist, macht das keinen Unterschied. *Wir* sollen die Wirklichkeit bezeugen und verwirklichen, nicht er.

In zwei Bereichen muss das christliche Zeugnis von Liebe und Gemeinschaft in besonderer Weise klar sein: im Bereich der Ehe und Familie und in den persönlichen Beziehungen der Christen in der Gemeinde. Wenn es in diesen beiden Bereichen kein

Zeugnis auf der persönlichen Ebene gibt, kann die Welt folgern, dass rechte christliche Lehre nichts als totes, kaltes Gerede ist. In einer Zeit, in der die Psychologie eine große Rolle spielt, versucht man vielleicht, die Folgen im Leben eines einzelnen Christen weg zu erklären, aber Liebe und Gemeinschaft unter Christen vermitteln eine Dimension der Menschlichkeit, die gerade in unserer Zeit nicht so leicht wegdiskutiert werden kann.

Als der Mensch sündigte, wurden Mann und Frau in der Ehe von Gott gewisse rechtliche Einschränkungen auferlegt. Mann und Frau stehen sich als Geschöpfe gegenüber, und doch hat der Mann auch ein »Amt« in Ehe und Familie, um inmitten einer gefallenen Welt der Ordnung einen Rahmen zu geben. Über die Beziehung von Mann und Frau dürfen aber nicht nur negative Aussagen gemacht werden – im Hinblick auf falsche Ordnung in der Familie oder auf Ehebruch, so wichtig diese negativen Aussagen auch sind –, sondern sie muss auch das Gebot und den Grund zur Liebe enthalten. Die Ehe ist ein Abbild der Beziehung zwischen Christus und seiner Gemeinde (Eph 5,23). Wie ärmlich ist unsere Vorstellung vom Werk Christi, wenn wir es zu einer rein rechtlichen Angelegenheit machen! Wie ärmlich ist es, nicht zu verstehen, dass wir Gemeinschaft mit Christus haben sollen und dass zwischen ihm als dem Bräutigam und uns als der Braut gegenseitige Liebe herrschen soll. Wenn die Ehe zwischen zwei Menschen ein Abbild dieser herrlichen Vereinigung von Christus als Bräutigam und seiner Gemeinde als Braut sein soll, dann besteht wirklich Grund zur Freude über die Gemeinschaft und die Liebe von Mann und Frau.

Wir sind endlich und erwarten daher nicht, dass irgendeine menschliche Beziehung, einschließlich der Ehe, letztlich genügen kann. Das kann nur die Beziehung zu Gott. Aber aufgrund des vollkommenen Werkes Christi, durch die Vermittlung des Heiligen Geistes und das Instrument des Glaubens kann es wirkliche Heilung solcher Beziehungen geben und daher auch wirkliche Freude.

Als Christen wissen wir auch noch etwas anderes. Wir sind nicht nur endlich, weil wir geschaffen sind; seit dem Sündenfall sind wir auch alle Sünder. Wir wissen daher, dass Beziehungen nicht vollkommen sein können. Aber aufgrund des vollkommenen Werkes Christi können zwischenmenschliche Beziehungen wirklich geheilt werden, können etwas Frohes sein. Der christliche Glaube ist die einzige Antwort auf die Probleme der Menschen. Heute haben viele bereits mehrere Ehescheidungen hinter sich, und das liegt daran, dass sie etwas in zwischenmenschlichen Beziehungen suchen, was diese gar nicht geben können. Warum heiraten diese Leute immer wieder und lassen sich dann wieder scheiden, anstatt einfach uneheliche Beziehungen zu führen? Weil sie mehr suchen als nur sexuelle Beziehungen. Aber sie finden es nicht, weil es das, was sie suchen, in rein endlichen Beziehungen nicht gibt. Es ist, als wollte man den Durst stillen, indem man Sand schluckt.

Wenn ein Mensch versucht, *alles* in einer Beziehung von Mann und Frau oder von zwei Freunden zu finden, zerstört er genau das, was er will, und zerstört auch diejenigen, die er liebt. Er laugt sie aus und verzehrt sie, und sie werden wie die Beziehungen zerstört. Aber als Christen müssen wir das nicht tun. Alles finden wir nur in der Beziehung, die uns nach Gottes Willen alles geben soll: in der Beziehung zu dem unendlichen und persönlichen Gott aufgrund des Werkes Christi.

Dasselbe gilt für die Beziehung christlicher Eltern zu ihren Kindern. Wenn wir alles in zwischenmenschlichen Beziehungen finden wollen oder vergessen, dass keiner von uns vollkommen ist, zerstören wir sie. Das liegt einfach daran, dass die Brücke nicht stark genug ist. Wenn wir versuchen, etwas auf die Brücke zwischenmenschlicher Beziehungen zu stellen, was sie nicht tragen kann, zerstören wir die Beziehung und uns selbst. Für den Christen, der nicht alles von zwischenmenschlichen Beziehungen erwarten muss, können diese Beziehungen dagegen wunderschön sein.

Die Liebe ist das Wechselspiel der ganzen Persönlichkeit, und die Persönlichkeit umfasst die ganze leib-seelische Einheit. Die Bibel lehrt zwar, dass es nach dem Tod des Leibes so etwas wie ein Weiterleben des Geistes gibt. Aber hier müssen wir uns davor hüten, platonisch zu denken. Die Bibel betont die Ganzheit des Menschen als Einheit von Leib und Seele. Bei wirklicher, wenn auch unvollkommener Kommunikation und Gemeinschaft ist der Leib das Instrument. Es gibt keine andere Möglichkeit der Kommunikation als durch den Leib. In der Ehe bekommt das nun eine besondere Bedeutung. Sexuelle wie romantische Liebe ist außerhalb der Ehe, und daher außerhalb des moralisch legitimen Rahmens, gleichermaßen fehl am Platz. Beides ist falsch, und zwar gleichermaßen falsch. Und wenn eines von beiden das »ein und alles« ist – selbst innerhalb der angemessenen rechtlichen Beziehung – schwindet es dahin und endet in Schmerzen oder in der Suche nach Abwechslung. Wenn zwei Menschen aber als Persönlichkeiten innerhalb des moralisch legitimen Rahmens stehen, finden die romantische und auch die sexuelle Liebe ihre Erfüllung in dem, was wir sind: im Denken, Handeln und Empfinden.

Unter diesen Voraussetzungen ist das Hohelied Salomos ein Teil des Triumphgesangs: »Der Herr hat herrlich gesiegt.« Der Feind, der Teufel, ist in die Tiefen des Meeres geworfen worden. Die menschliche Beziehung der Ehe zwischen Christen soll so sein: Innerhalb des legitimen Rahmens der Ehe gibt es Leben; und im Wechselspiel und Ineinander der ganzen Persönlichkeiten soll es Freude und Schönheit geben.

Die Sünde hat einen Keil zwischen Mann und Frau getrieben. Auch neigen sie dazu, das Körperliche von der Gesamtpersönlichkeit zu trennen. In dem Maß, in dem wir in dieser Trennung leben, sind wir weniger als das, was der Mensch eigentlich sein sollte. Wenn wir als Christen mit dieser Trennung leben, geben wir dem modernen Menschen recht, der sagt, dass wir nur Tiere oder Maschinen sind. In der Tierwelt reicht die sexuelle Beziehung völlig aus, beim Menschen nicht. Das *persönliche Element* ist notwendig. Alles muss als etwas Ganzes gesehen werden, als eine Einheit innerhalb der rechtlichen Beziehung, aber auch mit der Wirklichkeit der Liebe und der Gemeinschaft.

Wenn Liebe und Gemeinschaft in der Ehe fehlen, wie kann es dann zum nächsten Schritt kommen, zu der persönlichen Beziehung zwischen Eltern und Kindern? Sie sollte aus der wirklich geheilten Beziehung von Mann und Frau erwachsen. Auch die Eltern-Kind-Beziehung hat einen rechtlichen Aspekt. Aber hier gilt wieder, dass nicht das rechtliche Element an erster Stelle steht, sondern das persönliche. Zwischen Mann und Frau und dann auch zwischen Eltern und Kindern soll das Persönliche im Mittelpunkt stehen. Die rechtlichen Bindungen sind in jedem Fall vorgegeben, weil wir einen Gott haben, der ein Wesen hat und heilig ist. Aber innerhalb der rechtlichen Bindungen soll es Gemeinschaft und Liebe geben. Sobald Mann und Frau ein Kind bekommen haben, geht es nicht mehr nur um Liebe und Gemeinschaft zwischen zwei Partnern, sondern um vielfältige Beziehungen.

Wo Mann und Frau Christen sind, sind sie gleichzeitig Bruder und Schwester in Christus und nicht nur Liebende – »Meine Schwester und Braut« (Hohesl 4,9-10.12). Und dann kommen die Kinder dazu, ebenfalls als Brüder und Schwestern, wenn sie älter werden und die Bedeutung des Todes Christi für sich annehmen. Welcher Christ möchte angesichts solcher Aussichten einen ungläubigen Partner heiraten?

Nicht alle Christen haben den Auftrag zu heiraten, aber alle Christen haben den Auftrag, vor der Welt, die sie beobachtet, die Wirklichkeit des Wechselspiels der Persönlichkeiten zu zeigen. Es gibt eine Beziehung von Mann zu Mann, Frau zu Frau, Freund zu Freund als Christen und in der Gemeinde Christi, die die Wirklichkeit erneuerter und wiederhergestellter zwischenmenschlicher Beziehungen darstellen kann. In der Urgemeinde gab es ein Einssein, das zwar nicht vollkommen, aber doch eine gegenwärtige Wirklichkeit war. An dem, was wir in der Bibel von ihrem Einssein lesen, und wenn wir hören, was über die Gemeinde gesagt wurde – »Sehet, wie sie einander lieben!« – erkennen wir, dass ihr Einssein sehr praktische Folgen hatte und nicht nur eine theoretische Einheit war.

Wie wunderbar ist doch der christliche Glaube! Einmal wegen der herrlichen Klarheit seiner intellektuellen Antworten, zum andern aber wegen der Schönheit seiner menschlichen und persönlichen Antworten. Und sie sollen reich und schön sein. Griesgrämiges Christentum ist nicht das rechte Christentum. Diese menschlichen und persönlichen Antworten kommen allerdings nicht automatisch, nachdem wir Christen geworden sind. Sie kommen nur auf der Ebene dessen, wozu uns Gott ursprünglich geschaffen hat, und das heißt auf der persönlichen Ebene. Anders können wir nicht zu diesen großartigen Antworten kommen. Man kann sie nicht auf mechanische Weise erreichen oder bloß durch ein Leben in einem moralisch legitimen Rahmen, so wichtig dies auch sein mag. Sie wachsen im Licht dessen, was wir als rechtgläubige Christen glauben: dass wir Geschöpfe sind und dass durch den jeden Augenblick gelebten Glauben an das vollkommene Werk Christi am Kreuz menschliche Beziehungen von wirklicher Schönheit entstehen können und entstehen; auch wenn wir in diesem Leben – selbst als Christen – nicht vollkommen sind. Es muss wirklich rechte Lehre geben. Aber es muss auch die rechte *Praxis* dieser Lehre geben, und dazu gehören rechte zwischenmenschliche Beziehungen.

Ich will, wenn auch zögernd, noch hinzufügen, dass das *Freude* macht. Gott will, dass der christliche Glaube Freude macht. Es soll eine Wirklichkeit der Liebe und Gemeinschaft in der Beziehung zwischen Christen als einzelnen und als Gruppe geben, die ganz und gar persönlich ist.

13. Substanzielle Heilung in der Gemeinde

Nun wollen wir die Frage echten geistlichen Lebens im Hinblick auf unsere Trennung von unseren Mitmenschen insbesondere in der Gemeinde des Herrn Jesus Christus untersuchen.

In der heutigen Theologie spricht man von der Auferstehung Jesu Christi oft in solchen Begriffen, die sie ganz mit der Entstehung der Gemeinde, die »sein Leib« genannt wird, gleichsetzen. Das ist gefährlich und verwirrend. Die Bibel betont ganz im Gegenteil, dass Jesus leiblich von den Toten auferweckt wurde.

Gleichzeitig dürfen wir jedoch nie vergessen, dass das Wort Gottes tatsächlich von der Gemeinde als dem Leib Christi spricht. Diese Lehren dürfen wir nicht gegeneinander ausspielen.

> Denn wie wir an einem Leib viele Glieder haben, die Glieder aber insgesamt nicht die gleiche Verrichtung haben, so sind wir, die vielen, ein Leib in Christus, einzeln aber untereinander Glieder. (Röm 12,4-5)

Wir sind ein Leib in Christus,

> denn wie der Leib einer ist und viele Glieder hat, alle Glieder des Leibes aber, obgleich es viele sind, einen Leib bilden, so [ist es] auch [mit] Christus. Denn auch wir sind in einem Geist alle zu einem Leib getauft worden, ob Juden oder Griechen, ob Freie oder Knechte, und sind alle mit einem Geist getränkt worden. Denn auch der Leib ist nicht ein Glied, sondern viele. (1Kor 12,12-14)

Jesus Christus wurde leiblich von den Toten auferweckt, und die Gemeinde wurde an Pfingsten in der Gestalt, wie wir sie jetzt kennen, ins Leben gerufen. Sie ist in ganz bestimmter Weise sein Leib. Als sein Leib soll die Gemeinde ihn bezeugen und vor der Welt darstellen, bis er wiederkommt. Wie unser Leib das Instrument ist, durch das wir mit der äußeren Welt kommunizieren, soll die Kirche als der Leib Christi ihm als Instrument zur Kommunikation mit der Welt dienen. Wir denken einen Gedanken und teilen ihn dann durch unseren Leib der Außenwelt mit. Unser Leib ist die Verbindung zur äußeren Welt, und über ihn können wir Einfluss auf die äußere Welt nehmen. So hat auch die Gemeinde als der Leib Jesu Christi den Auftrag, das Instrument zu sein, durch das er in der äußeren Welt bezeugt wird und durch das er in der äußeren Welt bis zu seiner Wiederkunft handelt.

Seit dem Sündenfall gibt es zwei »Menschheiten«, nicht nur eine. Es gibt diejenigen, die sich noch in der Auflehnung gegen Gott befinden, und diejenigen, die durch Gottes Gnade aufgrund des vollkommenen Werkes Christi zu ihm zurückgekehrt sind. In jeder Generation sollte diese Unterscheidung von der Gemeinde verwirklicht und dargestellt werden. In keinem Augenblick sollte jemals eine Generation sagen können, dass sie nichts von der Verwirklichung wirklich geheilter Beziehungen zwischen Menschen in diesem Leben sieht. Jede Generation sollte in der Gemeinde ihrer Zeit eine zeichenhafte Darstellung einer auf übernatürliche Weise wiederhergestellten Beziehung sehen – nicht nur der Beziehung des einzelnen zu Gott, auch wenn sie an erster Stelle steht, und nicht nur der Beziehung des einzelnen zu sich selbst, auch wenn sie entscheidend wichtig ist, sondern der Beziehung zwischen Menschen in der Gemeinde.

Kirche oder Gemeinde heißt auf Griechisch *ekklesia*; das bedeutet einfach »die Herausgerufene«; herausgerufen aus einer verlorenen Menschheit. Das ist der Ruf der Gemeinde Jesu Christi. In unserer Zeit erkennt der Mensch in allen Bereichen – in der Kunst, in der Musik, in der Philosophie, in der Theaterdichtung –, dass der Mensch weniger als das ist, was er eigentlich sein sollte. Heute wird das erkannt, aber das Problem ist nicht erst in unserer Zeit entstanden. Seit dem Sündenfall steht es mit dem Menschen in der Auflehnung so. Und die Gemeinde wird aus dieser Menschheit herausgerufen, um wahre Menschheit vor den Augen der verlorenen Menschheit zu sein.

Organisatorische Einheit ist nicht das Wesentlichste, auch wenn sie ihren Ort hat. Der menschliche Körper wird vom Kopf gelenkt. Die Hände haben keine direkte Verbindung untereinander. Die Koordination jeder Hand, jedes Gelenks und jedes Fingers erfolgt von einer einzigen Kontrollstelle aus, und das ist der Kopf. Wenn man die Verbindung zwischen Kopf und Körper unterbricht, ist der Körper gelähmt. Die Finger könnten sich dann zum Beispiel gegenseitig nicht finden, und es könnte keine koordinierten Bewegungen mehr geben.

So ist es auch bei der Gemeinde Jesu Christi. Die wirkliche Einheit ist nicht in erster Linie organisatorischer Natur; sie ist nicht die Einheit eines Teiles mit den anderen Teilen, sondern eine Einheit, bei der jeder Teil unter der Kontrolle des Kopfes steht und so mit den anderen zusammen funktioniert. Die Einheit der Gemeinde ist in erster Linie die Einheit des Kopfes, der jeden Teil kontrolliert. Wenn ich als einzelner nicht unter der Leitung des Kopfes stehe, oder wenn eine Gruppe von Christen nicht unter der Leitung des Kopfes steht, kann die Gemeinde Jesu Christi nur so funktionieren wie die Hände, die einander nicht finden können. Die Einheit des Ganzen wird dadurch zerbrochen, und es entsteht eine »Lähmung«, so dass die Gemeinde nur noch völlig unzusammenhängend funktionieren kann. Das gilt nicht nur für die ganze Gemeinde Jesu Christi, sondern auch für jede einzelne christliche Gruppe – ob es sich nun um eine bestimmte Ortsgemeinde, eine bestimmte Schule, die sich »christlich« nennt, um eine bestimmte Mission oder um irgendeine andere christliche Gruppe handelt. In dem Maß, wie es die einzelnen Christen in dieser Gruppe unterlassen, unter der Leitung des Heiligen Geistes und unter Christus als dem Haupt zu stehen, in dem Maß wird diese Gruppe gelähmt sein.

Wir wollen noch einmal an das Beispiel mit den beiden Stühlen denken. Indem ich als einzelner im Bereich des Übernatürlichen lebe, wird es auch Augenblick für Augenblick Einzelfolgen und ein Einzelzeugnis geben. In entsprechender Weise wird es gemeinschaftliche Folgen und ein Gemeinschaftszeugnis geben, wenn wir als Gemeinschaft im Licht des Übernatürlichen leben. Nicht nur der einzelne sollte in dieser Weise leben und denken, sondern die Gruppe sollte als Gruppe darauf eingestimmt sein, Augenblick für Augenblick bewusst in der Wirklichkeit des Übernatürlichen zu leben. Dann ist die zeugnishafte Darstellung möglich; dann sind die Folgen möglich, die es geben sollte.

In der Zusammenarbeit von Christen liegt ein ganz besonderer Auftrag, ein besonderes Einssein. Sie geschieht in einer Einheit, die nicht nur organisatorisch oder abstrakt ist. Sie wird in diesem Leben nicht vollkommen sein, weil wir den Aussagen der Bibel zufolge in diesem Leben nicht vollkommen sein werden. Aber aufgrund des vollkommenen Werkes Christi sollte es unter Christen in diesem Leben wirklich geheilte Beziehungen geben.

Das führt uns zu einigen praktischen Überlegungen. Erstens muss der ethisch legitime Aspekt betont werden, wenn die Gemeinde ihrer jeweiligen Generation bezeugt, wer und was Gott ist. Gott hat wirklich ein Wesen. Wir bezeugen keinen »unbekannten Gott« im Sinn Paul Tillichs. Gott hat ein Wesen, und darum muss dieses Wesen bezeugt werden, und das heißt, dass das, was ihn bezeugen soll, innerhalb eines ethisch legitimen Rahmens geschehen muss. Die ethisch legitimen Aspekte der Gemeinde haben zuerst einmal mit der Lehre zu tun, denn andernfalls sagt der Leib die Unwahrheit über das Haupt.

Der nächste Schritt ist, dass wir es in dem ethisch legitimen Rahmen mit dem Leben des einzelnen und der Gruppe zu tun haben. Die ethischen Gebote sind nichts Willkürliches. Sie sind in der Existenz und im Wesen Gottes verankert, und darüber spricht er mit uns in der Bibel. Die Gemeinde ist kein Leib, der sich Ideen ausdenkt. An ihr wird vielmehr programmatisch sichtbar, was Gott über sich selbst in der Heiligen Schrift offenbart hat. Die ethischen Gebote werden also von Gott selbst festgelegt. Die Gemeinde sollte in der Wirklichkeit die auf übernatürliche Weise wiederhergestellte Menschheit verkörpern, und es ist klar, dass sich diejenigen, die zur Gemeinde gehören, im Unterschied zu den anderen innerhalb des legitimen ethischen Rahmens befinden müssen.

Viele Christen betonen, dass ein Christ keinen nichtchristlichen Partner heiraten sollte, während sie bereit sind, einer Gemeinde anzugehören, in der viele, auch solche, die ein wichtiges Amt bekleiden, den Gott der Bibel offen ablehnen. Wenn man unter solchen Voraussetzungen versucht, wirklich Liebe und Gemeinschaft zu haben, wie es Gott gefällt, gleicht das dem Versuch, mit dem Ehepartner eines anderen eine sexuelle Beziehung zu haben, die Gott gefällt. Der legitime ethische Rahmen muss an erster Stelle stehen, sonst ist die Gemeinde, die sich »Gemeinde« nennt, nicht wirklich Gemeinde. Christen werden nicht immer so geführt, dass sie hinsichtlich des biblischen Gebots von der Reinheit der sichtbaren Kirche in einer bestimmten Situation immer in derselben Weise handeln; wenn aber das Prinzip komplett aufgegeben wird, bricht der legitime ethische Rahmen genauso zusammen, wie wenn wir das biblische Gebot Jesu hinsichtlich einer ethisch legitimen Ehe missachten.[5] Die Gemeinde hat also klare ethische Prinzipien, und zwar hinsichtlich der Lehre sowie des Lebens.

Aber wenn auch der ethische Aspekt wichtig ist und seinen Platz hat, so ist das doch noch nicht alles. Innerhalb des legitimen ethischen Rahmens der Gemeinde soll die Person Gottes und sein ganzes Wesen durch Worte und zeichenhaftes Tun bekannt gemacht werden. Allein Gott ist unendlich, und das können wir nicht darstellen. Weil wir aber nach dem Bild Gottes geschaffen sind, haben wir als einzelne und als Gemeinschaft den Auftrag zu bezeugen und darzustellen, dass er persönlich ist. Das können wir tun, und es ist unser Auftrag, es wirklich zu tun. Nach dem Sündenfall können wir es nicht in vollkommener Weise tun – das müssen wir uns immer wieder klarmachen. Aber als Christen können und sollten wir es wirklich bezeugen, und das ist vor allem anderen der Auftrag der Gemeinde als Leib Christi.

Die Frage des legitimen ethischen Rahmens – und damit der Kampf gegen falsche Lehre und gegen die Sünde – wird uns in diesem Leben immer begleiten. Aber auch wenn die ethischen Prinzipien als solche wichtig sind, sollten sie nur der Vorraum zur Wirklichkeit einer lebendigen persönlichen Beziehung zwischen der Gemeinde und Gott und dann auch zwischen den einzelnen Gliedern der Gemeinde sein. Gott zu verherrlichen, sich an ihm zu freuen und ihn zu bezeugen, kann nie etwas Mechanisches und auch nie *nur* eine Frage der legitimen Ethik sein; es muss vielmehr immer etwas *Persönliches* sein. Wenn die Gemeinde Jesu Christi auf einer geringeren als der persönlichen Ebene lebt, bezeugt sie weniger als das, was Gott wirklich ist, und bleibt damit hinter dem zurück, was sie als Gemeinde sein sollte. Sie sollte erlöste, persönliche zwischenmenschliche Beziehungen vorleben.

---

5 Vgl. mein Buch *Kirche am Ende des Zwanzigsten Jahrhunderts* (Genf/Wuppertal, 1972).

Mit ihren Worten hat die Gemeinde diese Dinge schon immer betont. Wir sprechen von der *Bruderschaft der Gläubigen*, und wir haben bereits die Tatsache erwähnt, dass wir eine neue Beziehung zu anderen Christen bekommen, wenn wir Christus als Retter annehmen. Mit meiner Wiedergeburt bekomme ich eine neue Beziehung zu jeder der drei Personen der Dreieinigkeit und werde allen anderen Christen ein Bruder, allen, die in Christus sind. Ich gehöre damit zur Familie Gottes. Als rechtgläubige Christen können wir der heutigen Tendenz, den Unterschied zwischen geretteten und verlorenen Menschen aufzuheben – wie es in der modernen liberalen Theologie der Fall ist – nicht zustimmen. Aber wehe der Gemeinde Jesu Christi, die sich zwar darum bemüht, diese Unterscheidung beizubehalten, dann aber keine Bruderschaft hat. Im Apostolischen Glaubensbekenntnis heißt es: »Ich glaube an die Gemeinschaft der Heiligen.« Wir bekennen das mit derselben Überzeugung wie die anderen Aussagen des Glaubensbekenntnisses. Dieser Satz soll nicht einfach eine theologische Formel sein, und doch sehen wir so wenig Gemeinschaft, so wenig Wirklichkeit. Wir sollen nicht nur mit dem Verstand begreifen, dass es diese Gemeinschaft gibt und dass sie über die Grenzen von Raum und Zeit hinaus alle Gläubigen zusammenschließt. Es gibt tatsächlich eine unsichtbare Gemeinschaft aller Heiligen, und sie soll auch offen bezeugt und verwirklicht werden.

Was also soll die Gemeinde *bewusst* sein? Die Gemeinde sollte bewusst (und dieses Wort »bewusst« betone ich hier stark) eine Instanz sein, die ihre Glieder zu echtem geistlichen Leben ermutigt – zu dem also, was wir in diesem Buch dargelegt haben. Sie sollte ihnen zur Freiheit von den *Fesseln* der Sünde in diesem Leben und zur Freiheit von den *Folgen* der Sünde in diesem Leben verhelfen. Sie sollte zu wirklicher Heilung der Trennung von sich selbst wie auch der Trennung von den Mitmenschen und besonders von den Mitchristen anleiten.

Wenn eine Gemeinde kein Umfeld bietet, das diese Dinge fördert, ist sie nicht das, was sie sein sollte, so ethisch rechtschaffen sie auch sein mag. Die Kirche sollte einmal die Wahrheit lehren und sollte dann auch eine Praxis der Existenz Gottes und eine Praxis der Wirklichkeit und der Bezeugung der Heiligkeit und Liebe Gottes lehren. Die Gemeinde kann diese Dinge nicht einfach mit Worten lehren; wir müssen auch ihre Verwirklichung in der Kirche als einer Gemeinschaft sehen. Ich werde oft gefragt, ob man Glauben lehren kann. Meine Antwort ist immer, dass man Glauben lehren kann, aber nur durch darstellendes und bezeugendes Vorleben. Man kann Glauben nicht nur als eine Abstraktion lehren; er muss auch vorgelebt werden, wenn man ihn lernen soll. Jede Gruppe muss in ihrem Handeln von dem besonderen Auftrag Gottes ausgehen – in finanziellen und in anderen Dingen –, aber für alle gibt es eine absolut gültige Regel: wenn unser Beispiel nicht Glauben lehrt, wirkt es zerstörend. Es kann viele Aufträge geben, aber den Auftrag, die Lehre des Glaubens zu zerstören, gibt es nicht. Eine Gemeinde, oder eine andere christliche Gruppe, die nicht eine Einheit im Glauben ist, kann nie eine Schule des Glaubens sein. Es gibt nur eine Möglichkeit, Schule des Glaubens zu sein: bewusst im Glauben und aus dem Glauben zu leben.

Jede christliche Gemeinde und jede christliche Gruppe muss auch mit Worten die gegenwärtige Bedeutung des Werkes Christi lehren, und dann muss sie als Gemeinschaft bewusst auf dieser Grundlage leben. Wir dürfen nicht meinen, dass das christliche Gemeinschaftsleben von selbst, automatisch, wächst, wenn bei einer Gemeinde oder einer anderen Gruppe der ethische Aspekt in Ordnung ist. Das wird nie der Fall sein, denn Gott geht mit uns nie automatisch um. Jede christliche Gruppe muss Augenblick für Augenblick in bewusster Entscheidung auf der Grundlage des Werkes Christi, durch die Kraft des Heiligen Geistes und aus Glauben leben. Es ist nicht genug, dass die Gruppe ihre Mitglieder aufruft, so zu leben; vielmehr muss die Gruppe als Gruppe so *leben*. Es ist unser Tod, wenn wir glauben, dass aufgrund ethischer Entscheidungen in der Vergangenheit alles weitere von selbst kommt, auch wenn diese Entscheidungen richtig waren. Es muss eine gegenwärtige Entscheidung geben, Augenblick für Augenblick, die bewusste Entscheidung, das Werk Christi als Grundlage und Ausgangsbasis zu nehmen.

Jede christliche Gruppe muss auch mit Worten die Pflicht lehren, zeichenhaft darzustellen, dass Gott existiert und Person ist, um dann diese Wahrheit als Gemeinschaft zu praktizieren. Das kostet uns einiges, denn die Methoden der Gemeinde müssen unter viel Gebet und mit großer Sorgfalt ausgewählt werden. »Ergebnisse« allein sind hier nicht der einzige Maßstab. Die Gemeinde muss durch die Wahl ihrer Arbeitsmethoden praktisch zeigen, dass Gott existiert.

Die Gemeinde muss auch in Wort und Tat als »*Gemeinschaft*« zeigen, dass sie Heiligkeit und Liebe, Liebe und Kommunikation ernstnimmt. Wie kann das geschehen, wenn sie nicht bewusst Heiligkeit und Liebe, Liebe und Kommunikation übt, sowohl denen gegenüber, die der kirchlichen Gruppe angehören, wie auch den Christen außerhalb ihrer Gruppe gegenüber?

Kurz gesagt: Wenn die Gemeinde, oder eine andere christliche Gruppe, nicht als Gemeinschaft bewusst Freiheit von den Fesseln der Sünde und Freiheit von den Folgen der Fesseln der Sünde *sucht* – aufgrund des vollkommenen Werkes Christi, in der Kraft des Heiligen Geistes und aus Glauben –, wie kann sie diese Dinge dann glaubwürdig mit Worten und durch ihr Zeugnis *lehren*? Wenn einer Gemeinde, Gruppe oder Missionsgesellschaft nicht genug daran liegt, als Gemeinschaft in ihren inneren Beziehungen in dieser Weise als Brüder und Schwestern in Christus zu leben und dann auch in ihren Beziehungen nach außen, wie können wir dann erwarten, dass die einzelnen Christen diese Dinge in ihrem persönlichen Leben – etwa in der Beziehung von Mann und Frau, von Eltern und Kindern, von Arbeitgeber und Arbeitnehmer – ernstnehmen?

Die Methoden der Gemeinde, oder der christlichen Gruppe, sind also so wichtig wie ihre Botschaft. Sie rechnet dabei bewusst mit der Wirklichkeit des Übernatürlichen. Alles, was »Unvertrauen« zeigt, ist ein Fehler oder vielleicht sogar eine gemeinsame Sünde. Die modernen Theologen beseitigen das Übernatürliche in ihrer Lehre, aber das »Unvertrauen« der Evangelikalen kann das Übernatürliche in der Praxis beseitigen. Vielleicht darf ich das näher erklären. Wenn ich morgen früh beim Aufwachen merkte, dass alles, was die Bibel über das Gebet und den Heiligen Geist lehrt, verschwunden wäre (*wirklich* verschwunden, nicht nur falsch ausgelegt, wie bei den modernen Theologen), was sähe dann in meinem Leben morgen praktisch anders aus als heute? Tragischerweise wäre in einem großen Teil der Gemeinde des Herrn Jesus Christus – der bibeltreuen Gemeinde – *überhaupt nichts anders*. Wir verhalten uns so, als gäbe es das Übernatürliche nicht.

Wenn die Kirche in unserer Zeit nichts von der Wirklichkeit des Übernatürlichen sagt, wer soll es dann tun? Das Werk des Herrn, das in der Weise des Herrn getan wird, bezieht sich nicht nur auf die Botschaft, sondern auch auf die Methode. Es muss etwas geben, was die Welt durch ihre Methoden oder durch angewandte Psychologie nicht wegerklären kann. Es geht mir hier keineswegs um besondere äußere Offenbarungen des Heiligen Geistes. Ich denke vielmehr an die normale und universale Verheißung des Werkes des Heiligen Geistes an die Gemeinde.

Hier sind drei Dinge, die universale Verheißungen des Heiligen Geistes an die Kirche darstellen. Erstens:

> Aber ihr werdet Kraft empfangen, wenn der Heilige Geist über euch kommt, und werdet meine Zeugen sein in Jerusalem und in ganz Judäa und Samarien und bis an das Ende der Erde. (Apg 1,8)

Die Gemeinde soll nicht aus eigener Kraft Zeuge sein. Sie hat vielmehr die universale Verheißung, dass mit dem Kommen des Heiligen Geistes auch die Kraft da sein wird.

Zweitens gibt es die universale Verheißung der Frucht des Geistes:

> Die Frucht des Geistes aber ist Liebe, Freude, Friede, Langmut, Freundlichkeit, Gütigkeit, Treue, Sanftmut, Enthaltsamkeit. Wider solche Dinge ist das Gesetz nicht. Die aber, welche Christus Jesus angehören, haben ihr Fleisch samt seinen Leidenschaften und Lüsten gekreuzigt. Wenn wir

im Geiste leben, so lasset uns im Geiste auch wandeln. (Gal 5,22-25)

Wenn wir Christus als Retter angenommen haben, leben wir im Geist; wir wollen aber auch im Geist wandeln. Und diese Früchte des Geistes sind nichts Besonderes, sondern sind eine universale Verheißung an die Gemeinde.

Das Dritte, was uns hinsichtlich des Heiligen Geistes verheißen ist, ist, dass der auferstandene und verherrlichte Christus durch die Vermittlung des Heiligen Geistes bei seiner Gemeinde sein wird:

Und ich werde den Vater bitten, und er wird euch einen anderen Beistand geben, damit er in Ewigkeit bei euch sei, den Geist der Wahrheit, den die Welt nicht empfangen kann, weil sie ihn nicht sieht und nicht erkennt. Ihr erkennt ihn, weil er bei euch bleibt und in euch sein wird. Ich werde euch nicht verwaist zurücklassen; ich komme zu euch. (Joh 14,16-18)

Das ist wichtig: »Ich werde euch nicht verwaist zurücklassen; ich komme zu euch.« Die Verheißung des gekreuzigten, auferstandenen, aufgefahrenen und verherrlichten Christus ist, dass er in der Zeit zwischen der Himmelfahrt und seiner Wiederkunft durch die Vermittlung des Heiligen Geistes, der in uns wohnt, bei seiner Gemeinde sein wird. Das sind universale Verheißungen, die für unser gesamtes Zeitalter gelten.

Diese Dinge sollte die Welt sehen, wenn sie die Gemeinde ansieht! Sie können unmöglich wegerklärt werden. Die Gemeinde sollte sich der praktischen Wirklichkeit dieser Dinge verpflichtet fühlen und ihnen nicht nur zustimmen. Es ist ein Unterschied, ob Menschen – selbst bekehrte Menschen – die Gemeinde Jesu Christi aufbauen, oder ob Christus seine Gemeinde durch bekehrte und hingebungsvolle Menschen aufbaut.

Organisatorische und finanzielle Angelegenheiten sollten der Führung durch den Heiligen Geist nicht im Weg stehen. Es nützt nichts, abstrakt von diesen Dingen zu reden, ohne sie an den wirklichen Ort des Kampfes zu bringen. Organisatorische und finanzielle Überlegungen der Gemeinde sollten den Glauben nicht ausschließen und nicht im Gegensatz zum Übernatürlichen stehen. Sie sollten die Bezeugung der Wirklichkeit der Existenz Gottes nicht ausschließen. Aus der Kirchengeschichte wissen wir, dass die Gefahr immer in der Zeit der Not auftaucht. Eine Notsituation entsteht und veranlasst uns, die Bezeugung des Glaubens zu beenden und nicht mit der Möglichkeit zu rechnen, dass Gott auch in finanziellen Angelegenheiten führen kann. Es scheint immer einen Grund zu geben, der uns berechtigt, die Hand auszustrecken, um die Lade festzuhalten. Als Usa mit der Hand nach der Lade griff, um sie festzuhalten, meinte er, dem Wort Gottes mit gutem Grund ungehorsam zu sein (2 Sam 6,6-7). An dieser Stelle vertraute er nicht mehr darauf, dass Gott die Lade festhalten könnte. Könnte sie nicht zu Boden fallen? Könnte nicht das Werk oder die Ehre Gottes Schaden erleiden? Diese Gefahr entsteht oft in organisatorischen und finanziellen Notsituationen, wo es einen Augenblick den Anschein hat, dass die Ehre Gottes gefährdet ist.

Für den Einzelnen wie die Gruppe soll es Augenblick für Augenblick die übernatürliche Wirklichkeit geben. Das ist entscheidend. Im Vergleich dazu ist alles andere zweitrangig. Wir denken oft, dass Christus seine unsichtbare Gemeinde baut, während wir die sichtbare Gemeinde bauen. Wir neigen dazu, in dieser zwiespältigen Weise zu denken. Dadurch wird unser Bau der sichtbaren Gemeinde zu einer gewöhnlichen geschäftlichen Aufgabe, bei der von natürlichen Motiven und Mitteln Gebrauch gemacht wird. Ist es nicht oft so, wenn es um die geschäftlichen Angelegenheiten des Herrn Jesus Christus geht, dass wir mit einem kurzen eiligen Gebet beginnen und mit einem kurzen eiligen Gebet aufhören, nachdem die meisten schon gegangen sind, es dazwischen aber wie bei einer geschäftlichen Besprechung eines weltlichen Unternehmens zugeht?

Stattdessen sollten wir immer auf ihn schauen und Augenblick für Augenblick auf seine Führung warten und darum bitten. Wir werden es nicht gut können – in dieser gefallenen Welt ist alles armselig, bis Jesus wiederkommt. Aber die Gemeinde des Herrn Jesus Christus sollte sich Augenblick für Augenblick auf einer übernatürlichen Ebene bewegen. So lebt die Gemeinde dann aus dem Glauben und nicht im »Unvertrauen«. So lebt sie in der Praxis unter der Führung, anstatt sich vorzustellen, dass Christus weit weg ist und die unsichtbare Kirche baut, während wir mit unserer Kraft und unserer Weisheit das bauen, was in Reichweite ist. Die Gemeinde wird dadurch in den übernatürlichen Kampf gestellt, der sich bis in die himmlischen Regionen erstreckt, nicht nur in einen natürlichen Kampf. Dadurch wird der Kampf von einem Kampf zwischen Organisationen und Menschen zu einem wirklichen Kampf der Gemeinde in dem alles umfassenden Krieg, zu dem auch der unsichtbare Krieg im unsichtbaren Bereich der Wirklichkeit gehört. Das macht die Gemeinde zur Gemeinde; ohne das ist sie weniger als Gemeinde. Mit dem objektiven Maßstab des Wortes Gottes und der Einwohnung des Heiligen Geistes sollen wir uns in diesen Bereichen Christus hingeben.

Das Gebet ist nun mehr als eine abstrakte religiöse Andachtsübung. Es ist ein Ort, wo die Gemeinde Gemeinde ist, und wo Christus in besonderer, bestimmter und wirklicher Weise bei ihr ist. Organisation ist nichts Schlechtes; das wollen wir nachdrücklich festhalten. Im Wort Gottes ist Organisation eindeutig geboten, und in einer gefallenen Welt ist sie notwendig. Sie wird aber falsch, wenn sie sich der bewussten Beziehung der Gemeinde zu Jesus in den Weg stellt. Deshalb ist Einfachheit in der Organisation vorzuziehen, wobei nun wieder die Gefahr besteht, dass man so sehr auf Einfachheit achtet, dass man den Grund dafür – dass Christus wirklich das Haupt der Gemeinde sein kann – ganz vergisst.

In einer gefallenen Welt ist Organisation nötig, wie auch christliche Leitung nötig ist. Aber die Leiter haben als Funktionsträger zu der Gemeinde Jesu Christi, zu dem Volk Gottes, die Beziehung von Brüdern und Schwestern in Christus, nicht nur von Leitern. Die Gemeinde als ganze und die Leiter sollen bewusst von der Voraussetzung ausgehen, dass sie untereinander gleich sind, weil sie alle nach dem Bild Gottes geschaffen sind und weil sie zugleich alle Sünder sind, die durch das Blut des Lammes erlöst worden sind. Im Glauben an das Priestertum aller wirklich Gläubigen, an übernatürlich wiederhergestellte Beziehungen zwischen denen, die Brüder in Christus sind, und im Glauben daran, dass der Heilige Geist in jedem einzelnen Christen wohnt, stehen Organisation und christliche Leitung nicht im Gegensatz zu echtem geistlichen Leben.

Wenn eine solche Haltung in der Gemeinde gegeben ist, können wir auch etwas über die Haltung der Loyalität sagen. In der Gemeinde sollte es Loyalität auf verschiedenen Stufen geben, die eine bestimmte Rangordnung haben. Wenn man diese Rangordnung umkehrt, zerstört man die Gemeinde. Die erste Loyalität muss die zu Gott als Gott auf einer persönlichen Ebene sein. Es ist eine persönliche Loyalität zu der Person des lebendigen Gottes, und sie kommt vor allen anderen Loyalitäten. Das ist mir so wichtig, dass ich die zweite Loyalität auf eine niedrigere Stufe stellen würde, nämlich die Loyalität zu den Grundsätzen des offenbarten christlichen Glaubens. Das soll nicht heißen, dass ich diese Grundsätze von dem persönlichen Gott trennen würde; aber sie haben ihre Gültigkeit und Autorität nur, weil sie von ihm kommen.

Als nächstes kommt die Loyalität zu Organisationen, nicht weil sie kirchliche Organisationen genannt werden oder eine Geschichte von mehreren Jahren, Jahrhunderten oder Jahrtausenden haben, sondern lediglich insofern, als sie der Bibel treu sind. Darunter kommt an vierter Stelle die Loyalität menschlicher Leitung gegenüber, die oft an die erste Stelle gesetzt wird. Sie gehört aber an diese Stelle. Die Reihenfolge umkehren, hieße zerstören. Wenn die Loyalität zu menschlicher Leitung in den Mittelpunkt gerückt wird, neigen wir dazu, nicht einmal mehr unserer eigenen Organisation gegenüber loyal zu sein (was schon an sich eine schreckliche Einengung wäre), sondern nur gegenüber unserer eigenen kleinen Partei *innerhalb* der Organisation. Wenn wir aber die Loyalität zu dem persönlichen Gott als unserer »ersten Liebe« im Auge behalten, werden wir im konkreten Bereich auch alle die lieben, die Christus gehören.

Wir wollen noch einmal betonen, dass das Ziel unseres Mühens um die Reinheit der sichtbaren Kirche liebevolle Beziehungen zu Gott und dann auch zu unseren Brüdern sind. Wir dürfen nicht vergessen, dass das letzte Ziel nicht etwas ist, *gegen* das wir sind, sondern etwas, *für* das wir sind.

Das alles wollen wir nun auf unsere eigene Ebene bringen. Die ganze Gemeinde zu lieben, heißt nicht, einfach die ganze Gemeinde ohne Gesicht zu lieben, wie ein Humanist die Menschheit liebt, sich aber wenig um den einzelnen Menschen kümmert. Da wir endlich und begrenzt sind, können wir nicht die ganze Gemeinde kennen, die es gerade auf der Erde gibt, ganz zu schweigen von der ganzen Gemeinde durch Raum und Zeit hindurch. Was heißt es also konkret, die Gemeinde Jesu zu lieben? Im Neuen Testament heißt es ganz klar, dass die Christen in Gemeinden und Gruppen am Ort zusammenkommen sollen. In diesen Gemeinden und Gruppen wird die Gesamtgemeinde sozusagen unserer Größe angepasst. Wir können uns auf einer persönlichen Ebene kennen und von Person zu Person Liebe und Gemeinschaft haben.

Gott gebietet, dass wir miteinander versammelt sein sollen, bis Christus wiederkommt (Hebr 10,25). Wir sollen uns nicht nur versammeln, sondern einander auch helfen (Vers 24). Der christliche Glaube ist eine Sache des einzelnen, aber nicht *ausschließlich*. Es soll wirkliche Gemeinschaft geben, in der wir uns gegenseitig geistlich wie materiell helfen. In der Gemeinde des Neuen Testaments erstreckte sich die Liebe und Gemeinschaft unter der Führung des Heiligen Geistes auf die Verantwortung für alle Bedürfnisse des Lebens, einschließlich materieller Bedürfnisse. In der Ortsgemeinde sollen die Christen untereinander engen persönlichen Kontakt haben. Darauf liegt nicht nur der prüfende Blick der Menschen um uns herum, sondern auch der Blick Gottes, der Engel und der Dämonen in der unsichtbaren Welt. Viele Kinder christlicher Eltern haben Christus abgesagt und sind nun verloren, weil sie in der Gemeinde, die sie vor Augen hatten und prüfen konnten, keine wirkliche Liebe und Gemeinschaft sahen.

Das ist für den modernen Menschen, der seine Menschlichkeit verloren hat, wichtig. Sein Problem ist nicht, wie er zu den Sternen gelangen kann, sondern der Verlust seiner Menschlichkeit. Hier gibt es nun etwas, was der moderne Mensch sich ansehen kann: die Wechselbeziehung wirklich menschlicher Wesen in einer Gruppe, die gerade so groß ist, dass das auch praktisch verwirklicht werden kann. Es ist natürlich nicht ganz ungefährlich, wenn wir unsere Familie aus ihrem sterilen kleinen gesellschaftlichen Kreis herausholen. Es besteht die Gefahr, dass unsere eigenen ausgeklügelten Denkformen und gesellschaftlichen Beziehungen in Frage gestellt werden. Aber was soll denn die Gemeinschaft der Heiligen anderes sein? Sie ist keine Gruppe von Fremden, die unter einem Dach sitzen, und sie hat auch keinen starren provinziellen Horizont. Vielmehr wird alles, was wirklichen Wert hat, zusammengetragen, bis dann die wirklichen Werte zu den Wertmaßstäben der Gruppe und ihrer Mitglieder werden. Auf diese Weise können wir etwas dagegen tun, dass die Kirche in allen Ländern nur eine Sache der Mittelschicht ist, was den kirchlichen Mitarbeitern überall Sorgen macht: indem wir Intellektuellen, Arbeitern und den neuen Heiden die Türen öffnen. Das gefährdet unsere eingefahrenen Gleise, aber unter der Leitung des Heiligen Geistes ist es unsere Chance.

Die Gemeinde oder Gruppe am Ort sollte nicht nur recht, sondern auch schön sein. Sie sollte ein Beispiel des Übernatürlichen und wirklich geheilter Beziehungen zwischen Menschen in diesem Leben sein.

Die ersten Gemeinden verwirklichen das jeweils in ihrem Bereich. In Apostelgeschichte 2,42-46 finden wir ein Beispiel, das den Ton Angibt:

Sie verharrten aber in der Lehre der Apostel und in der Gemeinschaft im Brotbrechen und im Gebet. Und es kam über jede Seele Furcht; und viele Wunder und Zeichen geschahen durch die Apostel. Alle Gläubig gewordenen aber waren beisammen und hatten alles gemeinsam; und sie verkauften die Güter und die Habe und verteilten sie unter alle, je nachdem einer es nötig hatte. Und täglich verharrten sie einmütig im Tempel, und abwechselnd von Haus zu Haus brachen sie das Brot und nahmen die Speise zu sich mit Frohlocken und in Lauterkeit des Herzens.

Auch die Wahl der Diakone in der Urgemeinde ist ein gutes Beispiel. Diese Männer dienten bei Tisch in ihrer Ortsgemeinde. Es war nicht nur eine Idee oder ein Grundsatz, sondern sie dienten einzelnen Menschen an einem Ort in Raum und Zeit (Apg 6,1-5). Das Problem bestand darin, dass griechisch sprechende Witwen im Bereich materieller Hilfe aufgrund sprachlicher Verständigungsschwierigkeiten benachteiligt waren. Das war eine wirkliche Situation und nicht nur irgendeine Idee. Wie viele rechtgläubige Ortsgemeinden sind an diesem Punkt tot und zeigen so wenig Liebe und Gemeinschaft – wie tot und hässlich kann dann die Rechtgläubigkeit sein! Wenn es auf Ortsebene keine Wirklichkeit gibt, verleugnen wir, was wir zu glauben vorgeben, und zwar bis zur Spitze, weil wir damit letzten Endes leugnen, dass Gott ein persönlicher Gott ist. In der Ortsgemeinde muss eine Haltung des Interesses für andere Menschen als Menschen und nicht nur als Gemeindeglieder, Gottesdienstbesucher oder Spender vorherrschen. Sie sind Menschen, und darum besteht eine Beziehung zu unserer Aussage, dass wir an ein persönliches Universum glauben, weil alles mit einem persönlichen Gott seinen Anfang nimmt.

In der Ortsgemeinde besteht die Möglichkeit einer großen Vielfalt an Liebe und Gemeinschaft im Unterschied zu einer rein zweiseitigen Beziehung (wie es etwa die Ehe ist). Im Alten Testament beruhte *das ganze gemeinsame Leben* auf der Beziehung des Volkes Gottes zu Gott und dann auch zueinander. Es war nicht nur ein religiöses Leben, sondern es umfasste das ganze Leben, die ganze Kultur. Auch wenn das Neue Testament das Volk Gottes nicht mehr als staatliches Gebilde sieht, betont es doch, dass das ganze Leben im persönlichen wie im gesellschaftlichen Bereich in diese lebendige Vielfalt der Liebe und der Gemeinschaft miteinbezogen ist. Es soll keine platonische Trennung zwischen dem Bereich des Geistes und den übrigen Lebensvollzügen geben. Wir lesen vielmehr in Apostelgeschichte 4,31-32:

> Und als sie gebetet hatten, erbebte der Ort, an dem sie versammelt waren, und alle wurden mit dem Heiligen Geist gefüllt und verkündigten freimütig das Wort Gottes. Die Menge der Gläubig gewordenen aber war ein Herz und eine Seele; und auch nicht einer sagte, dass etwas von seinem Besitz sein eigen sei, sondern alles war ihnen gemeinsam.

Die Bibel stellt hier klar, dass dies kein gesetzlicher oder zwangsmäßiger Kommunismus war. Petrus sagt sogar zu Ananias über dessen Besitz: »Gehörte es nicht auch ferner dir, wenn es unverkauft blieb, und war es nach dem Verkauf nicht zu deiner Verfügung?« (Apg 5,4). Dieses Teilen war kein Gesetz, sondern Ausdruck der wirklichen Liebe und Gemeinschaft des ganzen Menschen mit ganzen Menschen, wobei alle Bereiche der Menschlichkeit einbezogen waren. Dasselbe geschah auch im weiter entfernten Ausland. Heidenchristen gaben Paulus Geld für die Judenchristen. Warum? Um den materiellen Besitz zu teilen. Das ist etwas völlig anderes als das tote, kalte Geben der meisten Christen. Dies ist keine kalte, unpersönliche Erfüllung einer bloßen Pflicht, sondern ein Teilen zwischen ganzen Menschen. Wirklich christliches Geben geschieht in Liebe und Gemeinschaft innerhalb des Gesamtrahmens der Wechselbeziehung zwischen ganzen Menschen.

Wir sahen schon, dass echtes geistliches Leben für alle konkreten Beziehungen des Lebens Bedeutung hat: zwischen Mann und Frau, Eltern und Kindern, Arbeitgebern und Arbeitnehmern. Diese Dinge müssen in der Gemeinde als ein Aspekt der bewussten Seite der Heiligung gelehrt und verstanden, und dann auch bewusst in die Tat umgesetzt werden. Die Atmosphäre der Ortsgemeinde oder anderer christlicher Gruppen muss dem *Wachstum* dieser Dinge förderlich sein. Solches Wachstum geschieht nie ein für alle Mal, sondern, wie alles in unserem Leben, in einem *Prozess*, der Augenblick für Augenblick weitergeht. Die gegenwärtige Bedeutung des Werkes Christi muss Augenblick für Augenblick gelehrt und vorgelebt werden, und jeder einzelne, wie die Gruppe, muss sich bewusst entscheiden, diese Dinge Augenblick für Augenblick zu ergreifen. Augenblick für Augenblick müssen wir den Verheißungen Gottes glauben, um diese Dinge dann zu ergreifen – zuerst in der Unterweisung und dann im Vorleben.

Die Gemeinde muss bewusst von der Basis des vollkommenen Werkes Christi ausgehen und nicht von der stolzen Basis irgendeines angeborenen Wertes an sich oder irgendeiner angeblich angeborenen Überlegenheit. Sie muss bewusst von der Basis übernatürlich wiederhergestellter Beziehungen und der Bezeugung dieser Beziehungen ausgehen und nicht von bloß natürlichen Begabungen und Fähigkeiten. Wenn man diese Dinge aufgrund vergangener, gegenwärtiger oder rechtlicher Beziehungen vergisst oder geringschätzt, kann die ganze Gruppe den Heiligen Geist in derselben Weise wie ein einzelner Christ betrüben. Der Heilige Geist fügt den Leib Christi zusammen; wenn nun der Leib keinen Wert darauflegt, in der richtigen Weise zusammengefügt zu sein, wird der Heilige Geist betrübt.

Wie in der Ehe ist das alles nur möglich, weil Gott selbst der höchste Bezugspunkt ist und die einzelnen Glieder der Ortsgemeinde daher nicht so sehr voneinander abhängig sind. Die Gemeinde sollte sein, was sie sein kann, denn sie muss nicht sein, was sie nicht sein kann. Der Pastor muss nicht alles von der Gemeinde abhängig machen und die Gemeinde muss nicht alles von ihm abhängig machen. Alles ist nur von einem abhängig – von dem, der unendlich und persönlich ist und alles vollkommen tragen kann. Das heißt nun nicht, dass alles von den Lehren *über* den unendlichen und persönlichen Gott abhängig ist, sondern von ihm als Person – denn er ist da und kennt die Ortsgemeinde mit Namen und jedes einzelne Glied mit Namen.

Die Alternativen lauten nicht, entweder vollkommen oder gar nichts zu sein. Wie Menschen oft ihre Ehen zerstören, weil sie etwas suchen, was in romantischer und sexueller Hinsicht perfekt ist, und diese Perfektion in dieser armen Welt nicht finden, so zerstören sie oft auch, was in einer wahren Gemeinde oder wahrhaft christlichen Gruppe möglich gewesen wäre. Nicht nur »die anderen« sind noch nicht perfekt, sondern auch ich bin noch nicht perfekt. In Ermangelung gegenwärtiger Vollkommenheit sollen Christen einander zu substanzieller Heilung auf Grundlage des vollkommenen Werkes Christi verhelfen.

Das ist unsere Berufung. Das ist ein Teil unseres Reichtums in Christus: die Wirklichkeit echten geistlichen Lebens, christlichen Lebens im Hinblick auf meine Trennung von meinen Mitmenschen – einschließlich der Mitmenschen, die meine Brüder und Schwestern in Christus sind – in der Gemeinde insgesamt wie in der Ortsgemeinde oder einer anderen christlichen Gruppe. Dieses echte geistliche Leben soll nicht auf langweilige, unschöne Weise verwirklicht werden, sondern es soll etwas wirklich Schönes entstehen, das von innerhalb und außerhalb der Gemeinde beobachtet werden kann. Das ist ein wichtiger Bestandteil der Verkündigung des Evangeliums an eine Menschheit, die sich noch in Auflehnung gegen Gott befindet. Aber mehr noch: Das ist das einzig Richtige – auf Grundlage der Existenz des persönlichen Gottes und auf Grundlage des historisch realen Werkes Christi für uns am Kreuz.

Und wenn wir so weit gekommen sind, strömt echtes geistliches Leben – wahrhaft christliches Leben – in unsere ganze umgebende Kultur hinein.

Weitere Bücher aus dieser Reihe:

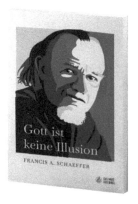

Francis Schaeffer
Gott ist keine Illusion

*Ausrichtung der historischen
christlichen Botschaft
an heute*

Francis Schaeffer
... und er schweigt nicht

*Ist eine Philosophie ohne Gott
realistisch?*

Erhältlich u.a. bei:
Haus der Bibel · hausderbibel.ch
Betanien Verlag · cbuch.de

Weitere Bücher aus dieser Reihe:

Francis Schaeffer
Preisgabe der Vernunft

*Eine scharfsinnige Analyse des
modernen Denken*

Edith Schaeffer
L'Abri

*Gottes Wirklichkeit heute erlebt ·
Die Geschichte eines Treffpunkts
für denkende junge Leute.*

Erhältlich u.a. bei:
Haus der Bibel · hausderbibel.ch
Betanien Verlag · cbuch.de